U0365631

中国城市网络研究：

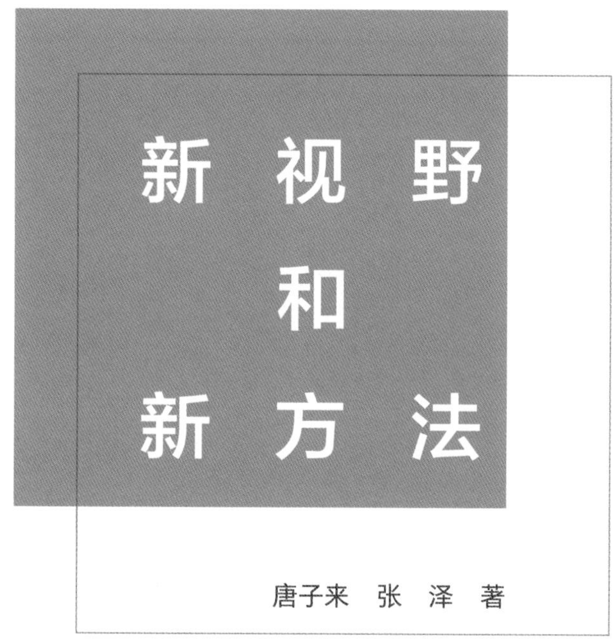

『十三五』国家重点图书出版规划项目
国家社会科学基金重大项目（项目批准号：16ZDA017）资助

中国建筑工业出版社

前　言

国际研究表明，城市体系可以分为两种基本型态，包括城市集群和城市网络。城市集群关注城市之间的地理邻近性，而城市网络则强调城市之间的功能关联性。20 世纪 90 年代，卡斯泰尔斯（M. Castells）提出网络社会中的“场所空间”和“流通空间”，对于城市体系研究产生了重要影响。2000 年以来，全球化和世界城市研究网络（GaWC）提出城市之间关系的关联网络模型，标志着世界城市体系研究从属性方法到网络方法的突破性进展。城市体系研究既要关注城市作为场所空间的地理邻近性，也要强调城市在流通空间中的功能关联性。

城市网络研究包含多视角、多层面和多时段，如不同视角的城市关联网络比较研究、同一视角的不同层面研究或不同时段研究。城市网络研究的多视角包括企业网络、交通网络、科技网络、资本流动、人群流动、信息关注，等等。国际研究证实，城市关联网络的本质是城市之间的经济联系，而企业是城市关联网络的“作用者”，众多企业的区位策略界定了城市之间的关联网络。

近年来，企业关联网络视角下的城市体系越来越成为中国城市体系研究的主要领域。本书是唐子来及其研究团队的一系列成果积累，核心内容是基于网络方法进行城市体系的识别和解析，重点涉及各个层面（全球、国家、流域、区域和省域）的企业网络视角，也有交通网络视角和资本流动视角。

本书展示了网络方法在中国城市体系研究中的有效性，试图为城市体系规划和研究人员提供关于城市关联网络的实证材料，也期待成为高校相关专业的有益读物。

目　　录

◆绪论
◆研究进展回顾
◆世界经济格局和世界城市体系的关联变化
◆全球资本视角下的中国城市体系
◆国家层面的城市关联网络识别和解析
◆流域层面的城市关联网络识别和解析：
以长江经济带为例
◆区域层面的城市关联网络识别和解析：
以长江下游区域为例
◆省域层面的城市关联网络识别和解析：
以江苏省为例
◆资本流动视角下的中国城市网络
◆交通网络视角下的中国城市体系
◆结语和讨论

1.1 研究背景

改革开放以来，中国经历了经济快速发展时期。一方面是中国特色社会主义的市场经济改革不断完善，经济活力持续增强，产业结构持续提升。1978 年，农业增加值和就业岗位占比分别为 27.7% 和 70.5%；2018 年，第一、二、三产业增加值占比分别为 7.2%、40.7%、52.2%；就业占比分别为 26.1%、27.6%、46.3%。1978 年我国国内生产总值的世界占比仅为 1.8%，位居世界第 11 位；2010 年我国国内生产总值超过日本，此后一直稳居世界第二；2018 年，我国国内生产总值的世界占比已经接近 16%[1]。另一方面是对外开放取得了显著成效。1973 年的全球经济危机加剧了全球经济格局的变化和重组，经济全球化由此进入显性时期。在拓展全球市场和规避关税壁垒的同时，跨国公司的全球资本流动取向是更为充分地利用发展中国家的生产要素成本优势。因此，我国的对外开放时机与跨国资本加剧流动的经济全球化时代是密切相关的。

改革开放以来，中国在世界经济中的地位越来越突出[2]。其一是中国进出口总额的世界占比持续提升。1978 年，我国货物进出口总额的世界占比仅为 0.8%，位居世界第 29 位；2013 年，我国货物进出口总额的世界占比首次跃居世界第 1 位；2018 年，我国货物进出口总额的世界占比高达 11.8%，稳居世界第 1 位。1982 年，我国服务贸易进出口总额的世界占比仅为 0.6%，位居世界第 34 位；2014 年，我国服务贸易进出口总额的世界占比首次跃居世界第 2 位，2015—2018 年继续位居世界第 2 位。其二是中国对外直接投资额的世界占比持续提升。改革开放以前，我国基本没有对外直接投资；1982 年，我国对外直接投资额的世界占比位居世界第 29 位，2016 年首次跃居世界第 2 位，2018 年我国对外直接投资额的世界占比继续位居世界第 2 位。其三是中国吸引外商直接投资额经历了从无到有、由小到大的发展历程。1979 年我国吸引非金融类外商直接投资额位居世界第 122 位，2012 年上升至世界第 3 位，2013—2014 年稳居世界第 2 位。2018 年我

---

[1] 国家统计局：经济结构不断升级 发展协调性显著增强——新中国成立 70 周年经济社会发展成就系列报告之二，http：//www.stats.gov.cn/ztjc/zthd/bwcxljsm/ 70znxc/201907/t20190708_1674585.html。

[2] 国家统计局：国际地位显著提高 国际影响力持续增强——新中国成立 70 周年经济社会发展成就系列报告之二十三，http: //www.stats.gov.cn/tjsj/zxfb/201908/t20190829_1694202.html。

国吸引非金融类外商直接投资的世界占比继续位居世界第 2 位。其四是中国出境旅游人数和支出的世界占比持续提升。1995 年，中国出境旅游人数的世界占比位居世界第 17 位，2013 年首次跃居世界第 1 位，2014—2017 年稳居世界第 1 位，是全球最大的出境旅游来源地。1995 年我国出境旅游支出的世界占比位居世界第 25 位，2013 年居世界第 2 位，2014—2016 年稳居世界第 1 位。其五是中国外汇储备的世界占比持续提升。1978 年末，中国外汇储备的世界占比仅为世界第 38 位；2006 年末超过日本，位居世界第一位，此后连续 13 年稳居世界第一。

经济地理学家 Dicken（2011）认为，经济全球化是地理上高度扩散和功能上深度整合相结合的经济活动过程。因此，外商直接投资（FDI）是经济全球化的重要标志。依据联合国贸易和发展会议（United Nations Conference on Trade and Development，简称 UNCTAD）发布的年度世界投资报告（World Investment Report）可以比较相关时期和年份的世界外商直接投资和国内生产总值的变化规律（UNCTAD，2008；2015；2019）。如表 1-1 所示，在 20 世纪末，世界外商直接投资（流入量和流出量）的年均增长率显著高于国内生产总值的年均增长率。如表 1-2 所示，以 21 世纪初的四个年份为例，除了 2005 年的世界外商直接投资流出量为负值，其他年份世界外商直接投资的增长率都显著高于国内生产总值的增长率。但在 2008 年世界金融危机以后，经济全球化遭受严重挫折，世界外商直接投资的年增长率呈现大幅波动，许多年份的增长率都是大幅下跌的，国内生产总值的增长率也是显著下降的（表 1-3）。如表 1-4 所示，随着近年来的跨国贸易摩擦不断加剧，不仅国内生产总值增长乏力，外商直接投资也是始终下跌的。

20 世纪末的世界外商直接投资和国内生产总值的年均增长率（%）　　表 1-1

	1986—1990	1991—1995	1996—2000
外国直接投资流入量	23.6	22.1	39.9
外国直接投资流出量	25.9	16.5	36.1
国内生产总值（当前价）	9.4	5.9	1.3

资料来源：World Investment Report 2008（UNCTAD，2008）.

21 世纪初的世界外国直接投资和国内生产总值的年增长率（%） 表 1–2

	2004 年	2005 年	2006 年	2007 年
外国直接投资流入量	27.9	33.6	47.2	29.5
外国直接投资流出量	63.5	–4.3	50.2	50.9
国内生产总值（当前价）	12.6	8.3	8.3	11.5

资料来源：World Investment Report 2008（UNCTAD，2008）.

全球金融危机以后世界外国直接投资和国内生产总值的年增长率（%） 表 1–3

	2008 年	2009 年	2010 年	2011 年	2012 年	2013 年	2014 年
外国直接投资	–20.4	–20.4	11.9	17.7	–10.3	4.6	–16.3
国内生产总值	1.5	–2.0	4.1	2.9	2.4	2.5	2.6

资料来源：World Investment Report 2015（UNCTAD，2015）.

近年来世界外国直接投资和国内生产总值的年增长率（%） 表 1–4

	2016 年	2017 年	2018 年
外国直接投资流入量	–5.7	–22.0	–13.4
外国直接投资流出量	–7.9	–8.1	–28.8
国内生产总值	1.4	5.8	5.7

资料来源：World Investment Report 2019（UNCTAD，2019）.

改革开放以来，伴随着中国经济快速增长，产业结构不断提升，第二产业和第三产业占比持续上升，城市化进程也进入高速发展时期[1]。1978 年中国常住人口的城镇化率仅为 17.92%（城镇常住人口约为 1.7 亿），2018 年已经高达 59.58%（城镇常住人口约为 8.3 亿），在 40 年中上升了 41.66 个百分点（城镇常住人口增加约 6.6 亿），年均上升 1.04 个百分点。与此紧密相关的是城市数量的显著增加。1978 年，全国共有 193 个城市，包括 101 个地级以上城市和 92 个县级市，还有 2176 个建制镇；2018 年，城市数量达到 672 个，包括 297 个地级以上城市和 375 个县级市，还有 21297 个建制镇。

[1] 国家统计局：城镇化水平不断提升 城市发展阔步前进——新中国成立 70 周年经济社会发展成就系列报告之十七，http：// www.stats.gov.cn/tjsj/zxfb/201908/t20190815_1691416.html。

还应当指出，流动人口在中国经济发展和城镇化进程中发挥了重要作用，包括从乡村地区到城镇地区和从落后地区到发达地区的各种流动人口[1]。1982 年我国流动人口仅为 657 万人，1990 年增加到 2135 万人，占总人口的比重从 0.6% 增长到 1.9%；2000 年已经超过 1 亿人，占全国总人口的 9.5%；2010 年为 2.21 亿人，占全国总人口的 16.5%；2014 年，我国流动人口达到峰值 2.53 亿人，占全国总人口的比重达到 18.5%；2015 年以后，虽然流动人口逐年略有减少，但仍保持在 2.4 亿人以上规模。

高速发展的中国城镇化进程吸引了国内学术界对于中国城镇体系研究的广泛关注，其中最有影响力的研究之一是顾朝林（1992）所著的《中国城镇体系：历史・现状・展望》，从地域空间结构、等级规模结构、职能组合结构和网络系统结构的研究视角，对于中国现代城镇体系进行全面审视。

伴随着经济全球化进程，并受到世界体系（Wallerstein，1974；1979）、新一轮国际劳动分工（Frobel，et al.，1980；Hymer，1972）和跨国公司作为经济全球化的作用者（Hymer，1979；Cohen，1981）等的理论影响，世界 / 全球城市体系成为国际学术界的重要研究领域。基于资本支配视角，Friedmann 等提出世界城市体系（Friedmann，Wolff，1982；Friedmann，1986）；基于资本服务视角，Sassen（1991）提出全球城市体系。Castells（1996）提出网络社会（network society）中的场所空间（space of places）和流通空间（space of flows）概念，对于世界 / 全球城市体系研究产生了重要影响。2000 年以来，以英国拉夫堡大学为基地的全球化和世界城市研究网络（Globalization and World Cities Research Network，GaWC）提出城市之间关系的关联网络模型（interlocking network model of inter-city relation）（Taylor，2004），标志着世界城市体系研究从属性方法到网络方法的突破性进展。

---

[1] 国家统计局：人口总量平稳增长 人口素质显著提升——新中国成立 70 周年经济社会发展成就系列报告之二十，http：//www.stats.gov.cn/tjsj/zxfb/201908/t20190822_1692898.html。

交通关联网络（包括航空网络和高铁网络）视角的城市体系（包括国家层面和区域层面）研究始终是中国城市体系研究的重要领域。早在2002年，周一星、胡智勇从航空运输视角，解析了中国城市体系的空间网络结构（周一星，胡智勇，2002）。近年来，企业关联网络视角下的城市体系越来越成为中国城市体系研究的主要领域。2010年，唐子来、赵渺希的《经济全球化视角下长三角区域的城市体系演化：关联网络和价值区段的分析方法》是企业关联网络视角下中国城市体系研究的领先成果之一（唐子来，赵渺希，2010）。2017年，唐子来等的《中国主要城市关联网络研究》基于企业关联网络视角，识别和解析中国主要城市关联网络的基本特征，包括层级、格局、方向和腹地维度（唐子来，等，2017）。本书就是唐子来及其研究团队的多年成果积累，包括已经发表和尚未发表的相关研究成果。

1.2 研究目的

本项研究的目的之一是验证网络方法在中国城市体系研究中的有效性。城市关联网络是城市体系研究的重要方法，而企业关联网络则是城市关联网络的有效表征。城市体系研究不仅要关注地理上的邻近性，更要强调功能上的关联性；不仅要关注城市作为场所空间的邻近性，更要强调城市在流通空间中的关联性。城市关联网络的本质是城市之间的经济联系，而企业是城市关联网络的“作用者”，众多企业的区位策略界定了城市之间的关联网络。

本项研究的目的之二是基于网络方法进行中国城市体系的识别和解析，展示多层面和多视角的研究思路。在研究层面上，涉及了全球、国家、流域、区域和省域等多个层面；在研究视角方面，既有企业网络视角，又有交通网络视角，还有资本流动视角。

1.3 研究框架

本书的研究框架可以分为三个部分，体现了多层面和多视角的研究思路（图 1-1）。第一部分聚焦全球层面，讨论世界和中国的密切关联，包含第三章和第四章。第三章首先审视世界经济格局和世界城市体系的变化趋势，并在此基础上探讨两者的相互关联；第四章从企业网络中资本支配和资本服务的双重视角，探讨全球资本视野下的中国城市体系。第二部分基于企业网络视角，在各个层面进行中国城市关联网络的识别和解析，包含第五章、第六章、第七章、第八章，分别涉及国家、流域、区域和省域层面的城市关联网络。第三部分是其他视角下的中国城市关联网络研究，包含第九章和第十章。第九章讨论资本流动视角下的中国城市网络，聚焦中国特定制度语境的作用机制，首先是国有企业和民营企业的资本流动差异性，其次是中央国企和地方国企的资本流动差异性。第十章讨论交通网络视角下的中国城市体系，首先分别审视高铁网络和航空网络视角下的中国城市体系，然后探讨交通网络视角和企业网络视角下城市体系的相关关系。

第一部分 世界和中国的密切关联

第 3 章 世界经济格局和世界城市体系的关联变化
第 4 章 全球资本体系视角下的中国城市体系

第二部分 企业网络视角下中国城市关联网络

第 5 章 国家层面的城市关联网络
第 6 章 流域层面的城市关联网络
第 7 章 区域层面的城市关联网络
第 8 章 省域层面的城市关联网络

第三部分 其他视角下中国城市网络研究

第 9 章 资本流动视角下的中国城市网络
第 10 章 交通网络视角下的中国城市体系

图 1-1 研究框架
资料来源：根据研究结果整理 .

1.4　章节安排

基于上述研究框架，本书分为 11 个章节。第 1 章是绪论，阐述研究背景、研究目的和研究框架。第 2 章是城市网络的研究进展回顾，关注城市体系研究领域的两次重要转变，包括从“场所空间”的地理邻近性到“流动空间”的功能关联性，以及从“全球普适规则”到“国家制度语境”。第 3 章是世界经济格局和世界城市体系的关联变化，首先分析世界经济格局和世界城市体系的变化趋势，并在此基础上探讨两者的相互关联。第 4 章是全球资本视角下的中国城市体系，从资本支配和资本服务的双重视角，探讨全球资本视角下的中国城市体系。第 5 章是国家层面的城市关联网络识别和解析，包括城市关联网络的层级特征、格局特征、方向特征和腹地特征。第 6 章是流域层面的城市关联网络识别和解析：以长江经济带为例。第 7 章是区域层面的城市关联网络识别和解析：以长江下游区域为例。第 8 章是省域层面的城市关联网络识别和解析：以江苏省为例。第 9 章是资本流动视角下的中国城市网络，聚焦中国制度语境下城市网络的作用机制。第 10 章是交通网络视角下的中国城市体系，包括高铁网络和航空网络，并探讨交通网络视角和企业网络视角下城市体系的相关关系。第 11 章是结语和讨论，包括主要研究发现和未来研究方向。

第 2 章

研究进展回顾

New Sights
New Methods

城市体系（urban system）始终是城市和区域研究的一个核心领域（Bourne，1975）。Beaverstock 等（1999）认为，城市体系研究可以分为两种传统，分别是基于城市规模的研究传统（scale-based tradition）和基于城市功能的研究传统（function-based tradition）。尽管基于规模和基于功能的世界城市体系可能部分重叠，但两种研究传统的因果逻辑是显然不同的，城市规模只是城市体系的表象，而城市功能则是城市体系的本质。

基于城市功能的城市体系研究又可以分为属性方法（attribute approach）和网络方法（network approach）。1970 年代以来的经济全球化进程导致世界经济格局发生显著变化，几乎所有城市都被纳入了全球经济网络，世界城市体系和全球资本体系呈现相互关联的演化趋势（唐子来，等，2016）。

1970 年代以来，全球资本体系的宏观发展趋势包括经济全球化、跨国公司和新一轮国际劳动分工。Wallerstein（1974；1979）提出了现代世界体系的核心—边缘理论（core-periphery），发达国家是世界的核心地区，而发展中国家则是世界的边缘地区。Forbel 等（1980）认为，1970 年代初期的世界经济危机促使产业资本从发达国家流向发展中国家，开启了经济全球化的"显性"时期。在新一轮国际劳动分工（the new international division of labor）中，发达国家仍然掌握着跨国资本的管理 / 控制功能，而发展中国家则越来越成为跨国公司的生产 / 装配基地。

作为经济全球化的主要驱动力，跨国公司的全球投资策略导致新一轮国际劳动分工，全球资本体系呈现新的发展趋势，低附加值（如生产 / 制造）层面的空间扩散要求高附加值（管理 / 控制）层面的空间集聚，而跨国公司的全球资本支配更为需要全球资本服务（金融和高端生产性服务业）。Hymer（1972）认为，多国公司（multinational corporations，以后更多地称为跨国公司，transnational corporations）的国际劳动分工是垂直的，形成国家之间的主导（公司总部所在地）和从属（分支机构所在地）关系，城市和区域的产业结构取决于其在国际经济体系中的作用和地位。Hymer（1972）还指出，一个企业面向海外投资的主要动因是其具有市场垄断优势，包括知识产权优势和规模经济优势，当企业发展受到本国市场限制时，就会利用自身的垄断优势去开拓国外市场。Heenan（1977）认为，城市的未来发展前景就是如何吸引多国公司总部或区域机构及其所需要的人才。

垂直的国际劳动分工既导致了不均衡的发展格局（uneven development），也强化了国家之间的相互依存。

Cohen（1981）探讨了新一轮国际劳动分工、多国公司和城市层级体系之间的因果逻辑。与传统的国际劳动分工不同，新一轮国际劳动分工不仅是生产的国际化，还意味着公司相关服务的国际化和国际资本市场的崛起。尽管生产环节扩散到了发展中国家，但公司决策中心和国际金融服务仍然位于发达国家，由此产生了发达国家和发展中国家的新差异。迈向国际化的多国公司更为需要高端的企业服务（the advanced corporate services），主要是银行、投资银行、律师事务所、会计师事务所等，而全球城市（global cities）就是面向新一轮国际劳动分工的企业决策控制和战略协调中心。

为此，Cohen（1981）提出了城市的多国指数（multinational index for cities），他还强调，与 Hall（1966）的世界城市（world cities）不同，新的城市层级体系是以金融资源流动为特征，而非资本支配中心。多国公司主导的新一轮国际劳动分工将会继续加剧发达国家和发展中国家的差异，而多国公司的全球化也会更加依赖高端的企业服务。UNCTAD 则采用企业的跨国指数（transnational index），佐证地理上高度扩散和功能上深度整体的经济全球化过程（Dicken，2011）。

除了跨国公司作为经济全球化的主要作用者，还需要关注的是经济全球化的基础条件。一方面是交通、通信和信息技术为经济全球化提供了“硬件”基础，如信息技术克服了地理上分散市场的障碍，使世界范围的跨国交易更为方便；另一方面是世界贸易体系为经济全球化提供了“软件”基础，如世界贸易组织制定了国际贸易的基本规则，各个国家和地区越来越纳入全球经济网络。世界城市体系和全球资本体系相互关联的理论基础可以分为资本支配视角和资本服务视角，分别以 Friedmann（1986）和 Sassen（1991）为代表人物。

城市关联网络的主要研究进展可以归纳为两个转变趋势，包括从“场所空间”到“流通空间”，以及从“普适规则”到“制度语境”。需要强调的是，前面的转变趋势已经基本形成研究共识，而后面的转变趋势尚未取得显著的研究进展，需要更为关注。

2.1 从“场所空间”到“流通空间”

在杜能的农业区位理论和韦伯的工业区位理论基础上，城市地理学家克里斯塔勒（W. Christaller）和经济学家廖什（A. Lösch）提出了中心地理论，被公认为人文地理学在20世纪取得的最主要成果，并成为研究城市群和城市化的基础理论之一（许学强，等，2009）。中心地及其相关理论主要讨论城市在区域内的分布和规模（包括人口规模、GDP规模等）的相关关系，也被Beaverstock等（1999）归为基于规模的城市体系研究传统。

随着区域研究理论的演进，学者们逐渐从简单地关注城市规模向关注城市的综合职能转变。例如，Hall（1966）开始解读城市在政治、贸易、通信、金融、教育、文化和技术方面的影响力，来判断其是否具有战略支配地位；Reed（1981）通过比较城市的银行金融产业以及相关的文化、经济和政治地位，识别了城市的金融中心等级。这些研究从城市的区域功能出发，体现城市体系研究的本质（唐子来，等，2017），也被Beaverstock等（1999）称为基于城市功能的研究传统。

学者们也指出，尽管基于城市规模的研究传统和基于城市功能的研究传统体现了不同的因果逻辑，但城市的规模大小、职能参数都是属性数据，这些研究也可以被归为关注场所空间的属性方法研究。在20世纪末，经济全球化和信息技术革命持续推进，激发了城市体系研究的理论变革，逐步转向基于流通空间的网络方法，从场所空间向流通空间的转变也代表了城市网络的理论起源。

1960年代起，跨国公司的迅猛发展引起了学术界的关注，并开始成为一些学者的研究对象（Helpman，1984；Gupta，Govindarajan，2000；Meyer，2003）。来自城市地理学、经济学、社会学、政治学以及城市规划学的学者们，开始对这些跨国公司和全球主要城市的关系展开多学科的分析（Friedmann，et al.，1992；Zhang，2001）。

部分学者的关注重点逐渐从对于跨国公司的研究转向对于全球城市体系的讨论。Hymer（1972）认为跨国公司的内部组织存在两个方面的特征：一方面，跨国公司必须适应每个国家的当地情况，需要进行分散决策（decentralized decision making）；另一方面，跨国公司又必须协调不同部门在世界各地的活动，以保证多个部门之间的良好协调，需要强调集中控制（centralized control）。因此，跨国公司具有独特的组织结构，需要在分散决策和集中控制之间取得平衡。在 Hymer 研究基础上，Cohen（1981）对 1970 年代经济全球化和跨国公司的快速发展进行了回顾，认为这种现象代表了一种新的国际劳动分工（Feagin，Smith，1987）。随着新的国际劳动分工，跨国企业遍布全球的组织部门对投资银行、法律、会计、管理咨询、广告等方面的服务需求也广泛分布于世界各地，并导致了全球金融体系。Cohen（1981）进而提出，在新的国际劳动分工中，企业组织架构的改变实际上代表了世界上各个城市国际竞争力（international competitiveness）的变化，并将重构（restructuring）城市层级体系（urban hierarchy）。一些学者提出，跨国公司的经济活动加强了全世界各个主要城市之间的联系，“现代资本主义世界既是一个全球性的公司网络，也是一个全球性的城市网络”（Feagin，Smith，1987：20）。

受此启发，一些学者开始尝试基于跨国公司数据的城市层级研究。例如，Cohen（1981）聚焦 1974 年财富 500 强企业集聚的美国主要城市，统计这些城市中的财富 500 强企业数量、总销售额占比和国外销售额占比，进而以总销售额占比和国外销售额占比的比值作为城市的多国指数（multinational index）。如表 2-1 所示，旧金山和纽约的多国指数分别达到了 1.69 和 1.34，是典型的国际城市（international cities）；尽管底特律、洛杉矶、芝加哥、费城的多国指数低于 1.0，但仍可以称为国家城市（national cities）；其他城市则可以作为区域城市（regional cities）。

尽管 Cohen（1981）的“国际城市—国家城市—区域城市”层级体系只是对新的国际劳动分工下世界城市体系的初步尝试，且 Cohen 并没有在后续的研究中过多深化这一理论框架，但 Cohen 提出“跨国企业影响”和“重构世界城市体系”的观点仍是全球城市网络研究的显性或隐性框架（Meyer，2003；Dicken，et al.，2001）。基于 Cohen（1981）的“新的国际劳动分工重构全球城市体系”的观点，20 世纪末多位学者开始关注世界城市或全球城市，进一步为城市网络研究提供了理论基础（Taylor，1997）。

受到 Cohen（1981）的启发，Meyer（1986）和 Friedmann（1986）也再次把“跨国公司”

1974 年美国主要城市的多国指数 表 2-1

城市	财富 500 强企业数量 A（家）	企业销售额占比 B（%）	国外销售额占比 C（%）	多国指数 $D=C/B$
纽约	107	30.3	40.5	1.34
洛杉矶	21	4.6	3.8	0.83
芝加哥	48	7.3	4.6	0.83
费城	15	1.6	1.0	0.77
底特律	12	9.1	8.8	0.97
旧金山	12	3.2	5.4	1.69

资料来源：整理自 Cohen（1981）的研究结果 .

和“新的国际分工”与世界城市体系联系起来，强调了各个城市在全球体系中的职能和地位，全球性城市（如伦敦、纽约和东京）、跨国性城市（如洛杉矶、新加坡和法兰克福）、国家性城市（如巴黎、苏黎世、圣保罗和悉尼）以及国家 / 地区性城市（如旧金山、芝加哥、温哥华、香港和巴塞罗那）共同组成了世界城市体系（Friedmann，Wolff，1982；Lai，2012）。同样是对于世界城市体系的研究和关注，Sassen（1991，2001）的关注重点不在跨国公司的全球资本支配，而是全球资本服务（高端生产性服务业），全球城市则是协调全球经济活动的服务场所。Sassen（1991）认为纽约、伦敦和东京是全球城市的典型，并且这些城市已经成为创新金融和商务的战略性地点。

除了经济全球化与跨国公司的蓬勃发展，20 世纪后半叶以来不断发展成熟并广泛应用的交通、信息和通讯的新技术也被认为是启发学术界展开城市网络研究的重要基础。在交通、信息和通讯的技术革命发生之前，人类社会的信息基本上是伴随着人口和商品的运输而传播的。早在 1927 年，麦肯齐（McKenzie，1927）就认为，伴随着交通、信息和通讯的新技术出现，信息传播“将在空间重组方面产生革命性的结果”。工业和其他商业企业可以借助于新的交通、信息和通信技术，更加远离它们的管理和控制部门。现代通信产生了一种情报和控制的集中化，是伦敦和纽约等城市作为世界金融中心在最高水平上占据统治地位的基础（McKenzie，1927）。

20 世纪末，互联网技术的迅速发展极大地改变了信息传输的方式，人类社会的组织模式在信息时代也面临重大的变革，被称为“第三次工业革命”（里夫金，2012）。一些社会学家认为，这次信息技术革命和历史上其他的重大技术革命类似，将对人类社会产生普遍影响，并不局限于工业、媒体、电信或者交通行业，城市社会学家 Castells 在 20 世纪末出版的一系列著作是这种观点的典型代表。

Castells（1994）认为，1970 年代以来涌现的信息传播技术，正在改变人类社会，并引领世界进入了一个新的技术范式（technological paradigm）。尽管这种信息技术革命不是决定性因素，但仍是所有其他重大变革的支柱，信息时代重塑了社会的物质基础，网络构成了新的社会形态（Castells，1989；1994）。在现实世界中，信息技术革命为形成一个功能上相互联系的世界经济体系提供了基础设施，并带来了新的国际分工。Castells（1989）进一步强调，在网络社会中，空间的主导形式不再是“场所空间”（space of places），而是“流通空间”（space of flows），在这个流通空间中，城市不会消失，而是由其在流通空间中的位置所定义。Castells（1989）认为，可以构建一个全球网络，连接不同强度和不同规模的城市，将其整合到全球层面。虽然 Sassen 关注特定城市的具体地位和角色，但 Castells 将全球城市定义为意义重大的网络现象，激发了地理学家和城市学者转向关注城市之间的连接和流量，进而发展成为城市网络理论。

在城市体系研究由场所空间到流通空间的转变之初，面临的一个挑战就是实证困境。如上所述，尽管诸多学者基于对跨国企业与经济全球化、信息技术革命的观察，对世界城市体系进行了一系列新的尝试，但关于世界城市体系的实证研究仅仅依赖于各种常识性指标，如 Cohen（1981）的多国指数、Sassen（1991）的高端生产性服务业集聚度、Godfrey 和 zhou（1999）的跨国企业和国际机构总部所在地的角色，并且提出了一系列名词，包括全球资本基点（Friedmann，1986）、世界经济组织的指挥点（Sassen，1991；2018）、全球经济的地理控制点（Dicken，1992）、跨国企业、国际金融和国际商业服务的主导中心（Knox，et al.，2014）、国际贸易和银行中心（Beauregard，1991）。尽管大多数由此产生的“世界城市排名”都有其合理性，但也存在明显的不足，难以精确地说明决定一个城市在世界城市体系中角色和地位的关键要素（Hennemann，Derudder，2014）。

Short 等（1996）对 20 世纪末关于全球城市体系的大量文献进行了总结，认为这一理论发展面临的最主要问题就是缺乏良好的可比较数据。无论是大量文献对全球金融中心（Thrift，1994；Sassen，1991；2018；Thrift，Leyshon，1994）、企业总部城市（Cohen，1981；Rozenblat，Pumain，1993）、交通枢纽节点（Forsström，Lorentzon，1989；Knox，et al.，1995）的研究，还是讨论各个城市之间的竞争关系（Reed，1989；Lee，Schmidt，1993；Pryke，Lee，1995）、全球化与城市经济结构调整的关系（Smith，Feagin，1987；Logan，2009）、全球化与建成环境重构之间的关系（Beauregard，1991；Knox，1991），都很少采用原始数据展开研究，一些结论也从来没有获得验证，而且大多数都是根据以前论文的假设，并将这一数据问题称作“世界城市体系研究中肮脏的小秘密”（Short，et al.，1996）和“阿喀琉斯之踵”（Beaverstock，et al.，2000）。

这种“关系数据的匮乏”已经成为阻碍城市网络理论发展的障碍和一部分学者质疑城市网络理论的重要原因。为此，Taylor（1997）基于新闻报道信息数据，对于部分美国城市之间的信息关联进行了试验性研究（pilot study），并借此提出了一个“全球研究计划”（global research proposal），邀请全球学者对于跨国企业的组织结构展开调查，试图以“确凿的”证据来证明全球化理论中那些已成为老生常谈的假设。总之，在 21 世纪之前，城市网络理论假设已经基本成形，但这些理论假设还难以在现实社会中被验证，学者们也意识到了城市之间关系数据不足带来的挑战，开启了城市网络的实证探索。

如前所述，Castells（1996）提出网络社会（network society）中的“流通空间”（space of flow）和“场所空间”（space of place）概念，对于世界城市网络研究产生了显著影响。所谓“流通空间”就是全球经济网络中资本和信息等的流通，而城市作为“场所空间”则是全球经济网络的枢纽或节点。

受到 Castells（1996）的网络社会理论（network society）的显著影响，并且基于 Sassen（1991）提出的全球城市概念，2000 年以来全球化和世界城市研究网络（Globalization and World Cities Research Network，GaWC）提出城市之间关系的关联网络模型（interlocking network model of inter-city relation），标志着世界城市体系的网络研究取得了突破性进展（Taylor，2001a；Taylor，Derudder，2004），也意味

着城市体系研究从“场所空间”到“流通空间”的实质性转变。城市体系研究不仅要关注地理上的邻近性（geographical proximity），更要强调功能上的关联性（functional connectivity）；不仅要关注城市作为场所空间的邻近性，更要强调城市在流通空间中的关联性。

Taylor 等（Taylor，2010；Derudder，Taylor，2018）强调，在城市体系研究中，中心流理论（central flow theory）正在取代中心地理论（central place theory）。需要指出的是，基于中心流理论的城市体系也是多视角的研究领域，包括经济、科技、交通、信息、出行等研究视角。在经济视角，既有基于企业关联网络，也有基于资本流动的（李仙德，2014；张泽，唐子来，2018；张泽，等，2019）；在企业关联网络研究中，既有涉及全行业的总部—分支网络（唐子来，等，2016；2017；2019），也有聚焦高端生产性服务业的城市互联模型（Taylor，2001a；Zhao，et al.，2015）；在科技视角，既有知识合作网络（侯媛媛，2015；吴志强，陆天赞，2015），也有知识转移网络（段德忠，2018；段德忠，等，2018；段德忠，等，2019）；在交通视角，既有航空网络（周一星，胡智勇，2002；于涛方，等，2008；宋伟，等，2008；薛俊菲，2008），也有高铁网络（罗震东，等，2011；罗震东，等，2015；陈建军，等，2014；焦敬娟，等，2016；王姣娥，景悦，2017）；在信息视角，既有媒体传播的关注度（赵渺希，2011；林森，赵渺希，2011），也有一般市民的关注度（甄峰，等，2012；熊丽芳，等，2013）；在出行视角，较多的研究采用手机信令数据源，试图解析人群流动的时空特征（王垚，等，2018；钮心毅，等，2018；钮心毅，李凯克，2019）。

尽管城市网络是多视角的研究领域，但“基础设施”和“企业关联”无疑是城市网络实证研究的两个主要视角。基于基础设施关联的城市网络研究的理论依据受到了部分学者的质疑，而跨国公司的企业组织是启发全球城市理论的最重要起源，基于企业组织数据的研究方法被认为是城市网络研究的主流方法（Castells，1996；Wall，2009；Sigler，et al. 2020）。Taylor 和 Derudder（2004）指出，城市关联网络的本质是城市之间的经济联系，而企业是城市关联网络的“作用者”（agency），众多企业的区位策略（location strategies）界定了城市之间的关联网络。城市网络的实证研究见证了从“基础设施”到“企业关联”的转变趋势。

城市网络作为多个要素组成的集合体，可以从两个方面进行观察和测度。一是记录城市个体的内部属性，可以称为属性数据（attribute data），如各个城市的人口规模和经济体量等；二是观察城市之间的关系，可以称为关系数据（relational data），如两个城市之间的人口迁移特征、两个城市之间的经济协作和互补关系等。对于城市体系而言，属性数据和关系数据是两种截然不同的数据类型，包括基于属性数据的比较分析（如根据给定特征将一组对象从高到低排序）和基于关系数据的网络分析（如根据特定连接在一组对象之间创建一个关联矩阵）。

相比于中心地理论等传统的区域格局研究方法，城市网络研究的一个突出特点就是关注焦点由“场所空间”转为“流通空间”，即由（人口和 GDP 规模等）“静态的属性数据”转向（人口流动和经济联系等）“动态的关系数据”（朱鹏程，等，2019）。然而，在城市网络研究的早期，关系数据的匮乏被认为是推进城市网络研究的一个突出障碍（Derudder，Witlox，2005；Short，et al. 1996）。实际上，在城市网络研究的文献中，关系数据不足是一个反复出现的问题。例如，Sassen（2001）对于伦敦、纽约和东京的主导地位的论断也只是基于这些城市内部的属性数据，并未根据关系数据直接证明这些城市对其他城市的影响力。

早在城市网络研究取得全面进展之前，Taylor（1997）就注意到，世界城市理论研究普遍存在的缺陷，在很大程度上是数据不足的问题。例如，在全球城市网络研究过程中，尽管以联合国为代表的国际组织提供了可比较的各个国家的经济、人口等数据，但一般是以国家为单位进行统计的，除了新加坡等个别城邦国家，这些数据很难支撑城市尺度的研究。更重要的是，统计部门往往只统计各个城市的静态属性数据，城市之间的关系数据一般很难获取。例如，Taylor（1997）等人在尝试对欧盟内部的城市网络进行研究时就发现，尽管统计部门公布了很多关于英法之间的关系数据（如贸易、移民等），但几乎没有关于伦敦和巴黎作为两个主要世界城市之间关系的信息。

尽管如此，进入 21 世纪以来，国内外学者仍利用有限的数据和相应的方法，在全球层面和区域层面的城市网络实证研究上取得了显著成果，企业组织和基础设施的联系数据是城市网络研究中最为广泛应用的两种基础数据（Beaverstock，et al.，2000；

Derudder，2006）。利用企业组织分布的区位信息表征城市之间关联，构建城市之间的关联格局（Beaverstock，et al.，1999；Taylor，et al.，2010；唐子来，赵渺希，2010；陈晨，修春亮，2014）；根据城市之间的客货流量或通信联系数据，映射城市之间的网络联系（Smith，Timberlake，2001；Derudder，Witlox，2005；周一星，胡智勇，2002；Neal，2010；武文杰，等，2011）。

企业组织数据被用于城市网络实证研究，源于城市网络学者对于经济全球化和跨国公司的持续关注。在全球城市网络研究伊始，就有学者提出，全球主要城市之间关系主要是由跨国公司的全球区位战略创建的（Friedmann，1986），对这些企业组织的区位解读也能够识别各个城市在全球范围内的作用和地位。在基于企业组织数据的城市网络实证研究中，GaWC 的相关研究聚焦于高端生产型服务业企业（Advanced Producer Service，下文简称 APS），Alderson 和 Beckfield（2004）聚焦于财富 500 强跨国企业，利用这些企业的内部联系将城市联系起来，从而创建一个全球性的城市网络。尽管存在一些方法上的差异（Taylor，2007），但这两类研究都是基于企业内部各个组织部门之间联系的城市关联网络，即城市之间的跨国关系可以从各个公司的内部联系进行识别（Derudder，2006）。

另一方面是采用基础设施（包括交通设施和电信设施）数据的城市网络研究方法（Derudder，Witlox，2008；董超，等，2014）。先进的交通和电信设施是全球经济中主要城市之间紧密相连的物质载体，最重要的机场、港口以及快速的光纤骨干网络也被部署在主要城市，成为主要城市之间互联互通的基础条件。因此，这些基础设施数据也被用来识别世界城市网络（Derudder，et al.，2013）。

2.1.1 基于基础设施数据的城市关联网络

早在城市网络研究之初，就有学者提出，航空、铁路、电信等基础设施关联数据更直观地体现了城市之间的联系，且基础设施所记录的人流和物流隐含地代表了各类资本和信息的城市之间流动（Smith，Timberlake，2001）。然而，伴随着城市网络实证研究的持续推进，学者们也逐渐发现，基础设施数据在表征城际商务联系方面仍有明显的不足，不加区分地利用基础设施数据建构城市网络，可能会导致城市网络实证结果的失效（invalidity）（Derudder，Witlox，2005；Neal，2017）。

比如，基于航空数据视角的城市关联网络体现了基础设施方法在建构城市网络中的缺陷和不足。一个典型的例证是曼谷在国际航空网络中的地位，基于全球航班班次数据的实证研究表明，无论是国际航班班次还是国际旅客数量，曼谷在全球城市网络中位居前列（Derudder，Witlox，2005），其网络总关联度也明显高于东京、新加坡和悉尼，但这种航空网络排名的主要缘由是曼谷作为国际旅游度假胜地，并不能表明曼谷已经成为一个领先的全球城市。在此之前，Taylor（1999）对于一些基于航空联系的城市网络研究提出了质疑，并以马略卡岛首府帕尔马在欧洲航空网络中的高排名为例，鲜明地指出"在任何情况下，航空流量在衡量世界各城市之间关系方面都是有问题的指标"（Taylor，1999：1903）。

Neal（2010）将美国航空网络细分为商务（bussiness-oriented）航空网络和休闲（leisure-oriented）航空网络，并发现奥兰多和拉斯维加斯等旅游城市在休闲航空网络中处于中心地位，而纽约、芝加哥、华盛顿等城市则具有明显的商务航空关联，后者才是真正的资本管理和资本服务高地（图 2-1）。Neal（2010）认为，尽管休闲旅游产业是一项重要的基础产业，并带动了奥兰多等城市的经济繁荣，但这并不是 Friedman（1986）或 Castells（1996）在定义城市网络时提及的命令和控制基点，也不是 Sassen（1991）在讨论全球城市时反复提及的资本服务中枢。

基于航空联系和铁路联系的城市网络研究往往难以区分城市之间休闲旅行和商务交流的差别（Neal，2010），而大量的信息传输也许并非经济联系（Perdue，2002）。基于基础设施的城市关联网络受到学者们的质疑，甚至被认为无法表征城市关联网络（Derudder，Witlox，2005：2372）。近年来，在采用手机信令数据的出行流动视角下的城市网络研究中，同样面临难以识别出行目的的困境（王垚，等，2018；钮心毅，等，2018）。总之，尽管基础设施数据更易获取，且是城市之间连接和流动的直观表征，但实证结果验证了基于这些数据的城市网络分析可能存在的问题，从基础设施到企业关联是城市网络研究的一个必然转型。

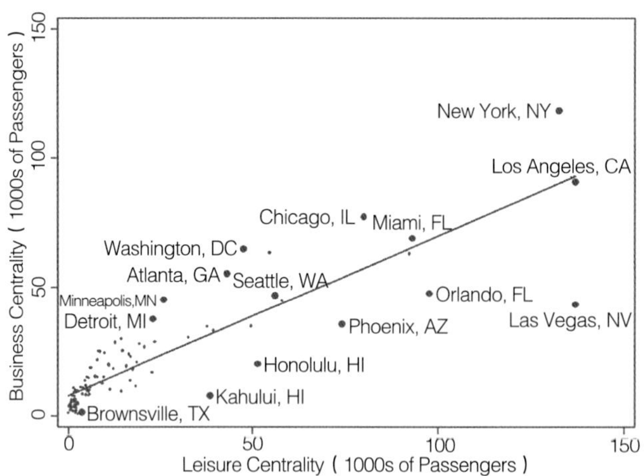

图 2-1 美国主要城市在商务航空网络和休闲航空网络中的关联度对比

资料来源：Neal Z. Refining the air traffic approach to city networks[J]. Urban Studies. 2010，47（10）：2195-2215.

2.1.2 基于企业组织数据的城市关联网络

企业组织数据视角下，城市网络实际上是企业联系网络在城市空间的映射结果，其研究核心是对企业关联网络的构建。但企业内部关联往往涉及这些企业的商业机密，难以直接获取。在企业组织视角下的城市网络研究中，研究人员只知道企业组织在各个城市的分布以及这些企业组织的层级和功能等信息，尽管一些方法试图实现属性特征向关系数据的转变，但这种转变隐含了企业组织如何产生跨地域作用的假定（Latapy，et al.，2008），而连锁模型方法、分区核心方法[1]和总部—分支方法则是三种典型代表。

（1）连锁模型方法

城市网络的实证研究起源于 GaWC（Taylor，2001a；Taylor，Derudder，2004）。正如前文所述，关系数据的匮乏促使城市网络研究人员不得不设计一定的研究方法，利用属性数据“推断”关系数据，满足城市网络研究的需要。基于 Sassen（1991）的全球城

[1] 实际上，分区核心方法是连锁模型方法的一种改进，为详尽地阐明其与连锁模型方法的差别，本研究将其单独列出为一种研究方法。

市概念，GaWC 在全球范围内选取了 175 家高端生产性服务业企业的企业内部组织的相关区位数据，并提出连锁模型方法（Interlocking network model approach），进行全球城市网络研究，取得了丰硕成果，引发学术界的广泛关注，并被认为是世界城市网络的量化研究之里程碑。

在 Sassen（1991）看来，由于 APS 企业机构的地理分布十分集中，只有少量的主要城市才能成为高端生产性服务业集聚的全球城市。随着跨国企业的全球化，在商务法律、财富管理、企业税务咨询、营销广告等领域为其提供服务的高端生产性服务业公司也需要在全球设立分支机构，以便为其客户提供“在地化”（localized）的专业服务。因此，Sassen（1991）认为，高端生产性服务业企业组织的高度集聚使一些城市成为全球资本支配的高端服务中心，伦敦、纽约和东京位居前列，被认为是全球城市的典型。

全球领先的 APS 公司通常在全球诸多城市设有营运机构，基本实现了在世界主要城市的全覆盖，因此 GaWC 关注这些主要城市在全球资本服务方面的网络关系（Taylor，et al.，2013a）。GaWC 的代表人物 Taylor（2001a）认为，相比于传统网络的两层结构（节点以及节点之间的关系），连锁网络具有不同寻常的三层结构，包括节点、关系和子节点。节点可以是研究地域内的各个城市，关系是这些城市之间的相互作用，而高端生产性服务业企业作为城市之间相互关联的活动主体，是各个节点内部的子节点。子节点之间的日常业务联系促成了所在节点之间的联系。高端生产性服务业企业部门之间的邮件往来、电话会议、资金流动以及通过跨国旅行的面对面会议等业务活动代表了信息、知识、资金、人员在城市之间的联系，从而形成世界主要城市之间关联网络。

基于上述理论基础，高端生产性服务业企业的各级机构选址信息是实现城市网络研究的关键，可以在各个公司的官方网站上查询这些企业在全球各个地点的各级组织分布信息，获取城市网络研究所需的基础数据。Taylor 和 Derudder（2004）指出，全球领先的 APS 企业在世界各地的许多城市设有办事处，为客户提供优质的全球服务，当两个城市拥有同一公司的下属机构时，它们之间很可能是相互关联的。

GaWC 将特定城市在公司办公网络中的层级定义为“服务价值”（service value），

并用 0 到 5 的层级数字来进行标记。如表 2–2 所示，数值越大，表明城市在企业内部办公网络中的地位越突出；最小值 0 表示未设立机构的城市，最大值 5 表示公司总部所在城市。

连锁模型方法中对于 APS 企业机构服务价值的划定　　表 2–2

服务价值	APS 企业组织机构的功能
5	企业全球总部（Firm Headquarters）
4	具有额外区域职能的国家总部（National Headquarters with Additional Extraterritorial Function）
3	国家总部或大型办公室（National Headquarters or Large Office）
2	普通办公室（Ordinary Office）
1	功能较弱的普通办公室（Ordinary Office with Reduced Function）
0	无办公室（No Office）

资料来源：整理自 Hennemann 和 Derudder（2014）对 Taylor 等（2002）研究内容的总结 .

通过逐一评估各个 APS 公司在各个城市中的“服务价值”，对 n 个企业和 m 个城市而言，最终整理形成一个 n 个企业 × m 个城市的“服务价值矩阵”，这是连锁网络分析的基本数据。矩阵的每一列显示一个公司的区位策略，在 m 个城市以 0 到 5 的层级表示；每一行显示一个城市的服务价值组合，在 n 家公司中以 0 到 5 的层级表示。GaWC 选取了 175 家领先的 APS 公司，包括 75 家金融服务公司、25 家会计公司、25 家广告公司、25 家法律公司和 25 家管理咨询公司。GaWC 选择了超过 200 万人口以上的城市、100 万人以上的首都城市以及 175 家 APS 公司总部的所在城市。最终，形成一个 175 家公司 ×526 个城市的服务价值矩阵（Hennemann，Derudder，2014）。

尽管连锁模型方法得到了学界的广泛认可，并在全球、区域和国家层面的城市网络研究中获得了广泛应用（赵渺希，等，2014；Zhao，et al.，2015），但始终伴随着争议和质疑，主要体现在三个方面。其一是连锁模型方法对 APS 企业数据进行标准化处理过程中存在的主观性。比如，金融、咨询、法律、会计和广告行业的领先企业选取和各个企业的办公机构层级划分。其二是 APS 企业属性数据向关系数据转换的理论基础不足。面对诸多挑战，Taylor 和 Derudder（2016）也坦承，“必须采用间接测度的策略，因为在全球城市之间关系的研究中，不可能实现对实际商务流量的测度”。其三是连锁模型方法所构建城市网络结构的过于扁平化。尽管很少被提及，但连锁模型方法的服务价值实际上隐含了前提假设，这就是“同一企业内部的任意两个组织部门都存在直接的业务联系”，往往会导致城市关联网络的过于扁平化（赵渺希，等，2014）。

（2）分区核心方法

现代企业管理运营组织架构的逐步公开和互联网信息技术的发展成熟使得获取一个国家和地区的企业组织层级信息变得可能。针对连锁模型方法的不足，Henanman 和 Derudder（2014）提出了分区核心方法，其核心特征是根据现代企业内部组织的管理层级差异，按照地域分区的原则构建更为接近真实状况的企业内部组织的联系架构，减少连锁模型方法中同一管理层级之间的大量“假性链接”。该网络方法将企业内部组织的联系架构归纳为若干个区域管理单元，每个区域管理单元内部均为单中心发散状的组织联系，且仅有各个区域的中心城市之间存在跨区域的联系。

Henanman 和 Derudder（2014）坦言，分区核心方法作为连锁模型方法的一种优化方法，继承了连锁模型方法的大部分理论基础，但进行了两个方面的改进。一方面，分区核心方法消除了连锁模型方法中的大量冗余连接，从而得到一个更为简练精准的企业联系网络。企业管理学术界的研究发现，在全球化过程中，当地的制度环境和文化背景是企业全球战略需要重点考虑的关键因素。Henanman 和 Derudder（2014）将 175 家 APS 企业的全球运营网络划分为 6 个地区，包括北美、中南美、欧洲、非洲和中东、西亚和南亚、亚太地区，并以国家为单元进行细分，对不同城市办公室之间的联系进行区域化建构。在同一区域内部，只有层级不同的组织部门之间才有联系，而不同区域之间的联系只能依赖两个区域的首位城市之间的联系。

另一方面，考虑到 APS 企业组织部门之间的层级性，分区核心方法将连锁模型方法下的无方向关联转换为有方向关联，各个组织部门之间联系的方向特征能够体现在城市网络中可以进行中间性（Betweenness）和邻近性（Closeness）等多个维度的计算分析。通过对麦肯锡咨询公司的案例研究，Henanman 和 Derudder（2014）发现，该企业的城市办公机构往往与其所在地区的总部之间存在密切联系，与其所在地区之外的业务部门几乎不产生直接的业务关联。因此，Henanman 和 Derudder（2014）认为，APS 企业内部的联系往往存在着由低层级向高层级的“逐级汇报”特征。

然而，分区核心方法往往会产生两个方面的不足：一方面，分区核心方法对 APS 企业经营地域性的预设也隐含了一定的主观性，且这种地区划定往往在很大程度上已经决定了城市网络的结果。比如，不同 APS 企业对全球市场地域划定的认知并不一致。另一方面，利用分区核心方法进行城市关联网络的深入分析中，城市网络中接近性和中间性的真实性受到一定质疑。根据 Freeman（1978）的定义，中间性是指节点城市被不同城市之间最短路径穿越时所包含的次数，Henanman 和 Derudder（2014）认为中间性是分析节点城市在网络中地位的一个重要指标，然而在实际的分区核心方法中，Henanman 和 Derudder（2014）采用了随机网络的间接度量方法，但是这种计算方法仍然是一种近似方法，并不是完全的路径搜索，往往会导致中间性计算结果的失真。

（3）总部—分支方法

在总部—分支方法的网络分析中，关注重点是企业总部到其他组织部门的所有权联系（Liu，Derudder，2013），企业内部上级部门向下级部门下达的指令，通过这种从总部传递到下属部门的指令链，在企业内部构建以总部为核心的中心放射状联系线，进而映射为总部所在城市和下属机构所在城市之间的直接联系（Alderson，Beckfield，2004；Rozenblat，Pumain，2007）。由于企业总部和分支机构之间联系的密切程度难以采用统一标准进行判断和比较，实际研究中往往采用计数方式来衡量城市之间的关联强弱，即 A 城市和 B 城市之间的联系强度由所有样本企业内部的指令链联系计量决定，而这种指令链的方向指向特征也使得网络的总关联度、外向辐射度、内向集聚度等计量分析成为可能。

在早期的全球城市研究中，作为跨国投资和贸易的主体，跨国企业受到研究者的关注，并逐渐作为研究不同国家的城市之间经济联系的重要指标。Hymer（1972）将区位理论和企业管理的三层理论（Chandler，Redlich，1961）结合起来，并预测世界城市体系结构将会反映在现代跨国公司的内部结构中。

伴随着跨国公司的经营活动在全球范围的分散化趋势，企业内部的管理和决策部门反而需要进一步在空间上集聚，实现面对面的交流以及对资本市场、公共政策和新闻媒体做出迅速的反应（Sassen，2001）。同时，这些空间分散的一般生产部门往往需要与空间集聚的总部或地区总部保持频繁的决策联系，而这种由总部向分支机构的决策传导更促使了不同城市之间联系（Smith，Timberlake，1995）。Hymer（1972）也认为世界经济的指挥和控制职能将会变得更加集中，跨国公司总部仅位于核心国家的少数城市，并预测世界城市体系将由纽约、伦敦、巴黎、东京等共同主导，并得到了 Friedmann（1986）和 Sassen（2001）的呼应。总之，世界经济的指挥和控制职能被认为是全球城市的显著标志，而这也是总部—分支方法的世界城市网络研究的核心理论基础。

Alderson 和 Beckfield（2004）利用 2000 年财富 500 强企业总部和分支数据，对于全球城市网络进行研究，证明了这种研究方法的可行性和价值。一些中国学者也借鉴这种网络方法，根据“企业总部—分支机构”的跨城联系数据，同样取得了丰硕的研究成果（吴康，等，2015；唐子来，李涛，2014a；2014b；唐子来，等，2017）。总之，以企业总部—分支机构之间的指令链形成城市联系的研究方法已经获得广泛应用，成为企业关联视角的城市网络研究的主要方法之一（Wall R，2009）。

总部—分支方法实质上是从公司总部到分支机构之间联系来定义公司总部所在城市和分支机构所在城市之间联系（Rozenblat，Pumain，2007），代表了人们对于企业内部管理的一般认知（Liu，Derudder，2013），但是总部—分支方法存在定性和定量两个方面的不足。

在定性方面，“总部直接向所有分支机构发送指令”的原则与大企业内部的层级化乃至多元化的管理模式存在一定偏差。在总部—分支方法下，任何企业内部的关联结构都被抽象为以企业总部所在城市为单中心的发散状关联联系，企业总部所在城市的网络核心地位被过分放大，分支与分支之间的业务联系无法得到体现（李涛，周锐，2016）。如前所述，在部分跨国企业的个案研究中也发现，企业总部并不对所有的分支机构直接发送指令链，而是通过国家总部、地区总部等次级管理中心实现间接管理（Hennemann，Derudder，2014）。在定量方面，由于支撑数据缺乏，无论企业规模大小，其内部联系只能进行均一化的计量统计，在一定程度上也削弱了研究结论的精确度。

（4）小结

在企业组织视角的城市网络的实证研究中，无论是连锁模型方法，还是分区核心方法和总部—分支方法，城市关联网络的研究结果与现实世界之间仍存在两个方面的明显差异。一方面，城市之间关联网络往往是根据企业组织分布（属性数据）“推断”而来，而并非城市之间真实的关系数据（Nordlund，2004）。尽管这些网络方法对于这一“推断”过程进行了优化，但实际上现代企业内部的组织架构十分丰富多元，无论是连锁模型方法的网状结构，还是分区核心方法的树状结构和总部—分支方法的中心发散结构（图 2-2），其对单个企业内部组织架构的“推断”仍与现实世界存在一定偏差（Taylor，et al.，2014a；Zhang，et al.，2018）。另一方面，在以上三种方法的数据转换过程中，属性数据的强弱权重均存在一定的主观性，究竟导致了怎样的偏差仍有待进一步的实证比较检验。

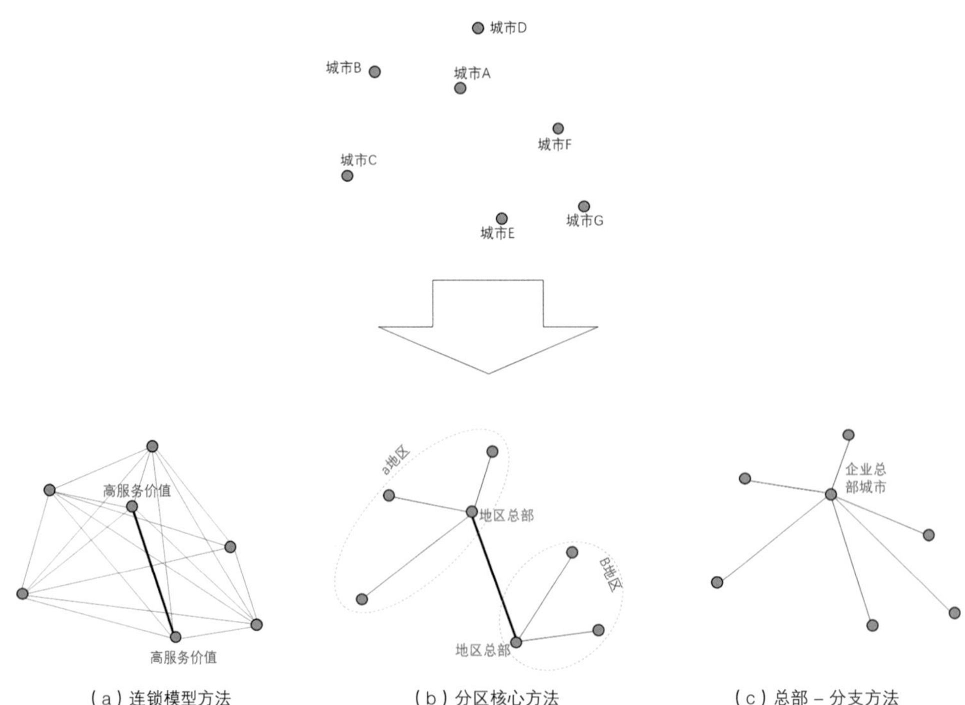

图 2-2　多个网络方法中属性数据向关系数据转化的过程对比示意

资料来源：根据研究结果绘制 .

还需要强调的是，在近期发表的一些文献中，一些学者已经注意到，仅利用企业内部的组织联系并不能获得城市网络的全貌（钮心毅，等，2018），开始利用不同企业之间关联（inter–firm linkage）数据实现城市网络研究，但仍然是真实世界的简化概括（Zhang，et al.，2018），并不足以反映城市网络的全貌。因此，在基于企业组织数据的城市关联网络研究中，需要进行不断的创新和探索。

笔者也关注到，一些国际学者开始着手探讨定量不精确性（quantitative inaccuracy）是否会导致城市网络实证结果的无效性（invalidity）。一个典型的例子就是 Pažitka 等（2020）、Neal（2020）和 Derudder（2020）在 2020 年出版的 Geographical Analysis 期刊上对此展开的辩论。例如，在 Pažitka 等（2020）的研究中，APS 企业的内部关联分别采用二元计数和服务价值乘积方法构建两个世界城市网络，比如银行与其客户之间业务联系分别采用计数和项目收益构建两个世界城市网络，初步证实了不同的定量方法对全球城市网络的实证结果产生了影响。Pažitka 等（2020）也坦承，采用项目收益对城际联系的加权只是部分缓解了城市网络研究的不精确性，并号召学者们挖掘可用的数据，对此展开进一步的探讨。

2.2 从“普适规则”到“制度语境”

在过去的几十年间，城市网络理论在中国实证研究中获得了广泛应用（Lai，2012；Taylor，et al.，2014a；Pan，et al.，2018；程遥，赵民，2018；唐子来，等，2019）。西方学术界偏重于城市网络的理论辨析、方法框架以及机制体制，而国内的既有研究大多则是运用城市网络方法对各个空间区域的实证分析（周振华，2006；唐子来，赵渺希，2009；潘峰华，方成，2019；张凡，宁越敏，2020），更多地体现了“全球普适规则”在中国城市网络研究中的广泛应用，但缺少对中国城市网络背后驱动要素的深入剖析和解读（李涛，等，2017；潘峰华，等，2019）。

随着经济全球化进程面临的严峻挑战，中国的独特制度语境将在“新常态”的时代背景下进一步凸显。实际上，一些学者已经注意到了基于全球普适规则的城市网络方法应用到中国城市网络分析中产生的困境。Derudder 等（2013）提醒学者们要注意中国国家力量在城市网络中的印记。Zhao 等（2015）对于 APS 企业视角的中国的城市网络进行了连锁模型方法的研究，认为以金融企业为代表的 APS 企业受到了中国国家力量的严格监管，中国城市网络并不能简单地解读为全球城市网络在中国区域的局部延伸。唐子来等（2016）发现，中国城市体系既是全球经济网络的组成部分，也受到国家制度语境的显著影响，因而是多视角的研究领域。Pan 等（2017）也提出，中国城市网络根植于中国独特的制度环境中，市场力量和国家力量共同塑造了这一网络，强大的国家力量也是决定中国城市网络独特性的关键因素。因此，城市网络研究应当从“全球普适规则”转向“特定制度语境”，特别是挖掘中国城市网络表象背后的特定制度语境。

政府和市场的关系始终是经济学及相关学科领域关注的一个核心话题（张维迎，2014；刘汉超，2016；刘儒，王换，2018；陈云贤，2019），“政府的强力宏观调控”是中国特定制度语境的重要方面（周雪光，2017；张维迎，2018），不仅包括经济干预的政策属性，也包括政府直接出资设立和参股或控股的大量国有企业参与市场运作的具体行为（刘瑞明，2013；科斯，王宁，2013）。中国国有企业的数量之多（图 2-3）和资产占比之大（图 2-4）均体现了中国制度语境的独特性。

在中国特定制度语境下的城市关联网络研究中，中央政府和地方政府之间关系也是需要特别关注的一个重要议题（王富海，等，2016；李康，2019；贺颖，吕冰洋，2020）。2018 年 11 月，中共中央、国务院发布《关于建立更加有效的区域协调发展新机制的意见》，明确要求“坚持中央统筹与地方负责相结合。加强中央对区域协调发展新机制的顶层设计，明确地方政府的实施主体责任，充分调动地方按照区域协调发展新机制推动本地区协调发展的主动性和积极性”。

还需要强调的是，资本流动视角和企业产权属性为中国特定制度语境下城市关联网络的作用机制研究提供了一个有效的切入点（潘清，2010；徐翔，2014；李姝，等，2018），中国企业不仅包含国有企业和非国有企业，还涉及国有企业中的中央国企和地方国企。总体而言，基于特定制度语境的城市关联网络研究尚未取得显著进展。本书第 9 章从各类产权属性的上市公司的资本流动视角，对于中国城市网络的特定制度语境进行研究是一个有价值的探索。

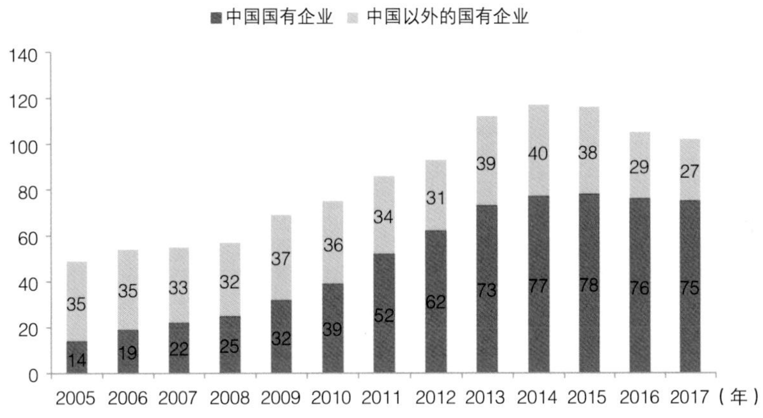

图 2-3　2005—2017 年福布斯全球 500 强企业中的中外国有企业数量对比

资料来源：根据 Lin 等（2020）研究内容改绘 .

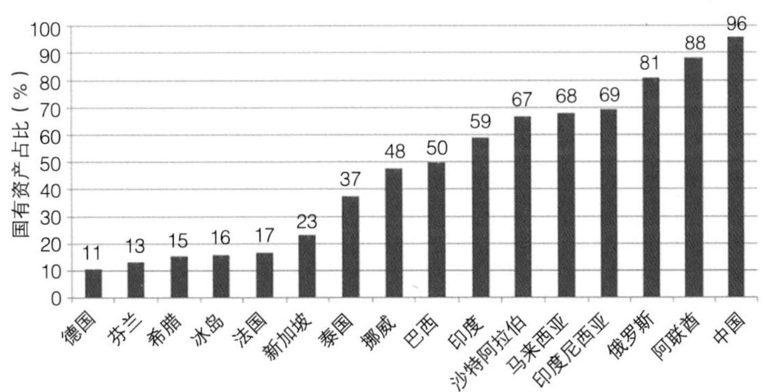

图 2-4　资产总量排名前十六位企业的国有资产占比

资料来源：根据经济合作与发展组织（OECD）发布的《State-Owned Enterprises：Trade Effects and Policy Implications》报告[1]内容改绘 .

[1] 电子报告获取网址为 https：//www.oecd-ilibrary.org/trade/state-owned-enterprises_5k4869ckqk7l-en。

第 3 章

世界经济格局和世界城市体系的关联变化

New Sights
New Methods

3.1 本章研究思路

工业革命以来的约 250 年中，世界经济格局发生了一系列变化。工业革命导致欧洲经济体的崛起和亚洲经济体（中国和印度）的衰败，世界经济格局发生颠覆性变化。工业革命奠定了世界经济的核心—边缘格局（core-periphery）和由此产生的国际劳动分工（international division of labor）。第二次世界大战再次改变了世界经济格局。战后美国成为全球的超级经济体。1973 年的世界经济危机以来，经济全球化导致世界经济格局正在发生显著变化，呈现出多极化的趋势，亚洲、新兴经济体和中国大陆正在迅速崛起。

伴随着世界经济格局的变化，同样引人关注的是经济全球化进程。Dicken（2011）依据经济活动的地理扩散（geographical spread of economic activities）和经济活动的功能整合（functional integration of economic activities），将世界经济格局的变化分为四种过程（图 3-1）。地方化过程（localizing processes）是地理上集中和功能上不同程度整合的经济活动；国际化过程（internationalizing processes）只是地理上扩散的跨国经济活动，但功能整合程度并不高；全球化过程（globalizing processes）是地理上高度扩散和功能上深度整合相结合的经济活动；区域化过程（regionalizing processes）类似于全球化过程，但仅限于区域范围的经济活动（如欧盟的经济一体化）。

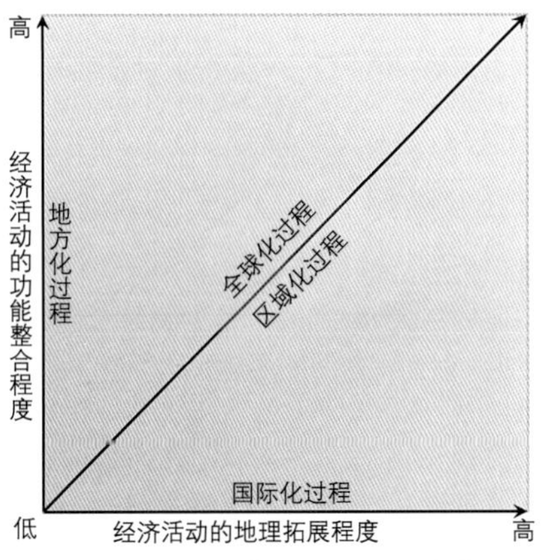

图 3-1　世界经济格局变化的四种过程

资料来源：根据 Dicken（2011）研究成果改绘 .

如果以生产（production）、贸易（trade）和投资（investment）作为世界经济格局的三个重要表征，过去50年中经济全球化进程的主要特征是跨国贸易的增长高于世界生产的增长和外国直接投资的增长高于跨国贸易的增长。跨国公司（transnational corporations，TNCs）占了世界产品和服务出口的2/3，更为重要的是，世界贸易的相当部分是跨国公司内部的跨国贸易（transnational and intra-firm trade）。如表3-1所示，世界主要汽车制造企业的跨国指数佐证了地理上高度扩散和功能上深度整合的经济全球化过程。

世界主要汽车制造企业的跨国指数　　表3-1

世界主要汽车制造企业		总体跨国指数（*TNI*）	雇员跨国指数（国外/总体）	资产跨国指数（国外/总体）	销售跨国指数（国外/总体）
美国	Ford	51.4	54.8	46.2	53.1
	GM	48.5	59.8	41.3	44.5
日本	Honda	82.3	88.8	75.2	82.9
	Nissan	62.1	51.0	58.9	76.3
	Toyota	51.9	38.5	53.9	63.2
欧洲	Fiat	64.5	59.1	61.4	72.9
	Volkswagen	56.9	46.7	48.8	75.3
	Renault	53.1	51.5	40.0	67.8
韩国	Hyundai	27.9	9.3	29.0	45.3

资料来源：Union Nation Conference on Trade and Development（UNCTAD），转引自Dicken（2011）.

在经济全球化进程中，经济活动的地理拓展和功能整合是相互协同的，世界经济格局和世界城市体系的变化也具有显著的关联性，已经成为城市和区域研究的重要领域。经济全球化导致世界城市体系的转型，以"产业链"为特征的空间经济结构正在转变成为以"价值链"为特征的空间经济结构（图3-2）。国际研究表明，世界经济格局和世界城市体系的关联变化应当把握四个分析维度。

其一是"资本支配体系"和"资本服务体系"。世界资本体系包含资本支配体系和资本服务体系，分别以Friedmann的世界城市概念和Sassen的全球城市概念作为主要依据。Friedmann（1986）的"世界城市"（World City）概念认为，世界城市作为全球资本的"支点"（basing points for global capital），在企业网络中占据中心地位，既是跨国公

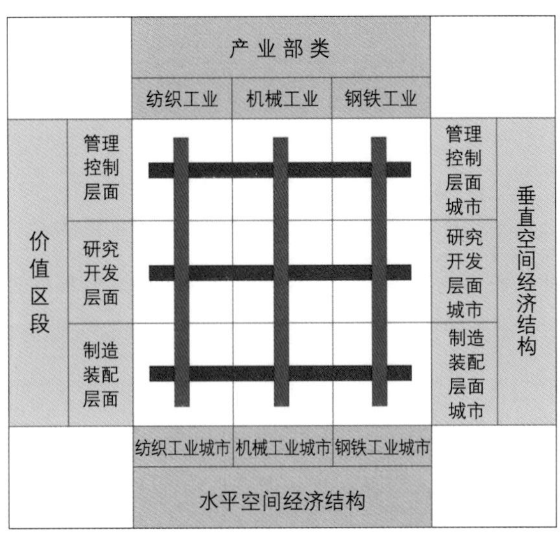

图 3-2　世界城市体系的转型：从“产业链”为特征到“价值链”为特征的空间经济结构
资料来源：根据研究结果绘制 .

司总部和金融机构的集聚地，也是全球交通和通信枢纽，因而在全球经济中具有支配地位（command and control posts）。Sassen（1991）的“全球城市”（The Global City）概念认为，全球城市是全球资本服务中心，而生产性服务业则是全球资本服务中心的关键产业。伴随着跨国公司的地理拓展，对于功能整合提出更高的要求，为其提供生产性服务的企业也越来越全球化。Sassen（1991）认为，全球城市网络的形成是基于生产性服务企业的全球关联网络（interlocking networks），企业是全球城市网络的作用者（agents）。

Castells（1996）在《网络社会的崛起》（*The Rise of the Network Society*）一书中提出网络社会的“双重空间逻辑”，即“流通空间”（Space of Flows）和“场所空间”（Space of Places）。“流通空间”指资本和信息流通等形成全球经济网络，而城市作为场所空间则是全球经济网络的枢纽（hubs）或节点（nodes）。

其二是“总部集聚度”和“网络关联度”。2000 年以来，世界城市体系的一系列实证研究分别受到 Friedmann 的资本支配体系和 Sassen 的资本服务体系影响，采用企业内部的总部和分支机构构成的跨国网络（intra-firm transnational networks），连结所在城市形成世界城市体系。

其三是“外向辐射度”和“内向集聚度”。Alderson 和 Bechfield（2004）认为，基于跨国公司内部关联网络的城市之间关联网络并不是对称的，因而提出城市关联网络的外向度（outdegree）和内向度（indegree）概念。外向度是指跨国公司总部所在城市发至分支机构所在城市的关联，而内向度则是跨国公司分支机构所在城市接收来自总部所在城市的关联。城市的跨国公司总部数量越多，而且这些企业的跨国分支机构越多，则该城市的外向度就越高；城市的跨国公司分支机构数量越多，则该城市的内向度就越高。一个城市在世界城市体系中的网络关联度则是外向辐射度和内向集聚度的总和。

其四是“中心城市”和“门户城市”。基于 Alderson 和 Taylor 等人的研究成果，无论在全球资本支配视角还是全球资本服务视角的世界城市体系中，城市的外向度越高，更为显示其在世界城市体系中的“中心城市（Central City）”属性；城市的内向度越高，更为显示其在世界城市体系中的“门户城市（Gateway City）”属性。

首先，分别考察世界经济格局和世界城市体系的变化趋势；然后，讨论世界经济格局和世界城市体系的关联变化。以生产、贸易和投资作为三个表征，考察世界经济格局的变化趋势；从全球资本支配和全球资本服务两个视角，考察世界城市体系的变化趋势。

3.2 世界经济格局的变化趋势

如前所述，以生产（production）、贸易（trade）和投资（investment）作为三个表征考察世界经济格局的变化趋势（唐子来，等，2015；唐子来，李粲，2015；李粲，唐子来，2019），在时间断面上，选择 2002 年、2008 年、2012 年和 2016 年作为四个节点，分别考虑了中国加入 WTO、世界金融危机和世界经济近况；在空间单元上分为区域、经济板块和国家三个层面。区域层面包括亚洲、欧洲、北美洲、大洋洲、拉丁美洲和非洲；经济板块层面包括作为发达经济体的 G7 国家（美国、日本、德国、英国、法国、意大利、加拿大）、作为较发达经济体的亚洲四小龙（中国香港、中国台湾、韩国、新加坡）、作为新兴经济体的金砖四国（BRIC）（中国大陆、印度、巴西和俄罗斯）；在国家层面，则突出中国大陆在世界经济格局变化中的作用和地位。

3.2.1 世界生产格局的变化趋势

在 2002 年到 2016 年期间，尽管受到世界金融危机的严重影响，世界经济仍保持增长趋势。在区域层面，世界经济的生产职能主要集中在亚洲、欧洲和北美洲，三个区域合计占 2016 年全球生产总值的 90.77%，对于全球经济格局产生重大影响。如表 3-2 和图 3-3 所示，欧洲和北美洲作为世界经济的核心区域，其生产总值的全球占比分别下降了 5.37 和 8.05 个百分点，其他各洲保持不同程度的增幅，而亚洲的增幅尤为显著（高达 10.24 个百分点），2012 年开始，亚洲已经成为占全球生产总值比重最高的区域。

2002 年、2008 年、2012 年和 2016 年各洲生产总值的全球占比（%）　　表 3-2

	2002 年	2008 年	2012 年	2016 年	2002—2016 年变化
亚洲	24.31	25.52	32.25	34.55	10.24
欧洲	32.49	36.85	29.84	27.12	-5.37
北美洲	37.15	28.20	26.39	29.10	-8.05
大洋洲	1.37	1.92	2.35	1.91	0.54
南美洲	2.95	4.95	6.05	4.40	1.45
非洲	1.73	2.57	3.13	2.92	1.19

资料来源：根据世界银行公开数据[1]整理、计算 .

在经济板块层面，2016 年 G7 国家、亚洲四小龙和金砖四国的共 15 个经济体占全球生产总值的比重超过 70%，对于世界经济格局产生重要影响。如表 3-3 和图 3-4 所示，从 2002 年到 2016 年，G7 国家占全球生产总值的比重大幅下降了 17.87 个百分点，亚洲四小龙保持稳定，而金砖四国的全球占比则大幅上升了 13.89 个百分点，中国大陆的增长幅度尤为突出，贡献了其中的 10.69 个百分点。2010 年中国大陆的生产总值超过日本，成为世界第二大经济体，在全球生产体系中的影响力日益增强。

[1] 数据获取网址为 http：//data.worldbank.org/data-catalog/world-development-indicators，下同。

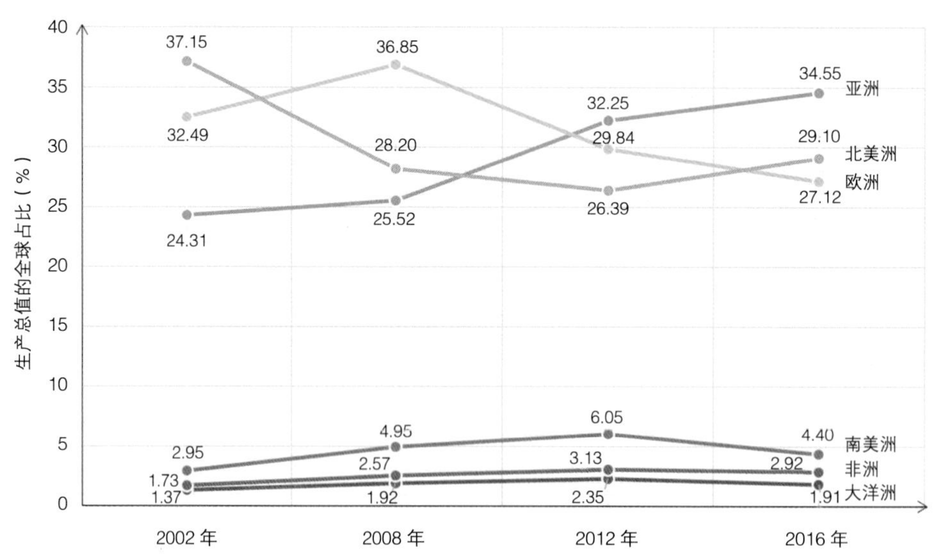

图 3-3　2002 年、2008 年、2012 年和 2016 年各洲生产总值的全球占比

资料来源：根据世界银行公开数据整理、计算、绘制 .

2002 年、2008 年、2012 年和 2016 年各经济板块生产总值的全球占比（%）　表 3-3

	2002 年	2008 年	2012 年	2016 年	2002—2016 年变化
G7 国家	65.48	52.87	47.30	47.61	-17.87
亚洲四小龙	3.43	2.91	3.06	3.45	0.02
金砖四国	8.26	14.53	20.27	22.15	13.89
中国大陆	4.29	7.31	11.52	14.98	10.69

资料来源：根据世界银行公开数据整理、计算 .

综上所述，作为世界经济格局的核心部分，无论是区域层面的北美洲和欧洲还是经济板块层面的 G7 国家，占全球生产总值的比重都是显著下降的；与之相反，亚洲和金砖四国占全球生产总值的比重都是显著上升的，而中国大陆的增长幅度尤为突出。

3.2.2　世界贸易格局的变化趋势

2002—2016 年期间，在世界贸易规模持续增长的同时，世界贸易格局也发生了显著变化。在区域层面，欧洲、亚洲和北美洲合计约占 2016 年全球跨国贸易总额的 90% 以上，对于世界贸易格局产生重大影响。如表 3-4、图 3-5 和表 3-5、图 3-6 所示，欧洲和北美

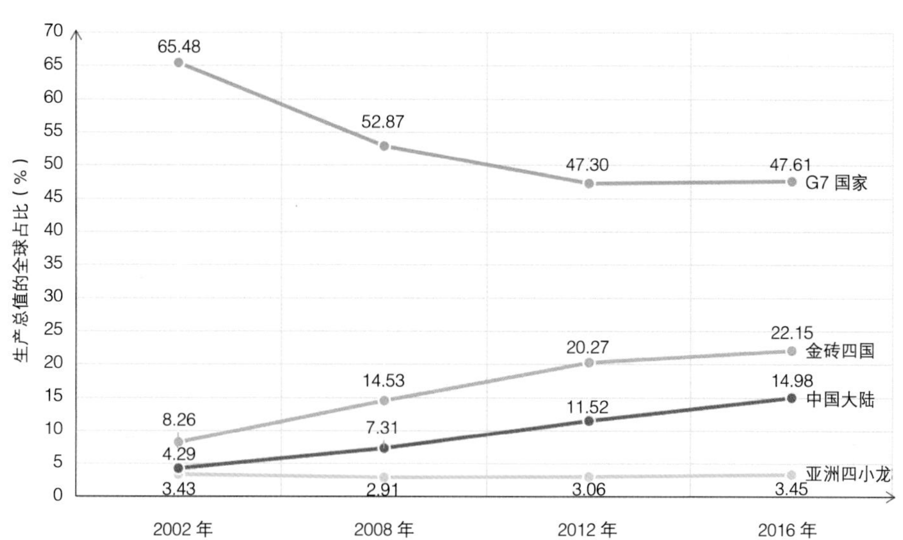

图 3-4　2002 年、2008 年、2012 年和 2016 年各经济板块生产总值的全球占比

资料来源：根据世界银行公开数据整理、计算、绘制 .

洲的进口贸易和出口贸易总额的全球占比显著下降，而亚洲占比则有显著提升。欧洲的进口和出口占比分别下降了 5.03 和 5.13 个百分点，北美洲的进口和出口占比分别下降了 5.89 和 1.80 个百分点，亚洲的进口和出口占比则分别上升了 9.14 和 6.82 个百分点。欧洲和亚洲是全球跨国贸易最为活跃的区域（合计占比超过 70%），随着各自占比的此消彼长，从 2012 年开始，两个区域的跨国贸易占比已经基本相当。

2002 年、2008 年、2012 年和 2016 年各洲进口总额的全球占比（%）　　表 3-4

	2002 年	2008 年	2012 年	2016 年	2002—2016 年变化
亚洲	27.29	30.62	36.73	36.43	9.14
欧洲	42.47	43.51	36.99	37.44	−5.03
北美洲	24.89	18.22	17.63	19.00	−5.89
大洋洲	1.42	1.57	1.83	1.57	0.15
南美洲	1.89	2.94	3.45	2.52	0.63
非洲	2.04	3.14	3.37	3.03	0.99

资料来源：根据 UNCTAD 公开数据[1] 整理、计算 .

[1] 数据获取网址为 http：//unctadstat.unctad.org/wds/TableViewer/tableView.aspx?ReportId=24739 及 http：//unctadstat.unctad.org/wds/TableViewer/tableView.aspx?ReportId=24740，下同。

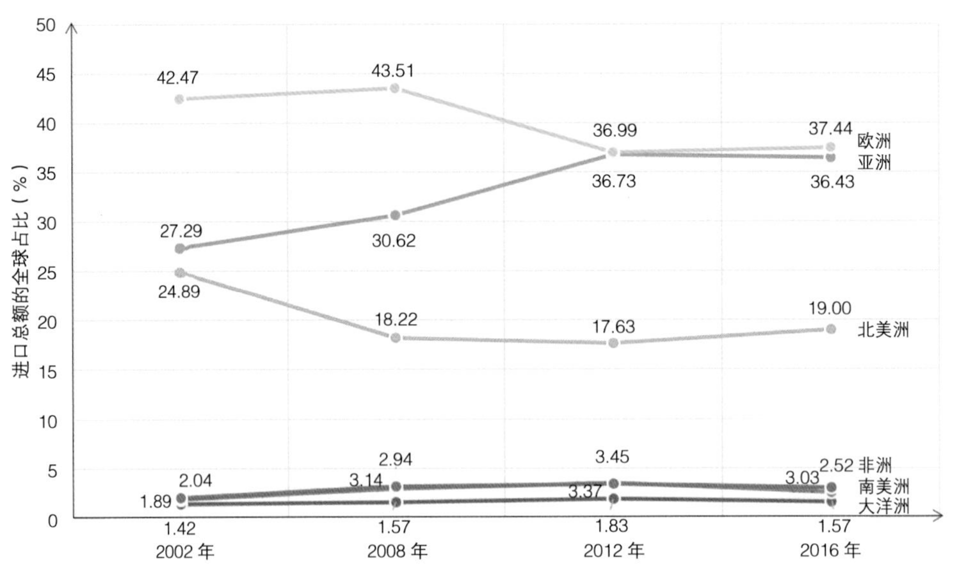

图 3-5　2002 年、2008 年、2012 年和 2016 年各洲进口总额的全球占比

资料来源：根据 UNCTAD 公开数据整理、计算、绘制 .

2002 年、2008 年、2012 年和 2016 年各洲出口总额的全球占比（%）　　表 3-5

	2002 年	2008 年	2012 年	2016 年	2002—2016 年变化
亚洲	31.25	33.55	38.46	38.07	6.82
欧洲	45.19	44.31	38.84	40.06	−5.13
北美洲	17.53	14.18	14.44	15.73	−1.8
大洋洲	1.29	1.45	1.66	1.50	0.21
南美洲	2.52	3.16	3.40	2.47	−0.05
非洲	2.23	3.36	3.20	2.16	−0.07

资料来源：根据 UNCTAD 公开数据整理、计算 .

在经济板块层面，G7 国家、亚洲四小龙和金砖四国的 15 个经济体约占 2016 年全球跨国贸易总额的 60%，对于世界贸易格局有着重要影响。如表 3-6 和图 3-7、表 3-7 和图 3-8 所示，从 2002 年到 2016 年期间，G7 国家进口贸易和出口贸易占比分别下降了 11.39 和 9.99 个百分点，亚洲四小龙保持稳定，而金砖四国的跨国贸易占比则出现了显著的增长，中国大陆的增长幅度尤为突出，进口和出口占比分别上升了 5.57 和 6.12 个百分点。2012 年，中国跨国贸易总量超过美国，成为世界最大的对外贸易国。

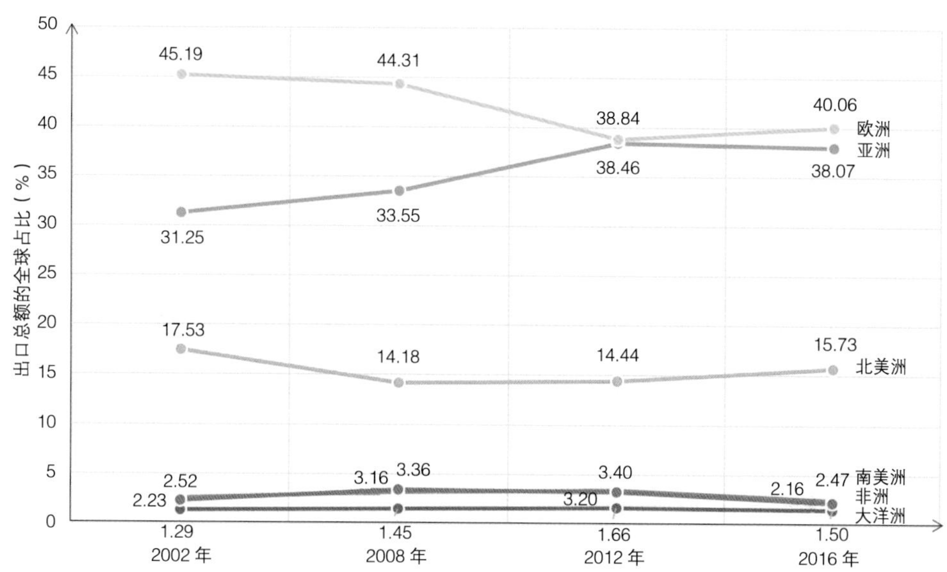

图 3-6　2002 年、2008 年、2012 年和 2016 年各洲出口总额的全球占比

资料来源：根据 UNCTAD 公开数据整理、计算、绘制 .

2002 年、2008 年、2012 年和 2016 年各经济板块进口总额的全球占比（%）　表 3-6

	2002 年	2008 年	2012 年	2016 年	2002—2016 年变化
G7 国家	48.03	39.86	36.20	36.64	-11.39
亚洲四小龙	8.86	8.25	9.56	9.07	0.21
金砖四国	6.88	11.07	15.00	14.53	7.65
中国大陆	4.10	5.91	8.77	9.67	5.57

资料来源：根据 UNCTAD 公开数据整理、计算 .

2002 年、2008 年、2012 年和 2016 年各经济板块出口总额的全球占比（%）　表 3-7

	2002 年	2008 年	2012 年	2016 年	2002—2016 年变化
G7 国家	44.59	36.16	32.95	34.60	-9.99
亚洲四小龙	9.58	8.53	9.97	10.06	0.48
金砖四国	7.82	12.92	15.37	15.44	7.62
中国大陆	4.56	7.57	9.57	10.68	6.12

资料来源：根据 UNCTAD 公开数据整理、计算 .

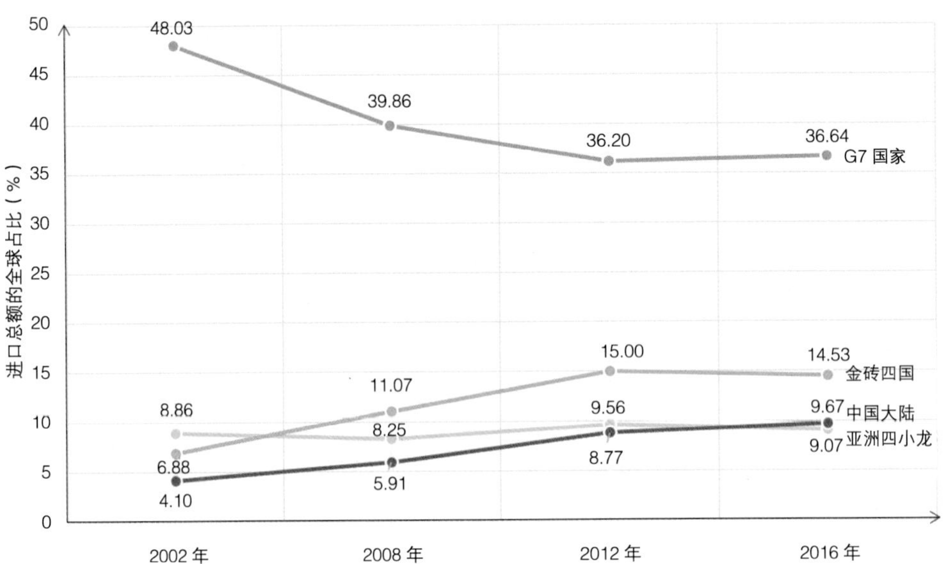

图 3-7　2002 年、2008 年、2012 年和 2016 年各经济板块进口总额的全球占比

资料来源：根据 UNCTAD 公开数据整理、计算、绘制 .

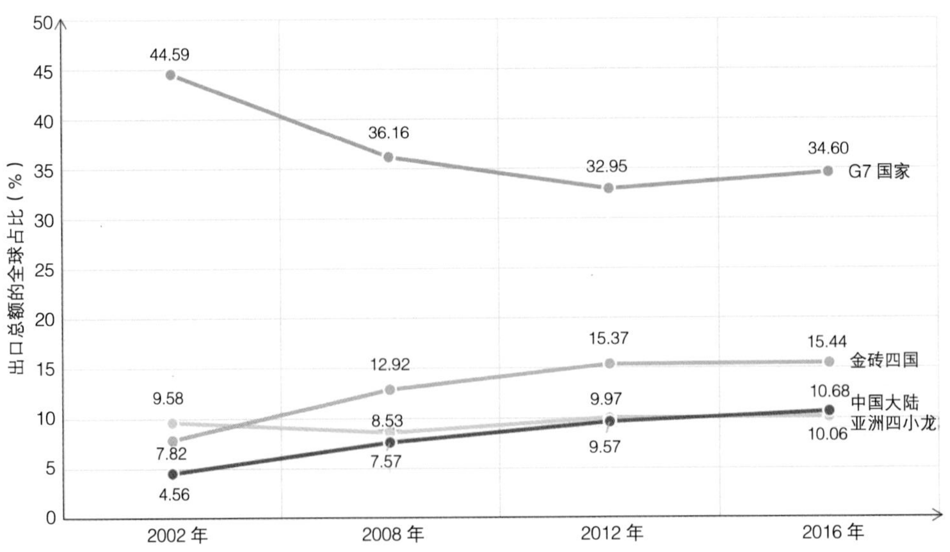

图 3-8　2002 年、2008 年、2012 年和 2016 年各经济板块出口总额的全球占比

资料来源：根据 UNCTAD 公开数据整理、计算、绘制 .

3.2.3 世界投资格局的变化趋势

如表 3–8 和图 3–9、表 3–9 和图 3–10 所示，欧洲、北美洲和亚洲是跨国投资的主要发源地和目的地，2016 年对外投资和吸纳投资的全球占比分别高达 98.18% 和 88.40%，对于世界贸易投资产生重大影响。在 2002 年到 2016 年期间，区域层面的跨国投资格局呈现波段变化的态势，总体而言，欧洲的对外投资和吸纳投资占比大幅下降（分别下降 13.44 和 16.70 个百分点），而亚洲的对外投资和吸纳投资占比则大幅上升（分别上升 22.17 和 9.20 个百分点），北美洲的对外投资和吸纳投资占比则呈相反的变化趋势（分别为下降 7.31 和上升 5.66 个百分点），其他各洲占比较低，仅呈现小幅波动。

2002 年、2008 年、2012 年和 2016 年各洲对外投资的全球占比（%）　　表 3–8

	2002 年	2008 年	2012 年	2016 年	2002—2016 年变化
亚洲	13.52	21.08	31.22	35.69	22.17
欧洲	50.78	50.79	35.76	37.34	–13.44
北美洲	32.46	22.69	28.69	25.15	–7.31
大洋洲	1.38	1.89	0.64	0.51	–0.87
南美洲	0.81	2.11	1.20	0.07	–0.74
非洲	1.05	1.44	2.48	1.25	0.20

资料来源：根据 UNCTAD 公开数据[1]整理、计算 .

2002 年、2008 年、2012 年和 2016 年各洲吸纳投资的全球占比（%）　　表 3–9

	2002 年	2008 年	2012 年	2016 年	2002—2016 年变化
亚洲	18.89	29.77	28.06	28.09	9.20
欧洲	50.11	29.74	37.94	33.41	–16.70
北美洲	21.24	28.34	17.80	26.90	5.66
大洋洲	1.67	0.66	1.01	2.38	0.71
南美洲	4.75	6.48	10.16	5.80	1.05
非洲	3.33	5.00	5.03	3.42	0.09

资料来源：根据 UNCTAD 公开数据整理、计算 .

[1] 数据获取网址为 http：//unctadstat.unctad.org/wds/TableViewer/table View.aspx?ReportId=88，下同。

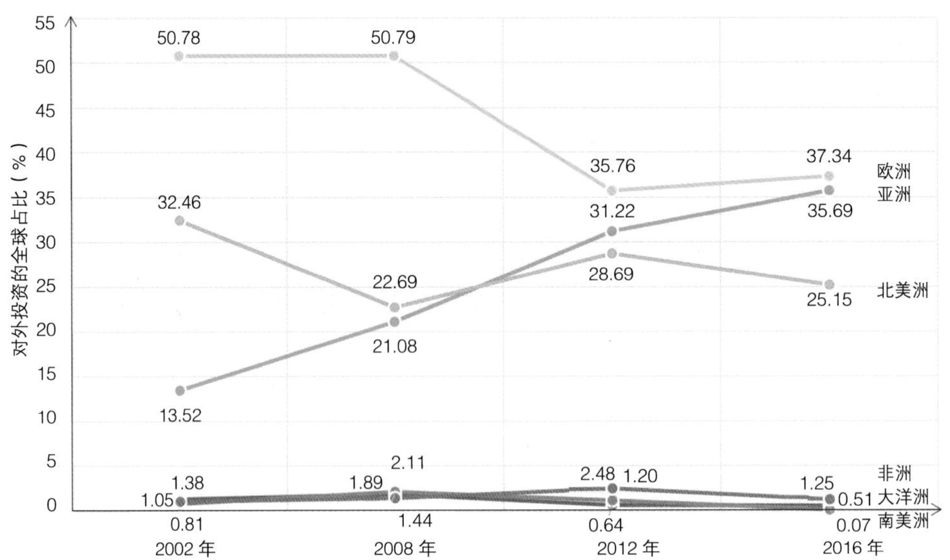

图 3-9　2002 年、2008 年、2012 年和 2016 年各洲对外投资的全球占比

资料来源：根据 UNCTAD 公开数据整理、计算、绘制 .

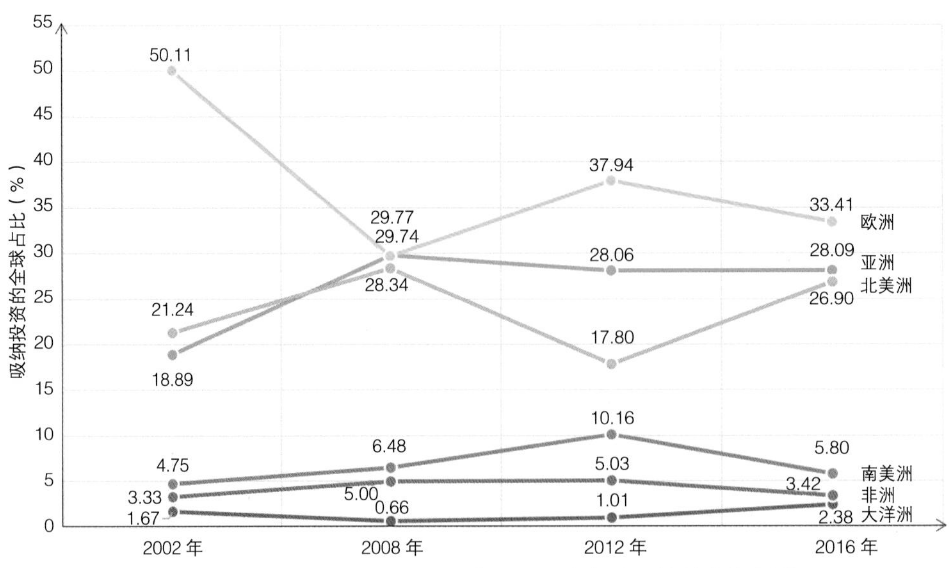

图 3-10　2002 年、2008 年、2012 年和 2016 年各洲吸纳投资的全球占比

资料来源：根据 UNCTAD 公开数据整理、计算、绘制 .

如表 3–10 和图 3–11 所示，在经济板块层面的对外投资方面，从 2002 年到 2016 年，作为发达经济体的 G7 国家的对外投资的全球占比大幅下降了 17.80 个百分点，而作为较发达经济体的亚洲四小龙占比和作为新兴经济体的金砖四国占比则分别上升了 4.21 和 11.96 个百分点，中国大陆更是上升了 12.11 个百分点。如表 3–11 和图 3–12 所示，在吸纳投资方面，尽管受到全球金融危机的负面影响，从 2008 年到 2012 年，G7 国家的吸纳投资占比大幅下降了 13.37 个百分点，但在 2012 年到 2016 年期间又强劲反弹了 21.32 个百分点；亚洲四小龙和金砖四国的吸纳投资占比则分别上升了 8.05 和 2.50 个百分点。

2002 年、2008 年、2012 年和 2016 年各经济板块对外投资的全球占比（%）　表 3–10

	2002 年	2008 年	2012 年	2016 年	2002—2016 年变化
G7 国家	59.99	55.64	44.87	42.19	–17.80
亚洲四小龙	4.84	5.02	10.56	9.05	4.21
金砖四国	2.02	8.98	8.60	13.98	11.96
中国大陆	0.50	3.26	6.32	12.61	12.11

资料来源：根据 UNCTAD 公开数据整理、计算 .

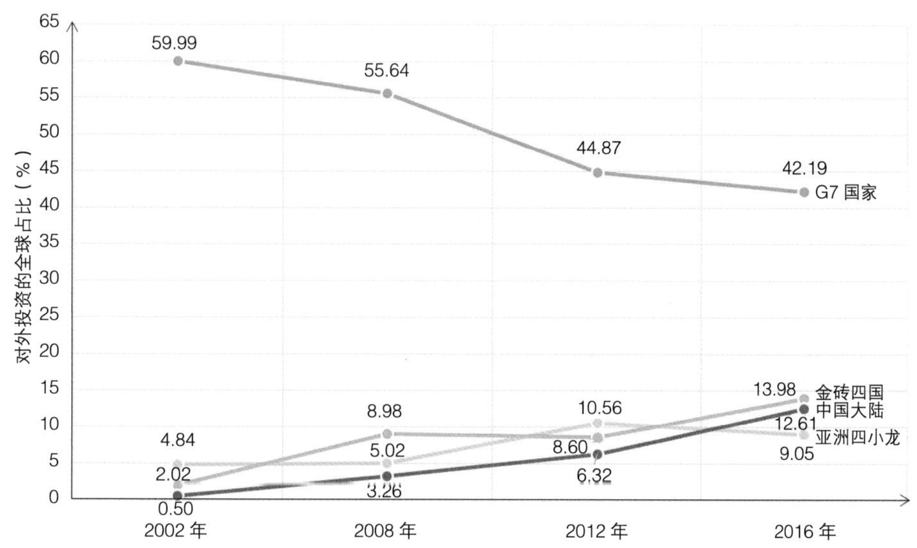

图 3–11　2002 年、2008 年、2012 年和 2016 年各经济板块对外投资的全球占比

资料来源：根据 UNCTAD 公开数据整理、计算、绘制 .

2002 年、2008 年、2012 年和 2016 年各经济板块吸纳投资的全球占比（%） 表 3-11

	2002 年	2008 年	2012 年	2016 年	2002—2016 年变化
G7 国家	36.97	35.67	22.30	43.62	6.65
亚洲四小龙	2.84	5.98	9.03	10.89	8.05
金砖四国	13.32	18.98	16.32	15.82	2.50
中国大陆	8.96	7.44	7.86	7.71	-1.25

资料来源：根据 UNCTAD 公开数据整理、计算 .

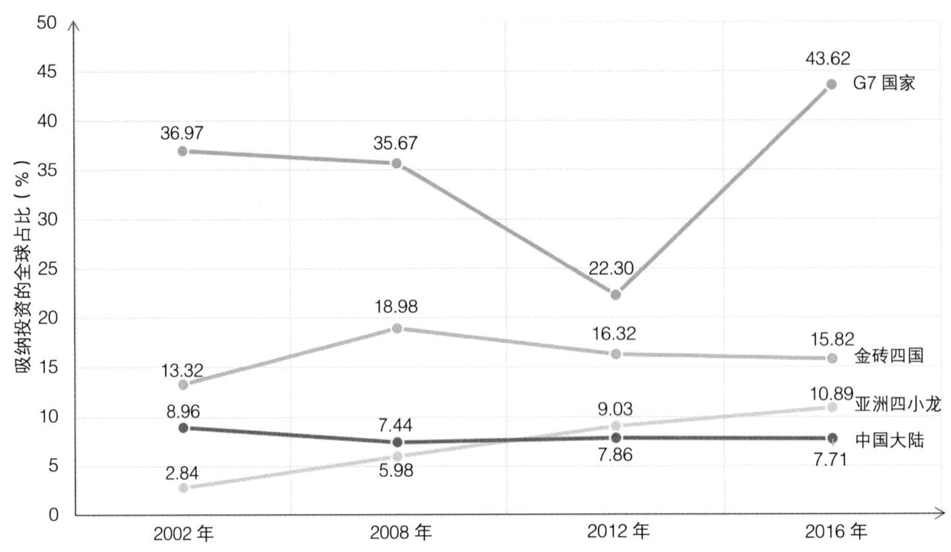

图 3-12　2002 年、2008 年、2012 年和 2016 年各经济板块吸纳投资的全球占比

资料来源：根据 UNCTAD 公开数据整理、计算 .

中国大陆作为规模最大的新兴经济体，对外投资和吸纳投资占比呈现截然不同的发展趋势，对外投资占比从 2002 年的 0.50% 迅速上升到 2016 年的 12.61%，而同期吸纳投资占比则一直稳定在 7%—9% 的较高水平，甚至还有小幅下降。值得关注的是，2014 年中国大陆的实际对外投资首次超过吸引外资，成为跨国投资的净输出国。2016 年中国对外投资的全球占比（12.61%）已经显著高于吸纳投资占比（7.71%），而同年 G7 国家、亚洲四小龙和金砖四国的对外投资占比都低于吸纳投资占比。

3.3 世界城市体系的变化趋势

世界城市体系的解析框架可以分为资本支配视角和资本服务视角。在资本支配视角下，城市能级与跨国公司的总部集聚度相关，跨国公司总部集聚度较高的城市对全球资本支配权力更大；在资本服务视角下，城市能级与其在全球资本服务体系中的网络关联度相关，网络关联度较高的城市对全球资本服务能力更大。

在此逻辑基础上，借鉴尼尔提出的二维坐标模型（Neal，2011），识别和解析世界城市体系。如图 3-13 所示，基于全球因特网的端口和连结数据，尼尔将全球网络中的城市属性分为中心度和网络权力两个解析维度，将 82 个对象城市划分为三种类型。精英世界城市是中心度和网络权力都高的城市，如纽约和伦敦；枢纽世界城市是中心度高而网络权力不高的城市，如华盛顿和布鲁塞尔；门户世界城市是网络权力较高，但并不位于中心的城市，如迈阿密和斯德哥尔摩等。本研究分别考察主要城市在资本支配体系中的总部集聚度和在资本服务体系中的网络关联度，由此解析世界城市体系的总体结构。

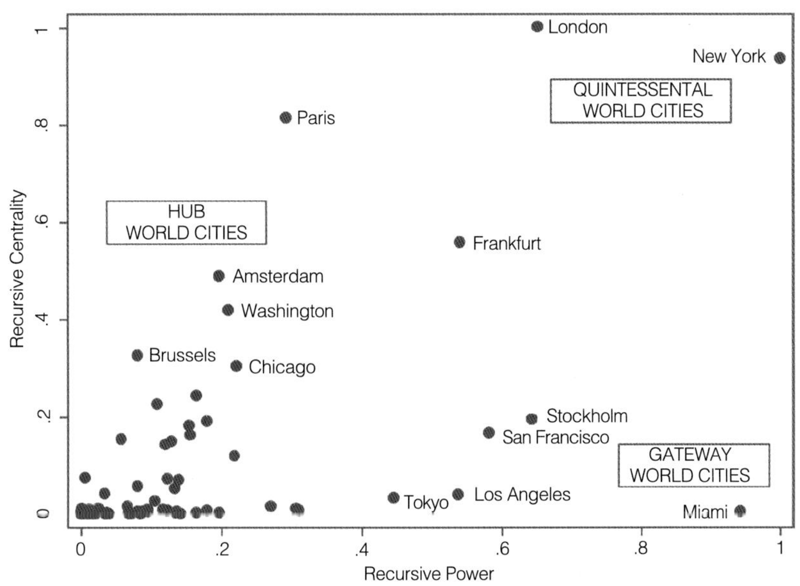

图 3-13　Neal 提出的二维坐标模型

资料来源：Neal Z. Differentiating Centrality and Power in the World City Network[J]. Urban Studies，2011，48（13）：2733-2748.

3.3.1 资本支配视角下世界城市体系的变化趋势

考察城市体系的既有研究主要基于企业区位策略，可以分为跨国公司的总部集聚度（Taylor，et al.，2011；Taylor，Csomos，2012；Csomos，2013；Csomos，Derudder，2014）和跨国公司的“总部—分支”关系（Alderson，Beckfield，2004；Alderson，et al.，2010；Wall，Knaap，2011；Kwon，2016）。值得关注的是，上述两种实证方法的研究结论并不一致。基于跨国公司“总部—分支”关系的世界城市体系与世界经济非均衡格局的契合程度较高，层级较高的城市主要来自核心经济体，而来自边缘经济体的城市则鲜有入围，并且这一关联格局并未随着经济全球化进程而发生显著变化（表 3-12）。与此相比，在基于跨国公司总部集聚度的世界城市体系中有更多来自半边缘和边缘经济体的城市，并且这些城市的数量和地位均随着经济全球化进程而增加和提升。

基于跨国公司总部—分支关系的主要城市（2006 年、2008 年、2013 年）　表 3-12

排名	外向度（outdegree）		内向度（indegree）		紧密度（closeness）		中介度（betweenness）	
2006 年	城市	得分	城市	得分	城市	得分	城市	得分
1	纽约	2434	纽约	1177	纽约	68.5	纽约	51.2
2	巴黎	1790	巴黎	722	巴黎	57.8	巴黎	26.1
3	东京	1747	伦敦	552	东京	56.9	东京	23.1
4	伦敦	1123	洛杉矶	543	伦敦	55.4	伦敦	9.7
5	芝加哥	905	东京	527	芝加哥	52	多伦多	8.2
6	苏黎世	566	多伦多	483	洛杉矶	49.7	斯德哥尔摩	5.9
7	洛杉矶	552	芝加哥	478	悉尼	48.3	芝加哥	4.2
8	休斯敦	496	香港	330	新加坡	47.6	苏黎世	3.1
9	慕尼黑	484	新加坡	324	多伦多	47.2	悉尼	2.7
10	多伦多	431	费城	301	苏黎世	46.6	洛杉矶	2.1
11	费城	363	马德里	286	法兰克福	45.6	香港	0.6
12	阿姆斯特丹	335	休斯敦	276	马德里	45.3	马德里	0.6
13	亚特兰大	334	亚特兰大	252	蒙特利尔	45.3	慕尼黑	0.5
14	斯德哥尔摩	326	悉尼	247	香港	45	蒙特利尔	0.3
15	明尼阿波利斯	323	达拉斯	228	都柏林	45	奥斯陆	0.2

续表

排名	外向度（outdegree）		内向度（indegree）		紧密度（closeness）		中介度（betweenness）	
2008 年	城市	得分	城市	得分	城市	得分	城市	得分
1	纽约	2216	纽约	1052	纽约	64.5	纽约	51.2
2	巴黎	1842	巴黎	705	巴黎	56.2	巴黎	29.3
3	东京	1787	东京	609	东京	55.4	东京	26.8
4	伦敦	1096	东京	515	伦敦	53.8	伦敦	13.3
5	芝加哥	739	洛杉矶	457	芝加哥	48.8	斯德哥尔摩	7.0
6	苏黎世	532	多伦多	432	新加坡	47.3	多伦多	5.5
7	洛杉矶	467	芝加哥	397	洛杉矶	45.9	米兰	4.7
8	费城	434	香港	337	圣保罗	45.9	洛杉矶	3.8
9	慕尼黑	404	马德里	326	多伦多	45.7	悉尼	3.0
10	多伦多	372	新加坡	324	苏黎世	45.1	马德里	2.9
11	阿姆斯特丹	371	费城	304	马德里	44.9	芝加哥	2.3
12	圣何塞	366	悉尼	290	悉尼	44.6	苏黎世	0.8
13	亚特兰大	358	休斯敦	256	香港	44.1	新加坡	0.3
14	明尼阿波利斯	345	米兰	241	都柏林	44.1	休斯敦	0.3
15	达拉斯	332	亚特兰大	237	休斯敦	43.4	慕尼黑	0.2
2013 年	城市	得分	城市	得分	城市	得分	城市	得分
1	东京	4062	东京	1522	巴黎	63.8	巴黎	51.7
2	巴黎	3812	纽约	1223	纽约	58.1	东京	33.1
3	纽约	2680	巴黎	1172	东京	56.6	纽约	31.8
4	伦敦	1642	伦敦	984	伦敦	54.5	伦敦	12.8
5	慕尼黑	1335	新加坡	623	新加坡	48.6	法兰克福	6.1
6	法兰克福	1031	香港	608	香港	48.6	杜赛尔多夫	5.0
7	杜赛尔多夫	959	马德里	554	悉尼	47.9	慕尼黑	4.4
8	芝加哥	659	洛杉矶	496	慕尼黑	47.4	米兰	4.4
9	苏黎世	642	多伦多	489	苏黎世	45.9	马德里	2.5
10	马德里	597	悉尼	433	阿姆斯特丹	45.2	墨尔本	2.2
11	洛杉矶	576	芝加哥	431	马德里	44.8	阿姆斯特丹	2.2
12	阿姆斯特丹	528	上海	420	芝加哥	44.1	休斯敦	2.0
13	大阪	501	休斯敦	380	都柏林	44.1	悉尼	1.6
14	休斯敦	490	杜赛尔多夫	372	休斯敦	43.9	芝加哥	0.8
15	埃森	461	费城	349	北京	43.7	洛杉矶	0.7

资料来源：根据 Kwon（2016）研究结果整理 .

总部集聚度研究以主要跨国公司总部的层级和数量为指标，表征城市的能级地位。该研究方法并未考虑到资本的跨国程度和获利水平，从而导致一些发展中经济体的主要城市占据过高的能级，因为这些城市往往是国内垄断企业的集聚地，尽管这些企业的体量巨大，但资本的跨国程度和获利水平却并不高。

“总部—分支”关系研究聚焦在主要跨国公司的总部和各级分支构成的公司内部网络中的城市地位，主要指标包括外向度和内向度等。该研究方法通过城市之间关联的方向特征来考察城市关联网络中的层级关系。因此，来自发达经济体的城市在基于跨国公司“总部—分支”关系的世界城市体系中占据主导地位，而发展中经济体的城市则鲜有入围。

本研究采用跨国公司总部集聚度的方法，解析世界城市体系的变化趋势，并结合具体解析语境对于资本的跨国程度和获利水平进行补充讨论。跨国公司名单来自 2005 年和 2017 年的 Forbes Global 2000 榜单，公司总部所在城市信息通过各企业官方网站查询。一方面，Forbes Global 2000 榜单具有一定的权威性，作为企业销售、利润、资产和市值等多项指标的综合考评结果，能够更好地体现跨国公司的综合实力；另一方面，Forbes Global 2000 榜单的企业样本数量较多，有助于统计分析的可信度。

研究借鉴了 Taylor 等学者基于 Forbes Global 2000 榜单计算城市商务支配指数(Business Command Index，BCI) 的方法 (Taylor，et al.，2011)，根据企业在榜单中的排名赋以相应的权重值 (表 3–13)，间接表征该跨国公司总部的全球资本支配权力。各个城市得分等于相关企业得分之和，以得分最高的城市为 100，经过标准化处理得到各个城市的总部集聚度，表征城市的能级地位。

统计表明，入围 2005 年 Forbes Global 2000 榜单的 821 家企业再次入围 2017 年榜单。从地理分布来看，2005 年的 2000 家企业分别来自 53 个国家和地区的 633 个城市，2017 年的 2000 家企业则来自 60 个国家 / 地区的 570 个城市。尽管更多国家和地区参与全球资本支配体系，但涉及的城市数量却显著减少。这表明，在城市层面，全球资本支配体系趋于空间集聚。

基于 Forbes Global 2000 企业排名的权重赋值 表 3-13

企业排名	权重赋值	企业排名	权重赋值
前 50 名	12	501—600 名	6
51—100 名	11	601—700 名	5
101—200 名	10	701—800 名	4
201—300 名	9	801—1200 名	3
301—400 名	8	1201—1600 名	2
401—500 名	7	1601—2000 名	1

资料来源：整理自 Taylor 等（2011）的研究结果 .

亚洲、北美洲和欧洲是绝大多数跨国公司的总部所在地，三个区域的合计全球占比在两个年份均超过 95%，但伴随着亚洲占比上升和北美洲、欧洲占比下降。在经济板块层面上，来自 G7 国家的跨国公司占比由 2005 年的 70.8% 下降为 2017 年的 54.6%，来自金砖四国的跨国公司占比则在同期上升了 11 个百分点，来自亚洲四小龙的跨国公司占比也是有所提升的（图 3-14）。2005 年公司数量排名前七位的经济体被 G7 国家所垄断，但随着中国大陆、韩国、中国香港和印度等的崛起，这一垄断格局已被打破，2017 年中国大陆上榜公司数量接近日本，位居世界第三，进入第一阵营（表 3-14）。

2005 年和 2017 年 Forbes Global 2000 公司数量排名前列的经济体 表 3-14

2005 年排名	经济体	公司数占比（%）	2017 年排名	经济体	公司数占比（%）
1	美国	36.4	1	美国	28.6
2	日本	16.2	2	日本	11.5
3	英国	6.8	3	中国大陆	10.3
4	加拿大	3.3	4	英国	4.4
5	法国	3.1	5	韩国	3.2
6	德国	3.0	6	法国	3.0
7	意大利	2.2	6	中国香港	3.0
7	瑞士	2.2	8	加拿大	2.9
9	澳大利亚	1.8	9	印度	2.9
10	中国台湾	1.7	10	德国	2.6
11	印度	1.6	11	瑞士	2.3
12	西班牙	1.5	11	中国台湾	2.3

续表

2005 年排名	经济体	公司数占比(%)	2017 年排名	经济体	公司数占比(%)
12	瑞典	1.5	13	澳大利亚	1.9
14	中国香港	1.4	14	俄罗斯	1.4
14	中国大陆	1.4	14	意大利	1.4
14	荷兰	1.4	16	瑞典	1.3
14	韩国	1.4	17	西班牙	1.2
18	巴西	1.0	17	荷兰	1.2

资料来源：企业名单来自福布斯全球官网，总部所在城市通过各企业官网查询得到 .

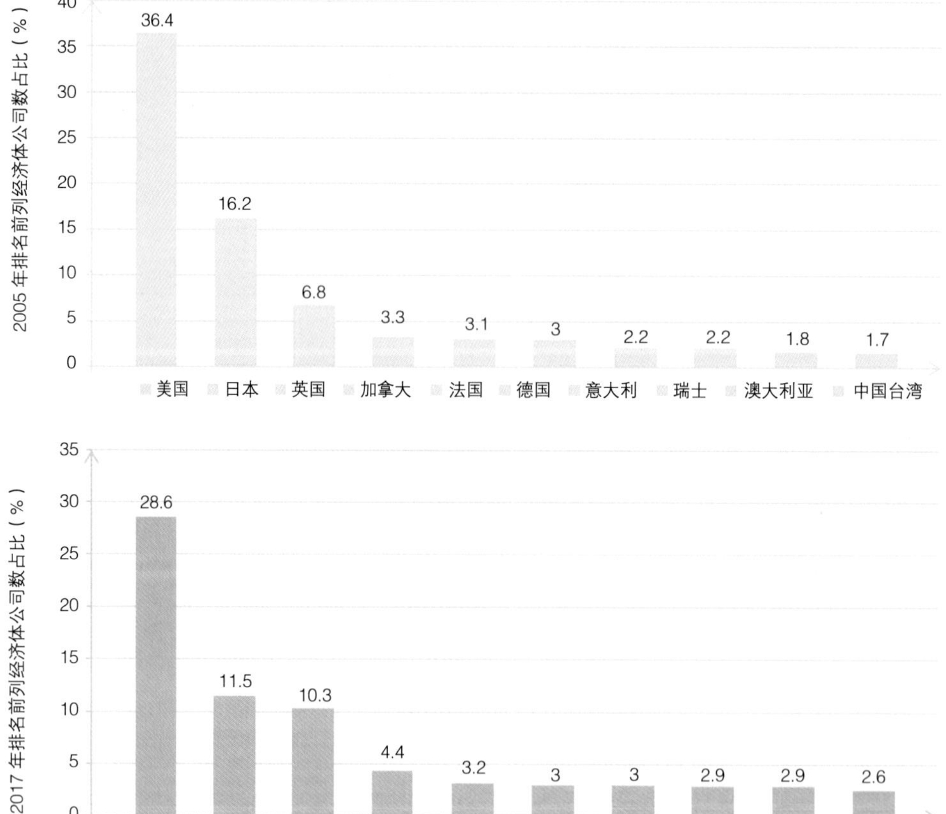

图 3-14　在经济板块层面上 2005 年和 2017 年 Forbes Global 2000 公司总部数量占比

资料来源：企业名单来自福布斯全球官网（https：//www.forbes.com/），总部所在城市通过各企业官网查询得到 .

如表 3–15 所示，以 2005 年总部集聚度最高的东京得分为 100，进行数据的标准化处理，分别得到各个城市在 2005 年和 2017 年的总部集聚度。在 2005 年和 2017 年 Forbes Global 2000 公司总部集聚度排名前列的城市中，东京始终占据榜首，纽约、伦敦和巴黎也是名列前茅的，但总部集聚度大部分有所下降。在亚洲四小龙中，首尔、中国香港和中国台北的总部集聚度均有一定程度上升；在金砖四国中，中国、印度和俄罗斯的相关城市排名显著上升，并有一些其他新兴经济体的城市也进入了 2017 年前 20 位。中国大陆主要城市的排名上升幅度尤为突出，北京从 2005 年的第 16 位上升到 2017 年的第 2 位，超越纽约和伦敦，成为仅次于东京的第二城市，上海和深圳分别从 2005 年的 200 位之后上升到 2017 年的第 8 位和第 14 位。

2005 年和 2017 年 Forbes Global 2000 公司总部集聚度排名前列的城市　　表 3–15

2005 年排名	城市	经济体	总部集聚度	2017 年排名	城市	经济体	总部集聚度
1	东京	日本	100	1	东京	日本	80.4
2	纽约	美国	59.9	2	北京	中国大陆	52.6
3	伦敦	英国	49.5	3	纽约	美国	47.8
4	巴黎	法国	38.6	4	伦敦	英国	44.1
5	休斯敦	美国	18.9	5	巴黎	法国	43.1
6	大阪	日本	17.6	6	首尔	韩国	30.1
7	首尔	韩国	16.9	7	香港	中国香港	27.3
8	斯德哥尔摩	瑞典	16.0	8	上海	中国大陆	16.2
9	多伦多	加拿大	13.8	9	孟买	印度	15.7
10	芝加哥	美国	13.3	10	多伦多	加拿大	15.3
11	亚特兰大	美国	13.2	11	芝加哥	美国	15.0
12	香港	中国香港	12.3	12	大阪	日本	14.5
13	马德里	西班牙	11.2	13	台北	中国台湾	14.4
14	都柏林	爱尔兰	10.8	14	深圳	中国大陆	12.5
15	台北	中国台湾	10.4	15	亚特兰大	美国	12.3
16	北京	中国大陆	10.1	16	斯德哥尔摩	瑞典	12.1
17	悉尼	澳大利亚	10.0	17	休斯敦	美国	11.2
18	卡尔加里	加拿大	9.2	18	莫斯科	俄罗斯	11.1
19	墨尔本	澳大利亚	8.5	19	都柏林	爱尔兰	10.5
19	旧金山	美国	8.5	20	悉尼	澳大利亚	10.0

资料来源：企业名单来自福布斯全球官网，总部所在城市通过各企业官网查询得到 .

如表 3–16 所示，依据各个城市在 2005 年和 2017 年的总部集聚度，上榜城市可以划分为五个层级。从 2005 年到 2017 年，层级较高城市保持基本稳定，前三个层级的城市数量仅增加了 3 个（从 2005 年的 17 个到 2017 年的 20 个），并且多达 16 个城市出现在两个年份的榜单；前四个层级的城市数量仅增加了 1 个（从 2005 年的 41 个到 2017 年的 42 个），并且多达 30 个城市出现在两个年份的榜单。尽管位于世界城市体系上部层级的主要城市形成较为稳定的格局，但世界城市体系和世界经济格局之间形成关联变化也是显而易见的，特别是以中国为代表的新兴经济体的迅速崛起。2005 年资本支配视角下世界城市体系的最高层级城市全部来自核心经济体，次级城市主要来自核心经济体和半边缘经济体，而边缘经济体的城市几乎全部处于较低层级；2017 年世界城市体系发生了显著变化，中国和其他新兴经济体的主要城市进入较高层级。

资本支配视角下 2005 年和 2017 年世界城市体系的层级划分　　表 3–16

	2005 年	2017 年
第一层级（总部集聚度≥ 70）	东京	东京
第二层级（70 > 总部集聚度≥ 30）	纽约、伦敦、巴黎	北京、纽约、伦敦、巴黎、首尔
第三层级（30 > 总部集聚度≥ 10）	休斯敦、大阪、首尔、斯德哥尔摩、多伦多、芝加哥、亚特兰大、香港、马德里、都柏林、台北、北京、悉尼	香港、上海、孟买、多伦多、芝加哥、大阪、台北、深圳、亚特兰大、斯德哥尔摩、休斯敦、莫斯科、都柏林、悉尼
第四层级（10 > 总部集聚度≥ 5）	卡尔加里、墨尔本、旧金山、阿姆斯特丹、米兰、慕尼黑、苏黎世、华盛顿、新加坡、达拉斯、莫斯科、夏洛特、孟买、圣何塞、布鲁塞尔、蒙特利尔、巴塞尔、明尼阿波利斯、纽瓦克、辛辛那提、约翰内斯堡、罗马、匹兹堡、圣安东尼奥	旧金山、苏黎世、马德里、阿姆斯特丹、明尼阿波利斯、新加坡、慕尼黑、利亚得、墨尔本、波士顿、曼谷、巴塞尔、圣何塞、吉隆坡、卡尔加里、罗马、西雅图、蒙特利尔、海牙、新德里、洛杉矶、伊斯坦布尔
第五层级（总部集聚度 < 5）	略	略

资料来源：企业名单来自福布斯全球官网，总部所在城市通过各企业官网查询得到 .

在经济全球化背景下，世界经济历史上以“南—北”或“东—西”划分的二元格局正在日益受到来自新兴经济体的冲击，呈现多极化趋势。但需要强调的是，中国大陆的主要城市通常以强大的国有资本为支撑，而这些国有资本的本土性较强和跨国度较低，导致这些城市的总部集聚度并不具备充分的全球资本属性。另外，来自边缘经济体的增长也是不平衡的，以中国大陆为代表的新兴经济体呈现强势崛起态势，其中部分城市的层级提升是十分显著的，而多数非洲和南美洲欠发达地区的城市却更加边缘化了。需要指出的是，资本支配视角下世界城市体系呈现非均衡结构及其演化，在本质上是全球价值链的时空表征。

3.3.2 资本服务视角下世界城市体系的变化趋势

基于网络关联度的世界城市体系研究主要来自 Taylor 及其领衔的 GaWC 研究团队，他们是网络关联度研究方法的主要开创者，并在集成基础上构建了全球城市关联网络的理论模型。自 20 世纪末开始，GaWC 致力于全球城市关联网络的解析方法，创建了高端生产性服务业的主要企业数据库，并定期进行更新维护。基于这些高端生产性服务业的企业总部和分支机构的区位信息，从全球资本服务网络的视角，识别和解析主要城市的全球网络关联度（global network connectivity，GNC），进而对于全球城市网络的结构和演化特征进行定量研究。迄今为止，GaWC 先后发布了 2000、2004、2008、2010、2012、2016 版和 2018 版的全球城市关联网络榜单[1]（Taylor，et al.，2002；2008；Derudder，et al.，2010；2013），获得了学界的广泛认可。

2000 版和 2004 版 GaWC 全球城市关联网络的研究对象涉及 100 家高端生产性服务业企业（称为 GaWC100），包括 34 家银行 / 金融保险企业、18 家会计师事务所、16 家律师事务所、15 家广告企业和 17 家管理咨询企业。从 2008 版开始，高端生产性服务业企业目录扩展到 175 家（称为 GaWC175），包括 75 家金融服务类企业（银行 / 金融 / 保险企业）和 100 家专业服务类企业（会计师事务所、律师事务所、广告企业和管理咨询企业各 25 家）。此后研究延续了 GaWC175，但对于企业名录和区位信息进行适时更新。根据全球网络关联度，上榜城市被划分为不同层级，包括 Alpha 级、Beta 级和 Gamma 级，以及具有迈向全球城市潜力的 Sufficiency 级，这些层级又被进一步细分为不同次级，如 Alpha 层级被进一步细分为 Alpha++、Alpha+、Alpha 和 Alpha-，位于 Alpha 层级的城市被认为是全球资本服务体系中的主要城市。

[1] 历版 GaWC 世界城市榜单可参见 GaWC 官网，https：//www.lboro.ac.uk/gawc/gawcworlds.html。

全球资本服务视角下世界城市体系的变化趋势主要基于 GaWC 的全球网络关联度模型和历次城市榜单，并以其他相关研究作为辅助。由于 GaWC 仅公布了相关城市排名，并未公开全球网络关联度的具体数据，无法展开定量解析。本研究还基于公开发表的 2008 版和 2016 版 GaWC175 高端生产性服务业企业名录（Taylor et al.，2011；Taylor，Derudder，2016），对于这些企业分支机构的全球区位信息进行统计，试图更加深入解析在世界资本服务体系中主要城市的全球分布格局。企业总部和分支所在城市信息通过各企业官方网站查询，其中分支机构细化至国家 / 地区级，一般为国家 / 地区级总部、总公司、总代表处或资产管理机构（asset management），以区域 / 国家 / 地区层面上高端生产性服务业集聚度最高的城市作为这些区域 / 国家 / 地区的门户城市。

需要再次强调的是，尽管高端生产性服务业的集聚度是识别和解析各级门户城市的重要依据，但这些门户城市在世界城市体系中的能级地位则是通过其在全球资本服务体系中的网络关联度，而非空间集聚度作为表征。因此，在全球资本服务视角下中国大陆网络解析中，进一步检索并统计了 2016 年 GaWC175（除 10 家本土企业以外的 165 家外资企业）在中国大陆地区的所有分支，分为国家 / 地区级总部和一般分支两个级别。参照 GaWC 的计算方法（Taylor，2014a），按照“国家 / 地区级总部 2 分，一般分支 1 分”的权重计算主要城市的网络关联度。

高端生产性服务业包括金融服务和专业服务两种类型。高位的价值区段、广泛的跨国网络以及为全球资本提供服务是高端生产性服务业区别于其他生产性服务业的三个主要特征。GaWC 的高端生产性服务业企业名录已经获得了学界的广泛认可，本研究首先以 GaWC 发布的 2008 年和 2016 年 GaWC175 企业名录为基础，对这些高端生产性服务业的企业总部分布及变化情况进行解析，因为高端生产性服务业企业大多是分支分布广泛的跨国公司，这些企业的全球总部高度集聚的城市在全球资本服务网络中占据主导地位。

在 2008 年和 2016 年 GaWC175 榜单中有多达 101 家企业是重复出现的，此外还有一些企业经历拆分或合并后再次上榜。就行业而言，会计师事务所的稳定性最高，2008 年的 25 家会计师事务所中有 20 家 2016 年再次入围。尽管这些高端生产性服务企业大多数是跨国公司，但其全球总部的地理分布显然较一般跨国公司更加集中，2008 年的

GaWC175 企业来自 18 个国家或地区的 39 个城市，2016 年的 GaWC175 企业则来自 27 个国家或地区的 56 个城市，G7 国家在两个年份中占比均超过 80%（表 3–17），其中，美国和英国更是占据主导地位。众所周知，英美分别作为昔日和当今的世界强国，是全球经济规则的主要制定者以及全球资本服务功能的主要发源地。纽约和伦敦作为全球经济中心，是高端生产性服务企业全球总部最为集中的城市，拥有其他城市无可比拟的总部集聚度。这表明，纽约和伦敦在全球资本服务网络中占据主导地位，其他地区的门户城市主要通过加强与纽约和伦敦的关联以提升自身的服务能级。此外，巴黎、东京、芝加哥和波士顿等也拥有较高的总部集聚度，尽管无法与纽约和伦敦相提并论。

2008 年和 2016 年 GaWC175 企业总部的分布情况　　表 3–17

2008 年		2016 年	
总部数量	城市	总部数量	城市
51	纽约	33	纽约、伦敦
36	伦敦	10	芝加哥
7	巴黎、东京、芝加哥	8	巴黎、波士顿
5	波士顿、多伦多、华盛顿	6	北京、东京
4	阿姆斯特丹、苏黎世	5	旧金山
3	北京、布鲁塞尔、慕尼黑	3	多伦多、法兰克福、华盛顿、上海
2	爱丁堡、杜赛尔多夫、都柏林、法兰克福、洛杉矶、蒙特利尔、墨尔本、悉尼、夏洛特	2	阿姆斯特丹、洛杉矶、蒙特利尔、明尼阿波利斯、墨尔本、匹兹堡、圣保罗、苏黎世、悉尼、夏洛特
1	奥马哈、巴西利亚、丹佛、的里雅斯特、哥本哈根、海牙、旧金山、克利夫兰、蒙哥马利、米兰、明尼阿波利斯、莫斯科、纽瓦克、圣保罗、圣路易斯、斯德哥尔摩、亚特兰大	1	爱丁堡、奥斯陆、巴吞鲁日、巴西利亚、布鲁塞尔、都柏林、杜鲁斯、费城、哥本哈根、科隆、克利夫兰、马德里、迈阿密、蒙特雷、孟买、米兰、莫斯科、纽瓦克、日内瓦、桑坦德、深圳、圣安东尼奥、圣路易斯、首尔、斯德哥尔摩、维也纳、温哥华、温斯顿塞勒姆、乌特勒支、西雅图、中国香港、新加坡、亚特兰大、约翰内斯堡

资料来源：企业名单摘录于 Taylor 等（2011，2016）的研究成果，总部所在城市通过各企业官网查询 .

中国大陆的上榜企业数量由 2008 年的 3 家增加为 2016 年的 10 家，仅次于美国和英国排名第三。其中，6 家中国公司总部位于北京、3 家位于上海和 1 家位于深圳（表 3–18）。但需要指出的是，这些公司的全球资本服务属性并不显著。

2016 年 GaWC175 中的中国大陆上榜企业　　表 3–18

公司名称	总部所在城市
中国建设银行	北京
中国工商银行	北京
中国银行	北京
中国农业银行	北京
交通银行	上海
招商银行	深圳
上海浦东发展银行	上海
中信银行	北京
中国民生银行	北京
分众传媒	上海

资料来源：企业名单摘录于 Taylor 和 Derudder（2016）的研究成果，总部所在城市通过各企业官网查询得到 .

需要强调的是，高端生产性服务企业的全球资本服务能力并非限于总部，企业跨国网络的广度更能表征全球资本服务能力。据统计，在 2016 年的 GaWC175 中，有多达 162 家跨国企业。值得关注的是，跨国网络较为发达的公司几乎全部来自发达经济体。比如，总部位于英国伦敦的安永会计师事务所（Ernst & Young）的分支网络是分布最广的，在全球超过 140 个国家和地区设立了分支结构。中国工商银行作为中国大陆海外分支机构最多的企业，同时也是新兴经济体中海外分支机构最多的企业，仅以 38 个海外分支规模排名第 68 位，体现了全球资本服务能力的较大差距。

高端生产性服务业通过全球网络（企业总部和各级分支机构的全球分布格局）为全球资本支配提供“在地”（localized）服务，因此高端生产性服务机构集聚的地区也是全球资本较为活跃的地区。如表 3–19 所示，北美洲、亚洲和欧洲是高端生产性服务业较为发达区域。其中，北美洲的美国、亚洲的中国大陆和欧洲的英国拥有的高端生产性服务机构数量位居前三。在 GaWC175 中，分别有 162 家在美国、150 家在中国大陆、142 家在英国设有总部或分支机构。此外，G7 国家、金砖四国和大部分亚洲四小龙（除了台湾地区）都是位居前列的，但发达经济体占据多数。高端生产性服务业的全球分布格局表明，世界资本服务体系和世界资本支配体系具有相似特点，亚洲、新兴经济体和中国大陆逐渐成为世界资本服务的重要区域，但发达经济体仍然占据主导地位。

2016 年 GaWC175 总部和国家 / 地区级分支数量排名前 20 位经济体　　表 3-19

排名	GaWC175 总部和分支数量（个）	经济体	区域	经济板块
1	162	美国	北美洲	G7
2	150	中国大陆	亚洲	金砖四国
3	142	英国	欧洲	G7
4	135	中国香港	亚洲	亚洲四小龙
5	131	新加坡	亚洲	亚洲四小龙
6	128	德国	欧洲	G7
7	119	法国	欧洲	G7
8	118	日本	亚洲	G7
9	113	阿联酋	亚洲	其他
10	111	澳大利亚	大洋洲	其他
11	110	巴西	南美洲	金砖四国
12	105	西班牙	欧洲	其他
13	103	比利时	欧洲	其他
14	102	韩国	亚洲	亚洲四小龙
15	100	印度	亚洲	金砖四国
16	100	意大利	欧洲	G7
17	98	俄罗斯	欧洲	金砖四国
18	95	荷兰	欧洲	其他
19	95	加拿大	北美洲	G7
20	91	波兰	欧洲	其他

资料来源：企业名单摘录于 Taylor 和 Derudder（2016）的研究成果，总部和分支信息通过各企业官网查询得到 .

在全球资本支配较为活跃的经济体，高端生产性服务业在门户城市形成高度集聚，为全球资本支配体系的本地运营提供“在地”服务。如表 3-20 所示，2016 年 GaWC175 总部和国家 / 地区级分支数量排名前列的城市分别承担了所在经济体乃至所在区域的门户职能。首先，重要经济体的门户城市悉数上榜，包括英国的伦敦、法国的巴黎、日本的东京、中国大陆的上海和北京、美国的纽约等。此外，不同经济体的全球资本服务职能的集聚度也是存在明显差异的。例如，在投资美国的 162 家高端生产性服务业企业中有 111 家将全球总部或国家 / 地区级总部设于纽约，投资英国的 142 家企业则将全球总部或国家 / 地区级总部全部设于伦敦，因此伦敦的门户首位度高于纽约。上海和北京是排名前 40 位城市中仅有的来自同一经济体的两个门户城市，且 GaWC175 的机构数量相当，中国大

2016 年 GaWC175 总部和国家 / 地区级分支数量排名前 40 位城市　　表 3–20

排名	GaWC175 机构数（个）	城市	经济体	排名	GaWC175 机构数（个）	城市	经济体
1	142	伦敦	英国	20	87	华沙	波兰
2	135	香港	中国香港	22	85	伊斯坦布尔	土耳其
3	131	新加坡	新加坡	22	85	墨西哥城	墨西哥
4	119	巴黎	巴黎	24	81	曼谷	泰国
5	118	东京	日本	25	80	多伦多	加拿大
6	117	上海	中国大陆	26	79	苏黎世	瑞士
7	115	北京	中国大陆	27	78	布宜诺斯艾利斯	阿根廷
8	111	纽约	美国	28	77	台北	中国台湾
9	105	悉尼	澳大利亚	28	77	圣地亚哥	智利
10	105	迪拜	阿联酋	28	77	约翰内斯堡	南非
11	103	圣保罗	巴西	31	76	吉隆坡	马来西亚
12	102	首尔	韩国	32	73	斯德哥尔摩	瑞典
12	102	法兰克福	德国	33	72	卢森堡	卢森堡
14	101	马德里	西班牙	34	71	利雅得	沙特
15	98	莫斯科	俄罗斯	35	69	都柏林	爱尔兰
16	95	布鲁塞尔	比利时	35	69	波哥大	哥伦比亚
17	94	米兰	意大利	37	67	马尼拉	菲律宾
18	90	孟买	印度	37	67	维也纳	奥地利
18	90	阿姆斯特丹	荷兰	39	66	利马	秘鲁
20	87	雅加达	印尼	40	65	里斯本	葡萄牙

资料来源：企业名单摘录于 Taylor 和 Derudder（2016）的研究成果，总部和分支信息通过各企业官网查询得到 .

陆也是主要经济体中唯一的“双门户”国家。其次，这些企业分支信息表明，一些城市不仅是所在经济体的门户城市，还承担所在区域乃至更大区域的门户职能。香港和新加坡就是典型案例，两个城市作为亚太区域的重要门户而吸引大量高端生产性服务机构。同样，伦敦不仅是英国的门户城市，也是欧洲的门户城市。此外，悉尼、迪拜、圣保罗分别是大洋洲、中东和南美洲区域的门户城市。

需要强调的是，全球资本服务视角下的城市能级并非限于总部集聚度，城市在全球资本服务体系中的网络关联度是主要表征。在 2000 年至 2018 年期间，主要城市的 GaWC

高端生产性服务业的全球网络关联度排名及其演化情况如表 3-21 所示，伦敦和纽约始终处于主导地位（Alpha++ 级），香港、巴黎、新加坡和东京始终处于重要地位（Alpha+ 级）。但是，亚太区域的其他主要城市也迅速崛起，从 2008 年开始，上海、北京、悉尼

主要城市的 GaWC 高端生产性服务业的全球网络关联度排名及其演化情况　表 3-21

层级	2000 年	2004 年	2008 年	2010 年	2012 年	2016 年	2018 年
ALPHA++	伦敦（1） 纽约（2）	伦敦（1） 纽约（2）	伦敦（1） 纽约（2）	伦敦（1） 纽约（2）	伦敦（1） 纽约（2）	伦敦（1） 纽约（2）	伦敦（1） 纽约（2）
ALPHA+	香港（3） 巴黎（4） 东京（5） 新加坡（6）	香港（3） 巴黎（4） 东京（5） 新加坡（6）	香港（3） 巴黎（4） 新加坡（5） 东京（6） 悉尼（7） 米兰（8） 上海（9） 北京（10）	香港（3） 巴黎（4） 新加坡（5） 东京（6） 上海（7） 芝加哥（8） 迪拜（9） 悉尼（10）	香港（3） 巴黎（4） 新加坡（5） 上海（6） 东京（7） 北京（8） 悉尼（9） 迪拜（10）	新加坡（3） 香港（4） 巴黎（5） 北京（6） 东京（7） 迪拜（8） 上海（9）	香港（3） 北京（4） 新加坡（5） 上海（6） 悉尼（7） 巴黎（8） 迪拜（9） 东京（10）
ALPHA	芝加哥（7） 米兰（8） 洛杉矶（9） 多伦多（10） 马德里（11） 阿姆斯特丹（12） 悉尼（13） 法兰克福（14） 布鲁塞尔（15） 圣保罗（16） 旧金山（17）	多伦多（7） 芝加哥（8） 马德里（9） 法兰克福（10） 米兰（11） 阿姆斯特丹（12） 布鲁塞尔（13） 圣保罗（14） 洛杉矶（15） 苏黎世（16） 悉尼（17）	马德里（11） 莫斯科（12） 首尔（13） 多伦多（14） 布鲁塞尔（15） 布宜诺斯艾利斯（16） 孟买（17） 吉隆坡（18） 芝加哥（19）	米兰（11） 北京（12） 多伦多（13） 圣保罗（14） 马德里（15） 孟买（16） 洛杉矶（17） 莫斯科（18） 法兰克福（19） 墨西哥城（20） 阿姆斯特丹（21）	芝加哥（11） 孟买（12） 米兰（13） 莫斯科（14） 圣保罗（15） 法兰克福（16） 多伦多（17） 洛杉矶（18） 马德里（19） 墨西哥城（20） 阿姆斯特丹（21） 吉隆坡（22） 布鲁塞尔（23）	悉尼（10） 圣保罗（11） 米兰（12） 芝加哥（13） 墨西哥城（14） 孟买（15） 莫斯科（16） 法兰克福（17） 马德里（18） 华沙（19） 约翰内斯堡（20） 多伦多（21） 首尔（22） 伊斯坦布尔（23） 吉隆坡（24） 雅加达（25） 阿姆斯特丹（26） 布鲁塞尔（27） 洛杉矶（28）	米兰（11） 芝加哥（12） 莫斯科（13） 多伦多（14） 圣保罗（15） 法兰克福（16） 洛杉矶（17） 马德里（18） 墨西哥城（19） 吉隆坡（20） 首尔（21） 雅加达（22） 孟买（23） 迈阿密（24） 布鲁塞尔（25） 台北（26） 广州（27） 布宜诺斯艾利斯（28） 苏黎世（29） 华沙（30） 伊斯坦布尔（31） 曼谷（32） 墨尔本（33）
ALPHA-	上海（31） 北京（36）	北京（22） 上海（23）					

资料来源：根据 GaWC 官网公布数据整理 .

和迪拜先后升至 Alpha+ 级。在其他金砖国家中，印度的孟买、俄罗斯的莫斯科和巴西的圣保罗先后进入 Alpha 级。中国大陆的北京和上海的上升幅度尤为突出，北京从 2000 年的第 36 位上升到 2016 年的第 6 位，2018 年又进一步提升至第 4 位，上海从 2000 年的第 31 位上升到 2012 年的第 6 位和 2016 年的第 9 位，2018 年又重返第 6 位。

GaWC175 高端生产性服务业企业的全球网络关联度排名表征了资本服务视角下世界城市体系的特征和演化。总体而言，各个城市的全球网络关联度与所属经济体和所在区域的经济发展具有相关性，层级较高城市分别来自经济较为发达或跨国资本较为活跃的经济体和区域。随着包含中国大陆在内的亚洲、新兴经济体的崛起，其主要城市能级也不断提升。对比 2000 年和 2016 年 GaWC175 全球网络关联度的城市排行榜，可以发现，高层级（ALPHA++、ALPHA+、ALPHA）城市数量显著增长，从 17 个增加到了 33 个，地理分布也更加分散。这表明，伴随着经济全球化进程，越来越多的经济体纳入了全球资本体系，在地理上也拓展了全球资本服务网络。

3.4　本章小结

以生产、贸易、投资作为表征，世界经济格局的变化趋势表明，发达经济体的核心地位受到挑战，亚洲、新兴经济体和中国大陆正在崛起。但我们也必须清醒地认识到，发达经济体在世界经济格局中的核心地位并未发生颠覆性改变。

在生产方面，金砖四国的 GDP 占全球比重不断提升，G7 国家的 GDP 占全球比重则不断下降，中国大陆的全球占比从 2002 年的 4.29% 上升到 2016 年的 14.98%，并在 2010 年成为世界第二大经济体。然而，这并不表明中国已经成为全球生产体系的主导国家，因为从全球价值链的视角，中国和其他新兴经济体所承担的商品生产职能主要是附加值较低的装配和制造环节，而这些生产过程的高附加值环节则仍然集中在发达经济体。事实上，相比 GDP 总量指标，不同经济体之间人均 GDP 指标的差距更能体现其生产力水

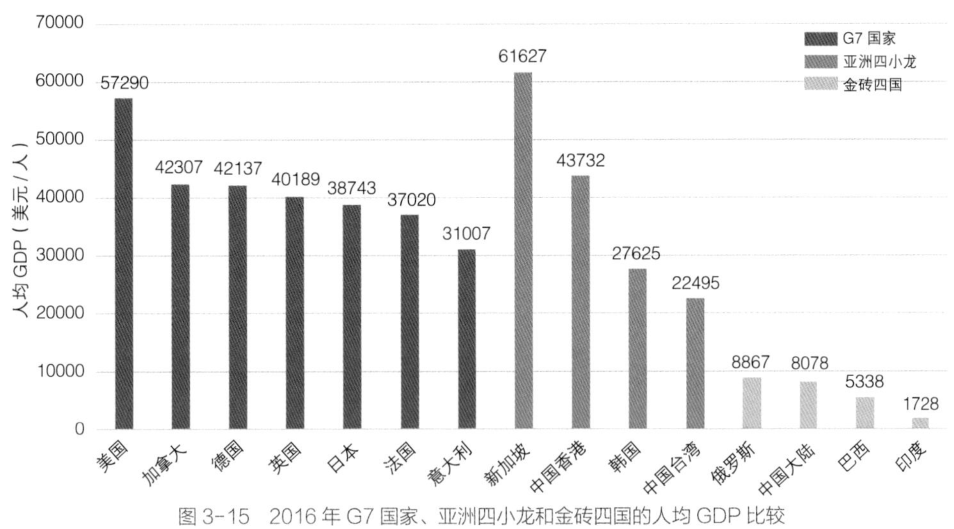

图 3-15　2016 年 G7 国家、亚洲四小龙和金砖四国的人均 GDP 比较

资料来源：根据世界银行公开数据[1]整理计算 .

平的差距，并间接表征产品附加值的差距。如图 3-15 所示，作为发达经济体的 G7 国家、作为较发达经济体的亚洲四小龙和作为新兴经济体的金砖四国，人均 GDP 指标呈现显著的梯级差距。尽管中国大陆已经成为全世界最主要的商品（乃至高技术产品）生产国之一，但 2016 年中国大陆的人均 GDP 仅为美国的 14.1%、英国的 20.1% 和日本的 20.8%。

在贸易方面，尽管发达经济体对外贸易的全球占比正在下滑，但不同经济板块的货物和服务贸易的全球占比却有明显差异，体现了各自的经济发展层级及其比较优势（表 3-22）。发达经济体（G7 国家）的货物进口的全球占比大于出口，但服务出口的全球占比大于进口；较发达经济体（亚洲四小龙）的货物进口和出口、服务进口和出口的全球占比保持基本平衡；新兴经济体（金砖四国）货物出口的全球占比显著大于进口，但服务进口的全球占比越来越大于出口。

相关数据表明，以中国为代表的新兴经济体的对外贸易呈现两个关键特征。首先是近年来货物贸易的大幅增长，并且出口远高于进口；其次是外商投资企业在中国对外贸易中

[1] 数据获取网址为 http：//data.worldbank.org/data-catalog/world-development-indicators。

2002 年、2008 年、2012 年和 2016 年各经济板块的

货物和服务贸易的全球占比（%） 表 3–22

		货物贸易				服务贸易			
		2002 年	2008 年	2012 年	2016 年	2002 年	2008 年	2012 年	2016 年
G7 国家	进口	48.26	40.18	36.47	37.39	47.13	38.58	34.95	34.09
	出口	43.91	34.99	31.31	32.96	47.24	40.78	39.52	39.87
亚洲四小龙	进口	9.21	8.42	9.87	9.33	7.48	7.57	8.29	8.19
	出口	10.03	8.97	10.45	10.75	7.81	6.83	8.03	7.84
金砖四国	进口	6.98	9.62	13.47	13.09	6.50	9.42	13.49	15.11
	出口	8.53	14.07	16.72	17.35	5.04	8.44	9.90	9.31

资料来源：根据 UNCTAD 公布数据整理、计算 .

占有越来越重要的地位，中国大陆通过外商投资企业实现的货物贸易已经超过货物贸易总额的 50%（高敏雪，许晓娟，2010）。

在投资方面，尽管 G7 国家的对外投资和吸纳投资的全球占比正在下滑，却仍然分别占有超过 40% 的比重。并且，发达经济体（G7 国家）的对外投资占全球比重明显大于吸纳投资，较发达经济体（亚洲四小龙）的对外投资和吸纳投资的全球占比保持基本平衡，新兴经济体（金砖四国）的对外投资占全球比重明显小于吸纳投资，这也体现了不同经济体的经济发展水平差距。自 2001 年加入 WTO 以来，中国大陆在全球跨国投资格局中的重要性不断提升，其中对外投资的表现尤为活跃。联合国贸易和发展会议《世界投资报告 2017》显示，2016 年全球经济表现疲软，对外投资流量同比下降 8.9%，发达经济体、发展中经济体和新兴经济体均呈现下滑。然而《2016 年度中国对外直接投资统计公报》显示，中国的对外直接投资流量创下 1961.5 亿美元的历史新高，同比增长 34.7%，全球占比高达 13.5%，蝉联全球第二大对外投资国。另一方面，中国对外投资方式和流向更为值得关注。首先，与跨国公司的在华投资以“绿地投资”[1]（greenfield investment）

[1] 根据百度百科，绿地投资又称创建投资，是指跨国公司等投资主体在东道国境内依照东道国的法律设置的，部分或全部资产所有权归外国投资者所有的企业。与此相对，跨国并购是跨国兼并和跨国收购的总称，是指一国企业（又称并购企业）为了达到某种目标，通过一定的渠道和支付手段，将另一国企业（又称被并购企业）的所有资产或足以行使运营活动的股份收买下来，从而对另一国企业的经营管理实施实际或完全的控制行为。

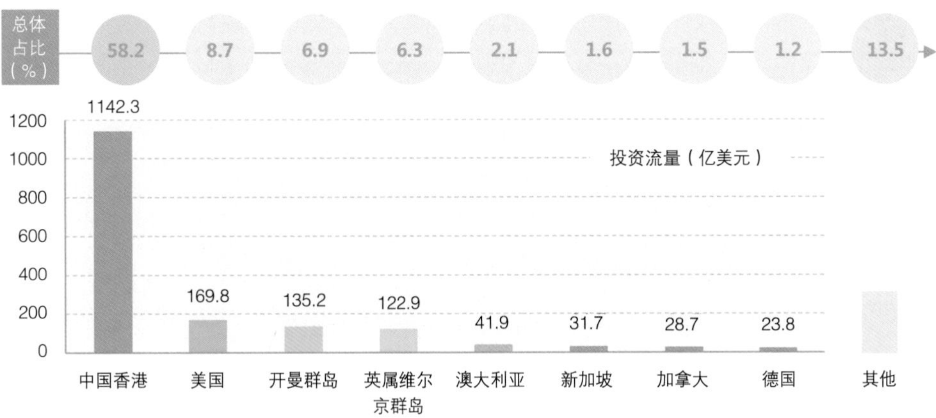

图 3-16　2016 年中国对外投资主要流向的国家和地区

资料来源：中华人民共和国商务部，《中国对外投资合作发展报告（2017）》[1]。

方式为主不同，中国企业的对外直接投资中跨国并购方式（cross-border mergers acquisitions）占有相当大的比重，又称“褐地投资”（brownfield investment），2016 年为 44.1%（杨珍增，2015）。其次，与发达经济体对外投资的地理流向相反，中国对外投资主要流向发达经济体和较发达经济体（图 3-16）。最后，从行业流向来看，2016 年全球跨境并购投资流向的最大行业是制造业，而中国则是服务业占比最高，其中又以租赁和商务服务业、金融业的占比最高（分别为 34.9% 和 13.1%）。

综上所述，从经济全球化背景下全球价值链的视角，尽管发达经济体的跨国公司和中国企业均采取跨境投资的方式寻求降低生产成本，但在投资方式、投资流向和投资环节上却有显著差异。发达经济体的跨国公司更为看重新兴经济体的廉价劳动力和市场，因此主要采“取绿地投资”的方式在新兴经济体新建生产和加工等低端环节，而总部和高附加值环节依然保留在发达经济体，由此提高了新兴经济体的加工出口贸易比重；与此相反，鉴于金融和商务服务的供给主要来自发达经济体，越来越多的中国企业更倾向于通过跨国并购的投资方式对这些环节形成支配和管理，从而降低企业在商品生产链中高附加值环节的成本支出。

---

[1] 该报告获取网址为 http：//fec.mofcom.gov.cn/article/tzhzcj/tzhz/upload/zgdwtzhzfzbg2017.pdf。

中国和美国分别为最大的发展中国家和最大的发达国家，中美两国经贸关系在一定程度上表征了世界经济格局中的价值链特征。根据中国商务部发布的《关于中美经贸关系的研究报告》[1]，从经济总量指标来看，2016 年美国和中国的 GDP 分别为 18.6 万亿美元和 11.2 万亿美元，分别是全球第一和第二大经济体，合计总量约占全球的 40%。两国的货物出口占全球的近 1/4，对外投资和吸引投资的全球占比均接近 30%。但 2016 年美国人均 GDP 为 5.7 万美元，而中国仅为约 8000 美元，不足美国的 1/7。

同时，《关于中美经贸关系的研究报告》显示，中国是美国第一大贸易伙伴，美国则是中国的第二大贸易伙伴，两国的经济体系具有高度关联性。但从国际产业分工视角，两国的经济职能存在显著差异；从资本获利水平来看，两国的全球价值链地位也有着显著差距。

中国拥有全球最大规模的制造业，以丰富的劳动力资源和低廉的劳动力成本为主要优势，而美国则拥有全球最为突出的科技研发实力和高度发达的生产性服务业水平。《关于中美经贸关系的研究报告》同时披露，美国劳动力综合成本为中国的 7—10 倍，但服务业劳动生产率却是中国的 4 倍。中美发展禀赋的差异决定了两国职能分工的差异，随着产业链的垂直整合和供应链的跨国发展，美国的高附加值经济活动与中国的低成本经济环节是紧密联系的，逐渐形成相互依赖的产业共同体。例如，美国高通公司在华芯片销售和专利许可费收入占其全球总营收的 57%，苹果公司手机在美国设计研发，但 80% 以上在中国组装生产。

中美两国在国际产业分工体系中的职能差异直接导致了两国之间贸易的方向差异，以及资本获利水平的差距。《关于中美经贸关系的研究报告》揭示，美国对中国的服务贸易长期保持顺差。2016 年美国对中国服务贸易顺差高达 557 亿美元，是 2006 年的 40 倍，而中国则保持较大的货物贸易顺差，其中包含高达 61% 的加工贸易份额。在这一贸易模式下，中国处于加工组装等价值链中的低端环节，美国企业则掌握了产品设计、核心零部件制造、运储和营销等高附加值环节，从中获取了绝大部分利润。该报告中的案例显示，

---

[1] 报告获取网址为 http：//images.mofcom.gov.cn/www/201708/20170822160323414.pdf。

2009 年从中国出口到美国的苹果手机在美零售价约为 500 美元，其中中国出口组装厂只赚取 6.5 美元的加工费，而 331.7 美元被美国国内的设计、运输、分销等环节的企业获得。在中国出口的纺织服装、鞋帽等商品中，美国进口商和零售商的获利占到商品整体利润的 90%。

因此，尽管中美两国经济规模的差距正在不断缩小，但需要清醒地认识到，两国在全球价值链中的地位仍然存在显著差距，美国居于全球价值链的中高端，中国则位于中低端。中美两国的全球价值链比较也在一定程度上代表了新兴经济体和发达经济体在全球价值链中的职能和地位差异。经济全球化导致世界经济格局发生了显著变化，呈现多极化的趋势，包含中国大陆在内的亚洲、新兴经济体正在迅速崛起，但从全球价值链的视角，世界经济的非均衡格局并未发生颠覆性变化，在生产、贸易和投资方面，发达经济体、较发达经济体和新兴经济体呈现显著的梯度发展特征。

如前所述，在全球资本服务体系中，网络关联度表征了各个城市在全球资本服务体系中的协同能力，因此有必要对全球资本服务网络中的城市关联进行解析。伦敦和纽约在全球资本服务网络中的主导地位和引领作用不仅基于其所在经济体和区域的强力支撑，更是基于两者在高端生产性服务业的全球关联网络中的绝对主导地位以及两者相互之间的高度协同作用。首先，总部位于伦敦和纽约的 GaWC175 企业数量合计分别占 2008 年和 2016 年的 50% 和 38%，拥有其他城市无法比拟的总部集聚度。纽约和伦敦是外向关联最高的城市，其他城市更多地接受来自这两个城市的辐射，以提升自身的资本服务能级和网络地位。尽管 2016 年英国伦敦的 GaWC175 机构数量（包括总部和各级分支机构）与中国香港和新加坡是基本相当的，而纽约的 GaWC175 机构数量甚至低于北京和上海，仅排在第 8 位，但两者的网络关联度却遥遥领先于其他城市，始终占据最高能级，这充分证明了纽约和伦敦在全球关联网络中的主导地位。因此，纽约和伦敦不仅是各自国家和所在区域的门户城市，更是全球资本服务网络的全球中心城市。其次，在 2010 年基于 GaWC175 全球网络关联度的前 20 对城市关联（city-pair）中（表 3-23），纽约和伦敦（Alpha++ 级城市）之间关联是最高的，然后是纽约或伦敦与全部 Alpha+ 级城市和个别 Alpha 级城市之间关联，香港和新加坡之间关联作为纽约或伦敦以外城市之间的最高关联，仅排名第 20 位。与此同时，伦敦和纽约还分别是各自的首位相对关联城市[1]，两者之间有着很高的协同度（Taylor，et al.，2014b）。这表明，纽约和伦敦在全球资本服务体系中的高度关联和协同作用。为此，有学者将纽约和伦敦在全球关联网络中的绝对主导地位称为“NY-LON”（Smith，2012）。

2010 年基于 GaWC175 全球网络关联度的前 20 对关联城市　　表 3-23

排名	关联城市		关联度
1	纽约	伦敦	1.00
2	伦敦	香港	0.75
3	纽约	香港	0.69
4	伦敦	新加坡	0.67
5	伦敦	巴黎	0.66
6	纽约	新加坡	0.62
7	伦敦	上海	0.62
8	纽约	巴黎	0.61
9	伦敦	芝加哥	0.59
10	纽约	上海	0.59
11	伦敦	东京	0.59
12	纽约	芝加哥	0.58
13	纽约	东京	0.56
14	伦敦	北京	0.56
15	伦敦	迪拜	0.54
16	纽约	洛杉矶	0.53
17	伦敦	洛杉矶	0.53
18	伦敦	悉尼	0.53
19	纽约	北京	0.52
20	香港	新加坡	0.52

资料来源：整理自 Taylor 等（2014b）的研究结果 .

[1] “城市对相对关联度”指标（city-dyad overconnections，CDO）由 Taylor 等于 2014 年提出，用来表征该城市对在全球资本服务网络中的协同性。相对关联度高的城市对往往具有超常的协同性，说明高端生产性服务业企业有较大的概率在两个城市同时设立分支，从而在这一对城市之间建立“超越自身能级的交流频度”，具体计算方法参见 Taylor 等（2014b）的研究成果。

在区域层面，香港和新加坡也同样具有说服力。首先，香港和新加坡并非高端生产性服务业的企业总部集聚地（2008 年没有 GaWC175 企业，2016 年各有一家企业），但两者作为亚太区域的主要门户城市，分别吸引了大量高端生产性服务企业的分支机构。2016 年香港和新加坡的 GaWC175 总部和国家 / 地区级分支数量仅次于伦敦，分别排名第二位和第三位，在历次的全球网络关联度排名中也是名列前茅的。缘于亚太区域经济的强势崛起，香港和新加坡分别与伦敦和纽约之间形成高端生产性服务业领域的高度关联。如表 3-23 所示，香港是伦敦和纽约的第二关联城市，而新加坡则是伦敦和纽约的第三关联城市，香港和新加坡之间关联是 ALPHA+ 城市之间的最高关联。与此同时，香港和新加坡还分别是各自的首位相对关联城市，具有很高的协同度（Taylor，et al.，2014b）。可见，香港和新加坡在亚太区域网络中的作用和地位与纽约和伦敦在全球网络中的作用和地位是极为相似的。香港和新加坡既是亚太区域对接全球资本服务网络的门户城市，又是亚太区域的资本服务中心城市。

案例研究表明，在全球资本服务体系中，尽管中心城市和门户城市的分布格局并不完全一致，但各个城市往往具有中心城市和门户城市的双重属性。伦敦和纽约既是全球中心城市，又是所在区域和国家的门户城市；尽管东京和巴黎作为全球中心城市，但仅是所在国家的门户城市；香港和新加坡既是亚太区域的中心城市，又是亚太区域的门户城市。在中国大陆，北京的国家中心城市属性是一枝独秀的，而上海的国家中心城市属性是十分薄弱的，但北京和上海都是中国大陆对接高端生产性服务业的全球关联网络的门户城市，因而中国大陆是“双门户”区域。

第4章

全球资本视角下的中国城市体系

New Sights
New Methods

如前所述，Friedmann 强调全球资本支配视角下的世界城市体系，而 Sassen 则关注全球资本服务视角下的世界城市体系，2000 年以来世界城市体系的一系列实证研究分别受到 Friedmann 和 Sassen 的影响（Alderson，Beckfield，2004；Alderson，et al.，2010；Taylor，2004；Taylor，et al.，2011）。在经济全球化进程中，中国经济发展越来越纳入全球资本体系。作为经济发展的空间载体，中国城市体系和全球资本体系之间的关联性也日益显著。本章试图从全球资本支配视角和全球资本服务视角，考察中国城市体系的层级特征；然后，从全球资本支配和全球资本服务的双重视角，归纳中国城市体系的层级特征。

4.1 全球资本支配视角下的中国城市体系

以跨国公司全球总部的空间集聚为表征，考察 2005 年和 2014 年的全球资本支配体系，并解析全球资本支配视角下中国城市体系的层级特征。跨国公司名录来自 2005 年和 2014 年的福布斯 2000（Forbes Global 2000）企业榜单[1]，企业总部所在地信息通过登录各企业网站查询。本研究借鉴 Taylor 等（2011）对于商务支配指数（Business Command Index，简称 BCI）的评分方法，依据企业在福布斯 2000 榜单的排名赋予权重分值，计算企业总部所在城市的商务支配指数[2]，并以 2005 年和 2014 年得分最高城市的分值为 100，其他城市的分值则为其相对比值，进行数据的标准化处理。

4.1.1 2005 年全球资本支配视角下的中国城市体系

在全球层面，依据各个城市的商务支配指数，可以将 2005 年和 2014 年的入围城市划分为五个层级，因此两个年份的城市层级体系具有可比性。2005 年中国大陆仅有 6 个城市

[1] 2014 年福布斯 2000 榜单（Forbes Global 2000）摘录于福布斯中国官网：http：//www.forbeschina.com/list/companies。

[2] 参照 Taylor 等（2011：17）确定对福布斯 2000 企业总部的商务支配指数（Business Command Index）评分方法：前 50 名赋值 12 分，51—100 名赋值 11 分，101—200 名赋值 10 分，201—300 名赋值 9 分，301—400 名赋值 8 分，401—500 名赋值 7 分，501—600 名赋值 6 分，601—700 名赋值 5 分，701—800 名赋值 4 分，801—1200 名赋值 3 分，1201—1600 名赋值 2 分，1601—2000 名赋值 1 分。

入围，分别处于第二、第四和第五层级（表 4-1）。北京有 16 家上榜企业，商务支配指数的全球排名为第 16 位，位于全球资本支配体系的第二层级，是中国大陆的首位城市；深圳和上海分别有 4 家和 2 家上榜企业，商务支配指数分列全球第 130 位和 211 位，位于全球资本支配体系的第四层级；南京、马鞍山和济宁仅有 1 家企业上榜，且企业规模相对较小，与其他 110 个城市并列第 513 位（也是末位），位于全球资本支配体系的第五层级。作为进入全球资本支配体系的前三位中国城市，北京、深圳和上海分别是京津冀、珠三角和长三角城市群的核心城市。

2005 年福布斯 2000 的中国上榜企业总部所在城市及其商务支配指数和全球排名　表 4-1

<table>
<tr><th>城市群</th><th>城市</th><th>全球排名</th><th>在全球资本支配体系中的层级</th><th>上榜企业数量</th><th>商务支配指数</th></tr>
<tr><td>京津冀</td><td>北京</td><td>16</td><td>第二层级</td><td>16</td><td>10.00</td></tr>
<tr><td>珠三角</td><td>深圳</td><td>130</td><td rowspan="2">第四层级</td><td>4</td><td>1.58</td></tr>
<tr><td rowspan="3">长三角</td><td>上海</td><td>211</td><td>2</td><td>1.05</td></tr>
<tr><td>南京</td><td>513</td><td rowspan="3">第五层级</td><td>1</td><td>0.13</td></tr>
<tr><td>马鞍山</td><td>513</td><td>1</td><td>0.13</td></tr>
<tr><td>山东半岛</td><td>济宁</td><td>513</td><td>1</td><td>0.13</td></tr>
</table>

资料来源：根据研究成果整理 .

4.1.2　2014 年全球资本支配视角下的中国城市体系

在全球层面，尽管东京的上榜企业数量和商务支配指数依然高居榜首，但首位度明显下降。北京的上榜企业数量从 2005 年的 16 家大幅上升到 2016 年的 57 家，商务支配指数从 2005 年的 10.00 大幅上升到 2016 年的 53.78，全球排名也上升到第四位，仅次于东京、纽约和伦敦，上海和深圳的上榜企业数量和商务支配指数也迅速提升，进入前 30 名之列。

2014 年中国大陆共有 162 个企业入围 2014 年福布斯 2000 榜单，涉及 51 个企业总部所在城市，合计商务支配指数为 108.75，分别占全球总数的 8.1%、8.0% 和 9.8%。如表 4-2 所示，2014 年福布斯 2000 中国上榜企业总部所在城市分别位于全球资本支配体系的五个层级。作为国家央企总部高度集聚的国家首都，北京有 57 家上榜企业，商务支配指数高达 53.78，与四大全球城市（东京、纽约、伦敦、巴黎）比肩，处于全球资本支配体系的第一层级；上海和深圳分别有 17 家和 14 家上榜企业，商务支配指数分列全球第 17 位和 23 位，处于第二层级；广州有 8 家上榜企业，商务支配指数位列全球第 60 位，处于第三层级；福州、南京、佛山和天津的全球排名在 100—200 位之间，处于第四层级；其余 43 个城市的全球排名均在 200 位以后，处于第五层级。值得关注的是，位于全球资本支配体系的第一、第二和第三层级的四个中国城市（北京、上海、深圳、广州）分别是京津冀、长三角和珠三角城市群的核心城市，也是国家主次中心城市。

2014 年福布斯 2000 的中国上榜企业总部所在城市及其商务支配指数和全球排名　表 4-2

在全球资本支配体系中的层级	城市类型（商务支配指数）			
	直辖市	省会城市	计划单列城市	其他城市
第一层级	北京（53.78）			
第二层级	上海（13.11）		深圳（10.76）	
第三层级		广州（4.20）		
第四层级	天津（1.34）	福州（1.85） 南京（1.51）		佛山（1.51）
第五层级	重庆（1.18）	杭州（1.18） 武汉（1.01） 呼和浩特（0.84） 长沙（0.67） 济南（0.67） 成都（0.50） 合肥（0.50） 石家庄（0.50） 西安（0.50） 哈尔滨（0.34） 昆明（0.34） 太原（0.34） 海口（0.17） 沈阳（0.17）	大连（0.84） 青岛（0.67） 宁波（0.50） 厦门（0.34）	珠海（1.01） 大同（0.84） 芜湖（0.84） 保定（0.50） 鹰潭（0.50） 漯河（0.50） 马鞍山（0.50） 潍坊（0.50） 遵义（0.50） 鞍山（0.34） 惠州（0.34） 济宁（0.34） 龙岩（0.34） 宿迁（0.34） 宜宾（0.34） 中山（0.34） 唐山（0.17） 包头（0.17） 嘉峪关（0.17） 绵阳（0.17） 铜陵（0.17） 阳泉（0.17） 烟台（0.17） 宜昌（0.17）

资料来源：根据研究成果整理 .

基于福布斯 2000 中国上榜企业总部商务支配指数的城市层级体系既遵循了普遍的市场经济规律，更呈现出特定的国家制度语境。一方面，作为国家中心城市的北京、上海、深圳和广州依次位居前四，一批经济实力雄厚的直辖市、省会城市和计划单列城市也是榜上有名。另一方面，特定的国家制度语境主要体现在四个方面。其一，福布斯 2000 中国上榜企业的 80% 以上是国有企业，尽管规模庞大，但跨国指数不高，全球影响并不显著；其二，北京作为国家央企总部高度集聚的国家首都，福布斯 2000 企业总部数量和商务支配指数占全国比重分别高达 35.2% 和 49.5%，其他任何城市都是望尘莫及的；其三，作为计划经济时代的烙印，第五层级城市包含相当数量的一般城市，福布斯 2000 的中国上榜企业往往是计划经济时代建设的资源类大型国有企业；其四，众所周知，中央和地方国有企业的主管部门分别是中央政府和地方政府的国有资产管理委员会，位于首都、直辖市和省会城市，因此这些城市才是实际意义上的资本支配中心。

国家第十三个五年规划纲要划示的各级城市群包括 3 个世界级城市群（京津冀、长三角、珠三角地区）、15 个区域性城市群（海峡西岸、长江中游、山东半岛、成渝地区、辽中南、山西中部、呼包鄂榆、中原、关中平原、黔中、哈长、滇中、北部湾、兰西、天山北坡地区）、2 个地方性城市圈（拉萨、喀什）。基于各个城市群的福布斯 2000 中国企业总部的合计商务支配指数，可以将中国城市群分为五个层级（表 4-3）。京津冀区域（包含北京市、天津市、河北省）位于第一层级，商务支配指数高达 56.29，全国占比为 51.76%。长三角区域（包含上海市、江苏省、浙江省、安徽省）和珠三角区域（广东省）位于第二层级，商务支配指数分别为 18.65 和 18.16，全国占比分别为 17.15% 和 16.70%。京津冀、长三角和珠三角区域的合计商务支配指数的全国占比高达 85.61%。在三大区域内部，核心城市的主导地位也是显而易见的。北京的主导地位则是格外突出，商务支配指数在京津冀区域的占比高达 95.5%，深圳和广州合计商务支配指数在珠三角区域的占比为 82.4%，上海的商务支配指数在长三角区域的占比为 70.3%。海峡西岸（福建省）、长江中游（包含湖北省、湖南省、江西省）、山东半岛（山东省）、成渝地区（包含重庆市、四川省）位于第三层级，辽中南（辽宁省）、山西中部（山西省）、呼包鄂榆（内蒙古自治区）位于第四层级，中原（河南省）、关中平原（陕西省）、黔中（贵州省）、哈长（吉林省、黑龙江省）、滇中（云南省）、北部湾（海南省、广西壮族自治区）、兰西地区（甘肃省、宁夏回族自治区）位于第五层级。天山北坡（新疆维吾尔自治区）地区、拉萨和喀什都没有福布斯 2000 上榜企业。

基于 2014 年福布斯 2000 企业总部商务支配指数的中国城市群层级划分　　表 4–3

<table>
<tr><th colspan="2">城市群层级</th><th>城市群（合计商务支配指数）</th><th>城市（商务支配指数）</th></tr>
<tr><td rowspan="3">世界级城市群</td><td>第一层级</td><td>京津冀区域（56.29）</td><td>北京（53.78）、天津（1.34）、保定（0.50）、石家庄（0.50）、唐山（0.17）</td></tr>
<tr><td rowspan="2">第二层级</td><td>长三角区域（18.65）</td><td>上海（13.11）、南京（1.51）、杭州（1.18）、芜湖（0.84）、宁波（0.50）、合肥（0.50）、马鞍山（0.50）、宿迁（0.34）、铜陵（0.17）</td></tr>
<tr><td>珠三角区域（18.16）</td><td>深圳（10.76）、广州（4.20）、佛山（1.51）、珠海（1.01）、惠州（0.34）、中山（0.33）</td></tr>
<tr><td rowspan="14">区域性城市群</td><td rowspan="4">第三层级</td><td>海峡西岸（2.53）</td><td>福州（1.85）、龙岩（0.34）、厦门（0.34）</td></tr>
<tr><td>长江中游（2.35）</td><td>武汉（1.01）、长沙（0.67）、鹰潭（0.50）、宜昌（0.17）</td></tr>
<tr><td>山东半岛（2.35）</td><td>济南（0.67）、青岛（0.67）、潍坊（0.50）、济宁（0.34）、烟台（0.17）</td></tr>
<tr><td>成渝地区（2.19）</td><td>重庆（1.18）、成都（0.50）、宜宾（0.34）、绵阳（0.17）</td></tr>
<tr><td rowspan="3">第四层级</td><td>辽中南（1.35）</td><td>大连（0.84）、鞍山（0.34）、沈阳（0.17）</td></tr>
<tr><td>山西中部地区（1.35）</td><td>大同（0.84）、太原（0.34）、阳泉（0.17）</td></tr>
<tr><td>呼包鄂榆（1.01）</td><td>呼和浩特（0.84）、包头（0.17）</td></tr>
<tr><td rowspan="7">第五层级</td><td>中原地区（0.50）</td><td>漯河（0.50）</td></tr>
<tr><td>关中平原（0.50）</td><td>西安（0.50）</td></tr>
<tr><td>黔中地区（0.50）</td><td>遵义（0.50）</td></tr>
<tr><td>哈长地区（0.34）</td><td>哈尔滨（0.34）</td></tr>
<tr><td>滇中地区（0.34）</td><td>昆明（0.34）</td></tr>
<tr><td>北部湾（0.17）</td><td>海口（0.17）</td></tr>
<tr><td>兰西地区（0.17）</td><td>嘉峪关（0.17）</td></tr>
</table>

资料来源：根据研究成果整理 .

第一和第二层级城市群都是能级最高的世界级城市群，第三、第四和第五层级城市群分别是能级较高、能级一般和能级较低的区域性城市群。值得关注的是，能级最高的世界级城市群和能级较高的区域性城市群均位于沿海发展带或长江发展带，形成“T”形分布格局（图 4–1）。

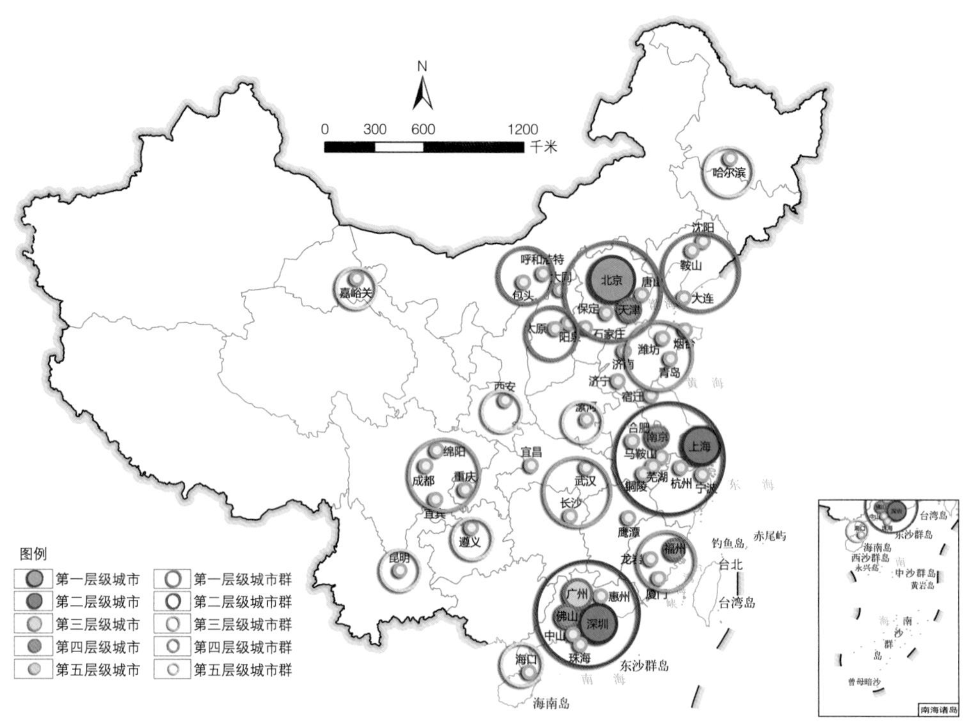

图 4-1　基于 2014 年福布斯 2000 上榜企业的商务支配指数的中国城市和城市群层级

资料来源：使用自然资源部公布的标准中国地图作为底图绘制 .

4.2　全球资本服务视角下的中国城市体系

国际研究通常采用高端生产性服务业的主要跨国公司的全球关联网络作为全球资本服务体系的表征，本研究中高端生产性服务业的主要跨国公司清单来源于 GaWC 在世界城市网络研究中采用的 175 家高端生产性服务业的主要跨国企业（以下简称 GaWC175），包含 75 家金融 / 保险企业、25 家会计师事务所、25 家律师事务所、25 家广告企业和 25 家管理咨询企业（Derudder，et al.，2013）。

以 GaWC175 高端生产性服务业企业作为全球资本服务体系的表征，通过登录各个企业的官方网站，搜集这些企业的分支机构在中国城市的分布信息，可以考察中国城市在全球资本服务体系中的作用和地位。进入 GaWC175 榜单的中国企业均是金融 / 保险企业，尽管都是规模庞大（以营业收入为表征）的 2015 年财富 500 强企业[1]（表 4-4），但跨国指数不高，全球影响并不显著，并且这些企业在中国的各个城市都有分支机构。因此，本研究仅涉及 GaWC175 的 166 家境外企业，不包含进入 GaWC175 榜单的 9 家中国金融 / 保险企业。

GaWC175 榜单的 9 家中国企业在 2015 年财富 500 强榜单上的排名　　表 4-4

企业名称	2015 年财富 500 强排名
中国工商银行	第 18 位
中国建设银行	第 29 位
中国农业银行	第 38 位
中国银行	第 45 位
中国人寿保险（集团）公司	第 94 位
中国平安保险（集团）股份有限公司	第 96 位
中国人民保险集团股份有限公司	第 186 位
中国中信集团有限公司	第 186 位
交通银行	第 190 位

资料来源：根据 2015 年财富 500 强榜单整理 .

4.2.1　2005 年全球资本服务视角下的中国城市体系

在 2005 年 GaWC175 高端生产性服务业的 166 家境外跨国企业中，有 137 家企业在 44 个中国城市设立了 622 处分支机构，包含 49 家金融企业（含保险企业，下同）的 204 处分支机构、24 家会计企业的 209 处分支机构、25 家广告企业的 103 处分支机构、17 家法律企业的 27 处分支机构和 22 家咨询企业的 79 处分支机构（表 4-5）。其中，金融和会计企业分支机构分别占总数的 32.8% 和 33.6%，表明金融行业和会计行业在高端生产性服务业中的主导地位。

[1] 2015 年财富 500 强榜单（Fortune Global 500）来自于财富网站（http：//www.fortunedatastore.com）。

2005 年 GaWC175 境外公司（分行业）在中国境内的分支机构数量　　表 4–5

	金融	会计	广告	法律	咨询	合计
企业数量	49	24	25	17	22	137
中国境内分支机构数量	204	209	103	27	79	622

资料来源：根据研究成果整理 .

表 4–6 列出了 2005 年 GaWC175 境外公司在各个城市的分支机构数量。上海（148 处）的分支机构数量最多，其次是北京（141 处），再次是广州（65 处）、深圳（33 处）、成都（22 处）、南京（22 处）等。以分支机构数量为表征，采用 SPSS 的层次聚类分析法（hierarchical clustering），可以将中国主要城市与全球资本服务体系的关联度分为五个层级。上海、北京位于第一层级，广州位于第二层级，深圳、成都、南京位于第三层级，天津、大连、重庆、青岛、厦门、杭州、武汉、沈阳、西安、乌鲁木齐和济南位于第四层级，27 个其他城市位于第五层级。

4.2.2　2015 年全球资本服务视角下的中国城市体系

如表 4–7 所示，在 2015 年 GaWC175 高端生产性服务业的 166 家境外跨国企业中，有 152 家企业在 58 个中国城市设立了 1061 处分支机构，包含 58 家金融企业的 441 处分支机构、25 家会计企业的 349 处分支机构、25 家广告企业的 115 处分支机构、21 家法律企业的 34 处分支机构和 23 家咨询企业的 122 处分支机构。其中，金融企业和会计企业的分支机构分别占总数的 41.6% 和 32.9%，表明金融行业和会计行业在高端生产性服务业中依然占据主导地位。

如表 4–8 所示，基于 2015 年 GaWC175 境外公司在各个中国城市的分支机构数量，可以将各个城市的全球关联划分为五个层级。北京、上海位于第一层级，广州位于第二层级，深圳、成都、南京、天津、杭州位于第三层级，大连、重庆、武汉、青岛、济南、苏州、厦门、沈阳、福州和西安位于第四层级，40 个其他城市位于第五层级。北京和上海双居榜首，GaWC175 境外公司分支机构数量均为 197 个，成为高端生产性服务业境外公司进入中国市场的首位门户城市。

2005 年 GaWC175 境外公司在中国各个城市的分支机构数量和全球关联层级　　表 4-6

全球关联层级	城市类型			
	直辖市	省会城市	计划单列城市	其他城市
第一层级	上海（148） 北京（141）			
第二层级		广州（65）		
第三层级		成都（22） 南京（22）	深圳（33）	
第四层级	天津（17） 重庆（13）	杭州（11） 武汉（10） 沈阳（9） 西安（9） 乌鲁木齐（8） 济南（7）	大连（15） 青岛（12） 厦门（11）	
第五层级		福州（5） 昆明（5） 长春（4） 长沙（4） 哈尔滨（3） 合肥（3） 兰州（3） 南昌（3） 南宁（3） 太原（3） 贵阳（2） 呼和浩特（2） 石家庄（2） 郑州（2） 拉萨（1） 西宁（1）	宁波（2）	佛山（4） 苏州（4） 珠海（3） 唐山（2） 无锡（2） 烟台（2） 东莞（1） 潍坊（1） 中山（1） 株洲（1）

资料来源：根据研究成果整理 .

2015 年 GaWC175 境外公司（分行业）在中国城市的分支机构数量　　表 4-7

	金融	会计	广告	法律	咨询	合计
企业数量	58	25	25	21	23	152
中国境内分支机构数量	441	349	115	34	122	1061

资料来源：根据研究成果整理 .

2015 年 GaWC175 境外公司在中国各个城市的分支机构数量和全球关联层级　　表 4–8

<table>
<tr><th rowspan="2">全球关联层级</th><th colspan="4">城市类型</th></tr>
<tr><th>直辖市</th><th>省会城市</th><th>计划单列城市</th><th>其他城市</th></tr>
<tr><td>第一层级</td><td>北京（197）
上海（197）</td><td></td><td></td><td></td></tr>
<tr><td>第二层级</td><td></td><td>广州（91）</td><td></td><td></td></tr>
<tr><td>第三层级</td><td>天津（35）</td><td>成都（44）
南京（36）
杭州（32）</td><td>深圳（53）</td><td></td></tr>
<tr><td>第四层级</td><td>重庆（25）</td><td>武汉（23）
济南（22）
沈阳（18）
福州（15）
西安（14）</td><td>大连（25）
青岛（22）
厦门（18）</td><td>苏州（22）</td></tr>
<tr><td>第五层级</td><td></td><td>长沙（11）
哈尔滨（11）
乌鲁木齐（11）
昆明（10）
太原（9）
合肥（8）
石家庄（8）
长春（8）
郑州（8）
南宁（7）
南昌（5）
兰州（5）
贵阳（5）
海口（3）
西宁（3）
呼和浩特（2）
拉萨（2）
银川（2）</td><td>宁波（8）</td><td>佛山（8）
无锡（6）
珠海（4）
唐山（3）
东莞（3）
烟台（2）
南通（2）
洛阳（2）
潍坊（2）
温州（2）
宜昌（2）
中山（1）
株洲（1）
遵义（1）
大庆（1）
嘉兴（1）
江门（1）
克拉玛依（1）
柳州（1）
徐州（1）
扬州（1）</td></tr>
</table>

资料来源：根据研究成果整理.

与福布斯 2000 中国上榜企业总部的分布格局是显然不同的，GaWC175 境外公司分支机构的区位策略更为体现市场经济规律，关注各级经济中心城市（包括直辖市、省会城市、计划单列城市、经济强市）作为全球资本服务体系的“门户城市”（gateway city），为进入中国市场的外资制造业提供“在地”（localized）的高端生产性服务。基于 GaWC175 境外公司分支机构数量的中国城市层级体系具有如下基本特征：其一，与基于福布斯 2000 企业总部商务支配指数的中国城市层级体系相似，北京、上海、广州和深圳位居前四，但北京和上海的 GaWC175 境外公司分支机构数量并列榜首，都是全球资本服务体系的中国首位门户城市，而不是北京一枝独秀；其二，基于 GaWC175 境外公司分支机构数量的中国城市层级体系包含各级经济中心城市，涉及所有的直辖市、省会城市和计划单列城市；其三，不少经济强市也是榜上有名的。

如表 4-9 所示，在 GaWC 发布的 2016 年全球网络关联度中，360 个上榜城市中包含 27 个中国城市，其中的 25 个城市是直辖市、省会城市或计划单列城市，另有 2 个经济强市（苏州和南通）。

如果以城市群为空间单元，基于 2015 年 GaWC175 境外公司分支机构数量，可以将中国城市群分为五个层级（表 4-10）。第一层级城市群包括长三角区域和京津冀区域，第

GaWC 发布的 2016 年全球网络关联度的中国上榜城市的全球排名和层级　　表 4-9

中国上榜城市	全球排名	层级
北京	6	Alpha+
上海	8	
广州	40	Alpha-
深圳	84	Beat
成都	100	Beta-
天津	112	
南京	139	Gamma+
杭州	140	
青岛	143	
大连	161	Gamma
重庆	163	
厦门	172	
南宁	177	
武汉	184	Gamma-
苏州	199	
西安	210	
沈阳	214	
济南	222	High Sufficiency
南通	224	

续表

中国上榜城市	全球排名	层级
昆明	260	Sufficiency
福州	268	
太原	296	
长春	306	
合肥	313	
宁波	324	
郑州	333	
哈尔滨	342	

资料来源：根据 GaWC 网站发布数据（https：//www.lboro.ac.uk/gawc/world2016t.html）整理 .

基于 2015 年 GaWC175 境外公司分支机构数量的城市群层级划分　　表 4-10

城市群层级		城市群（分支机构数量）	城市（分支机构数量）
世界级城市群	第一层级	长三角（316）	上海（197）、南京（36）、杭州（32）、苏州（22）、合肥（8）、宁波（8）、无锡（6）、南通（2）、温州（2）、嘉兴（1）、徐州（1）、扬州（1）
		京津冀（243）	北京（197）、天津（35）、石家庄（8）、唐山（3）
	第二层级	珠三角（161）	广州（91）、深圳（53）、佛山（8）、珠海（4）、东莞（3）、江门（1）、中山（1）
区域性城市群	第三层级	成渝（69）	成都（44）、重庆（25）
		山东半岛（48）	济南（22）、青岛（22）、潍坊（2）、烟台（2）
		辽中南（43）	大连（25）、沈阳（18）
		长江中游（42）	武汉（23）、长沙（11）、南昌（5）、宜昌（2）、株洲（1）
		海峡西岸（33）	厦门（18）、福州（15）
	第四层级	哈长（20）	哈尔滨（11）、长春（8）、大庆（1）
		关中平原（14）	西安（14）
		天山北坡（12）	乌鲁木齐（11）、克拉玛依（1）
		北部湾（11）	南宁（7）、海口（3）、柳州（1）
		滇中（10）	昆明（10）
		中原（10）	郑州（8）、洛阳（2）
		山西中部（9）	太原（9）
		兰西（8）	兰州（5）、西宁（3）
		黔中（6）	贵阳（5）、遵义（1）
	第五层级	呼包鄂榆（2）	呼和浩特（2）
		宁夏沿黄（2）	银川（2）
地方性城市圈		拉萨（2）	拉萨（2）

资料来源：根据研究成果整理 .

二层级城市群是珠三角区域，第三层级城市群包括成渝、山东半岛、辽中南、长江中游、海峡西岸区域，第四层级城市群包括哈长、关中平原、天山北坡、北部湾、滇中、中原、山西中部、兰西、黔中区域，第五层级城市群包括呼包鄂榆、宁夏沿黄区域、拉萨。第一和第二层级城市群均为世界级城市群，长三角、京津冀、珠三角区域的 GaWC175 境外公司分支机构的合计全国占比高达 67.9%，形成绝对主导地位；第三、第四和第五层级城市群分别为能级较高、能级一般和能级较低的区域性城市群，位于第五层级的拉萨则是地方性城市圈。与全球资本支配视角下的中国主要城市群的分布格局相似，能级最高的世界级城市群和能级较高的区域性城市群均位于沿海发展带或长江发展带，形成“T”形分布格局（图 4-2）。

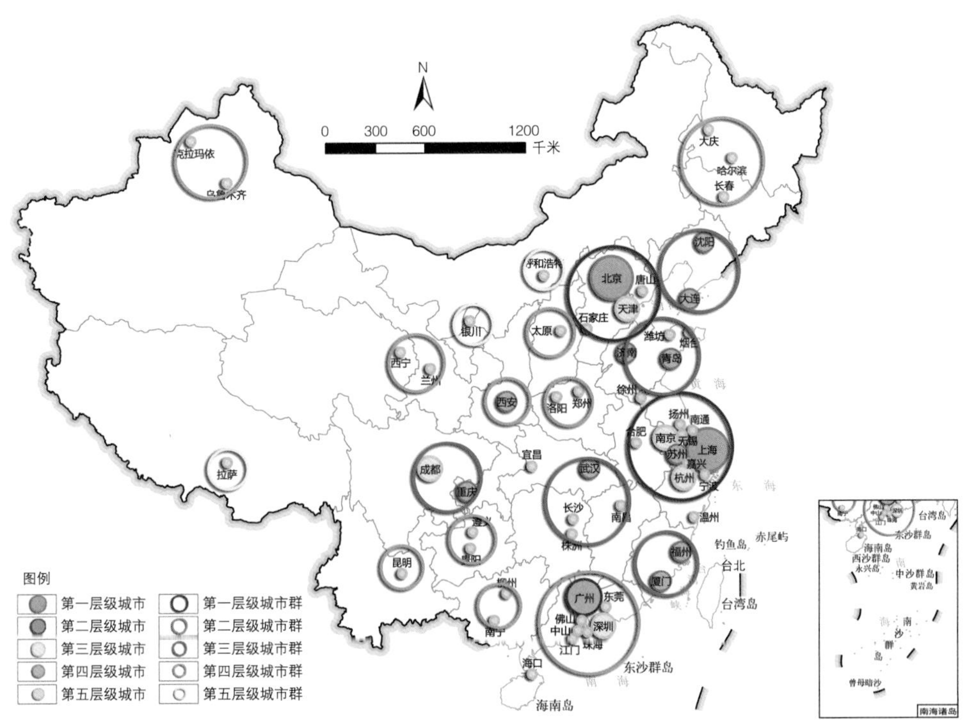

图 4-2　基于 2015 年 GaWC175 境外公司分支机构数量的城市层级和城市群层级

资料来源：使用自然资源部公布的标准中国地图作为底图绘制。

4.3 本章小结

伴随着中国的迅速崛起，中国城市在全球资本支配体系和全球资本服务体系中的地位也显著上升。在 2005—2014 年期间的全球资本支配体系变化中，中国大陆的福布斯 2000 企业数量从 25 个增加到 162 个，全球占比从 1.2% 上升到 8.1%；总部所在城市从 6 个座增加到 51 座，全球占比从 1.0% 上升到 8.0%；商务支配指数从 13.02 增加到 108.75，全球占比从 1.2% 上升到 9.8%。在 2005—2015 年期间的全球资本服务体系变化中，进入中国市场的 GaWC175 境外公司数量从 137 家增长到 152 家，占 GaWC175 境外公司总数的比例从 82.5% 增长到 91.6%，企业分支数量从的 622 处增长到 1061 处，分支机构所在城市数量从 44 座增长到 58 座。

基于 2014 年福布斯 2000 中国企业总部商务支配指数和 2015 年 GaWC 境外公司分支机构数量，比较全球资本支配视角和全球资本服务视角的中国城市层级体系，可以发现有意义的异同之处（表 4-11）。其一，基于全球资本支配视角和基于全球资本服务视角的中国城市层级体系并不完全一致，但国家中心城市（北京、上海、深圳、广州）均占据主导地位。国际研究也表明，基于全球资本支配视角和基于全球资本服务视角的世界城

全资本支配视角和全球资本服务视角的中国城市层级比较　　表 4-11

<table>
<tr><td colspan="2" rowspan="2"></td><td colspan="6">基于福布斯 2000 中国企业总部商务支配指数的中国城市层级</td></tr>
<tr><td>第一层级</td><td>第二层级</td><td>第三层级</td><td>第四层级</td><td>第五层级</td><td>榜上无名</td></tr>
<tr><td rowspan="4">基于高端生产性服务业境外公司分支机构数量的中国城市层级</td><td>第一层级</td><td>北京</td><td>上海</td><td></td><td></td><td></td><td></td></tr>
<tr><td>第二层级</td><td></td><td></td><td>广州</td><td></td><td></td><td></td></tr>
<tr><td>第三层级</td><td></td><td>深圳</td><td></td><td>天津
南京</td><td>杭州
成都</td><td></td></tr>
<tr><td>第四层级</td><td></td><td></td><td></td><td>福州</td><td>重庆
武汉
济南
西安
沈阳
大连
青岛
厦门</td><td>苏州</td></tr>
</table>

续表

		基于福布斯 2000 中国企业总部商务支配指数的中国城市层级					
		第一层级	第二层级	第三层级	第四层级	第五层级	榜上无名
基于高端生产性服务业境外公司分支机构数量的中国城市层级	第五层级				佛山	呼和浩特 长沙 合肥 石家庄 哈尔滨 昆明 太原 海口 宁波 珠海 潍坊 遵义 中山 唐山 宜昌 烟台	乌鲁木齐 长春 郑州 南宁 贵阳 兰州 南昌 西宁 银川 拉萨 无锡 东莞 洛阳 南通 温州 大庆 嘉兴 克拉玛依 柳州 徐州 扬州 株洲
	榜上无名					大同 芜湖 保定 鹰潭 漯河 马鞍山 鞍山 惠州 济宁 龙岩 宿迁 宜宾 包头 嘉峪关 绵阳 铜陵 阳泉	

资料来源：根据研究成果整理.

市层级体系并不完全一致，但主要全球城市（纽约、伦敦、巴黎、东京）均占据主导地位。其二，在基于全球资本支配视角的中国城市层级体系中位于第四或第五层级和在基于全球资本服务视角的中国城市层级体系中位于第三或第四层级的直辖市、省会城市和计划单列城市都是重要的区域经济中心城市。其三，作为全国经济强市的苏州和佛山是两个特例城市。苏州是外资制造业投资最为集聚的城市之一，2014 年地区生产总值在全国排名第 7 位，2012 年财富 500 外资制造业公司分支机构数量在长三角地区排名第 2 位，尽管在基于福布斯 2000 企业总部商务支配指数的中国城市层级体系中榜上无名，但在基于 GaWC175 境外公司分支机构数量的中国城市层级体系中位于第四层级。佛山是民营经济最为发达的城市之一，2014 年地区生产总值在全国排名第 17 位，在基于福布斯 2000 企业总部商务支配指数和基于 GaWC175 境外公司分支机构数量的中国城市层级体系中分别处于第四层级和第五层级。其四，在基于福布斯 2000 企业总部商务支配指数和基于 GaWC175 境外公司分支机构数量的中国城市层级体系中都处于第五层级的城市包括省会城市、个别计划单列城市和地区主要城市。其五，在基于福布斯 2000 企业总部商务支配指数的中国城市层级体系中榜上无名和在基于 GaWC175 境外公司分支机构数量的中国城市层级体系中处于第五层级的城市也包括省会城市（特别是经济落后地区的省会城市，如乌鲁木齐、南宁、贵阳、兰州、西宁、银川、拉萨）和地区主要城市，但缺乏福布斯 2000 企业总部。其六，特别值得关注的是，在基于福布斯 2000 企业总部商务支配指数的中国城市层级体系中处于第五层级、但在基于 GaWC175 境外公司分支机构数量的中国城市层级体系中榜上无名的城市中，没有任何省会城市。可见，福布斯 2000 中国企业总部和 GaWC175 境外公司分支机构的空间分布格局存在显著的差异性。

如表 4-12 和图 4-3 所示，考察 2014 年福布斯 2000 中国上榜企业总部的商务支配指数排名前列城市（商务支配指数等于或大于 0.67）或 2015 年 GaWC175 境外公司分支机构数量排名前列城市（分支机构数量等于或大于 11），并且比较两者占比，可以归纳为两个层级和两种类型，由此发现有意义的异同之处。首先，这些城市可以分为两个层级，北京、上海、深圳和广州作为国家中心城市，无论是商务支配指数占比还是境外公司分支机构数量占比，都显著高于其他城市。其二，国家中心城市可以分为两种类型，北京和深圳的商务支配指数占比显著大于境外公司分支机构数量占比，上海和广州的境外公司分支机构数量占比显著大于商务支配指数占比。其三，其他城市也可以分为两种类型，

2014 年福布斯 2000 中国上榜企业总部的商务支配指数及其占比和 2015 年 GaWC175 境外公司分支机构数量及其占比排名前列城市的比较　表 4–12

城市	2014 年福布斯 2000 中国上榜企业总部商务支配指数		2015 年 GaWC175 境外公司分支机构数量	
	数值	占比（%）	数量	占比（%）
北京	53.78	54.98	197	21.07
上海	13.11	13.41	197	21.07
深圳	10.76	11.00	53	5.67
广州	4.20	4.29	91	9.73
福州	1.55	1.87	15	1.60
南京	1.51	1.54	36	3.86
佛山	1.51	1.54	8	0.86
天津	1.34	1.37	35	3.75
重庆	1.18	1.21	25	2.68
杭州	1.18	1.21	32	3.41
武汉	1.01	1.04	23	2.36
珠海	1.01	1.04	4	0.42
大连	0.84	0.88	25	2.68
呼和浩特	0.84	0.88	2	0.21
大同	0.84	0.88	—	—
芜湖	0.84	0.88	—	—
青岛	0.67	0.66	22	2.36
长沙	0.67	0.66	11	1.18
济南	0.67	0.66	22	2.36
成都	—	—	44	4.70
沈阳	—	—	18	1.92
西安	—	—	14	1.50
苏州	—	—	22	2.36
厦门	—	—	18	1.92
哈尔滨	—	—	11	1.18
乌鲁木齐	—	—	11	1.18
合计	97.51	100.00	963	100.00

资料来源：根据研究成果整理 .

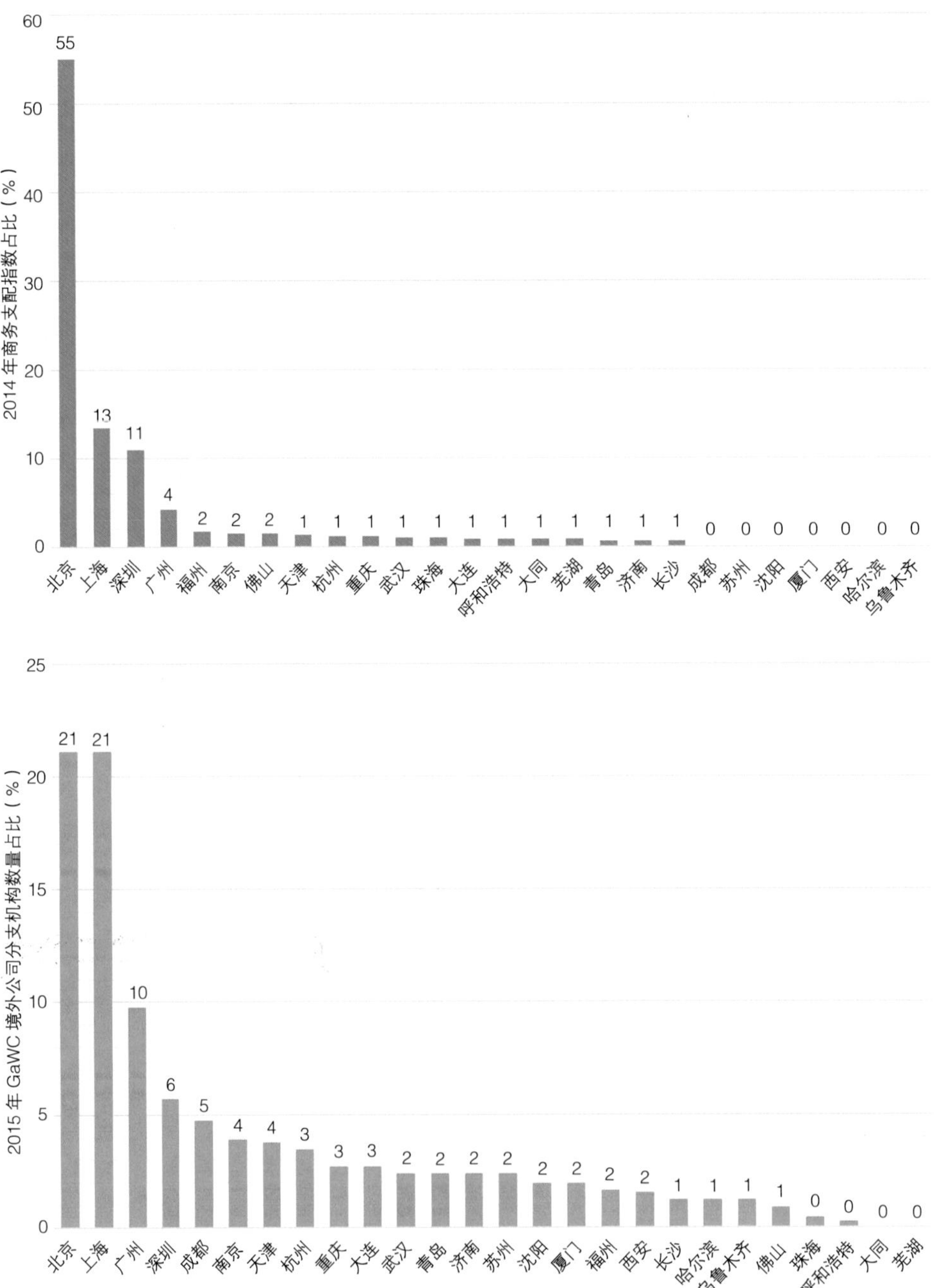

图 4-3　2014 年福布斯 2000 中国上榜企业总部的商务支配指数占比和 2015 年 GaWC175 境外公司分支机构数量占比排名前列城市的比较

资料来源：根据研究成果绘制 .

福州、佛山、珠海、呼和浩特、大同、芜湖的商务支配指数占比大于境外公司分支机构数量占比，其他城市的境外公司分支机构数量占比大于商务支配指数占比。一个城市的福布斯 2000 上榜企业总部商务支配指数占比大于 GaWC175 境外公司分支机构数量占比，意味着该城市资本支配属性高于资本服务属性；一个城市的 GaWC175 境外公司分支机构数量占比大于福布斯 2000 上榜企业总部商务支配指数占比，意味着该城市的资本服务属性高于资本支配属性。但需要再次强调的是，如果城市的福布斯 2000 企业为中央和地方国有企业，其主管部门分别是中央政府和地方政府的国有资产管理委员会，位于首都、直辖市和省会城市，因此这些城市才是实际意义上的资本支配中心。

以 2014 年福布斯 2000 中国企业总部的商务支配指数为表征，全球资本支配视角下的中国城市层级体系呈现特定的国家制度语境；以 2015 年 GaWC175 高端生产性服务业境外公司的分支机构数量为表征，全球资本服务视角下的中国城市层级体系遵循普遍的市场经济规律。因此，以全球资本服务视角为主和以全球资本支配视角为辅，可以将各个城市群划分为四个层级，尽管较低层级之间边界是相对模糊的（表 4–13、表 4–14）。其一，京津冀、长三角和珠三角区域是能级最高的世界级城市群，在全球资本服务视角

基于全球资本支配和全球资本服务双重视角的中国城市群层级比较　　表 4–13

		基于福布斯 2000 企业总部商务支配指数					
		第一层级	第二层级	第三层级	第四层级	第五层级	榜上无名
基于高端生产性服务业境外公司分支机构数量	第一层级	京津冀地区	长三角地区				
	第二层级		珠三角地区				
	第三层级			成渝地区 长江中游 山东半岛 海峡西岸	辽中南		
	第四层级				山西地区	哈长地区 关中平原 北部湾 滇中地区 中原地区 兰西地区 黔中地区	天山北坡
	第五层级				呼包鄂榆		宁夏沿黄拉萨

资料来源：根据研究成果整理 .

和全球资本支配视角的中国城市群层级中位于第一或第二层级；其二，成渝、长江中游、山东半岛、海峡西岸、辽中南区域是能级较高的区域性城市群，在全球资本服务视角的中国城市群层级中位于第三层级，在全球资本支配视角的中国城市群层级中位于第三或第四层级；其三，山西中部、哈长、关中平原、北部湾、滇中、中原、兰西和黔中区域是能级一般的区域性城市群，在全球资本服务视角的中国城市群层级中位于第四层级，在全球资本支配视角的中国城市群层级中位于第三、第四或第五层级；其四，呼包鄂榆、天山北坡、宁夏沿黄区域和拉萨是能级较低的区域性城市群或地方性城市圈，在全球资本服务视角的中国城市群层级中位于第四或第五层级，在全球资本支配视角的中国城市群层级中，呼包鄂榆位于第四层级，其他三个地区榜上无名。

基于全球资本支配和全球资本服务双重视角的中国城市群层级划分　　表 4–14

城市群层级	城市群名称
能级最高的世界级城市群	京津冀、长三角、珠三角区域
能级较高的区域性城市群	成渝、长江中游、山东半岛、海峡西岸、辽中南区域
能级一般的区域性城市群	山西中部、哈长、关中平原、北部湾、滇中、中原、兰西、黔中区域
能级较低的区域性城市群或地方性城市圈	呼包鄂榆、天山北坡、宁夏沿黄区域、拉萨

资料来源：根据研究成果整理.

能级最高的世界级城市群和能级较高的区域性城市群的核心城市在全球资本体系视角下的中国城市体系中发挥“中心城市”和“门户城市”的双重作用。作为全球资本支配体系的组成部分，这些城市是中国资本支配的“中心城市”；作为全球资本服务体系的组成部分，这些城市是对接全球资本服务网络的“门户城市”。

同样值得关注的是，能级最高的世界级城市群（京津冀、长三角和珠三角区域）和能级较高的区域性城市群（成渝地区、长江中游、山东半岛、海峡西岸、辽中南区域）均位于沿海发展带或长江发展带，形成“T”形分布格局（图 4–4）。在沿海发展带，从南到北依次是珠三角、海峡西岸、长三角、山东半岛、京津冀和辽中南区域；在长江发展带，从东到西依次是长三角、长江中游和成渝区域。这也再次印证了陆大道（1986；2002）提出的中国国土开发与经济布局的“T”形结构。

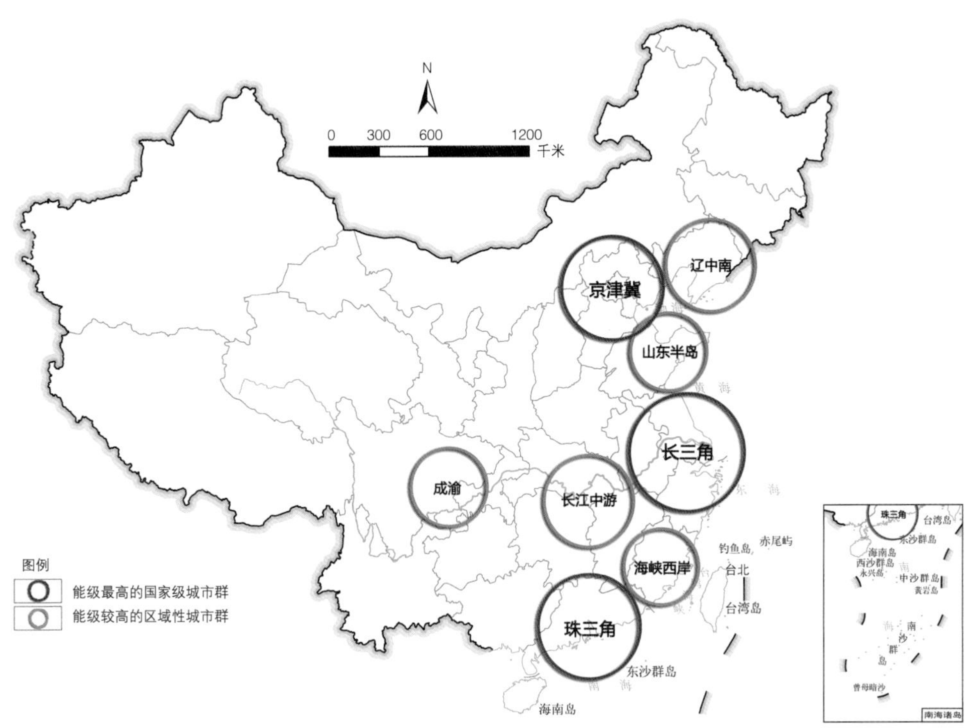

图 4-4　能级最高的世界级城市群和能级较高的区域性城市群形成“T”形分布格局

资料来源：使用自然资源部公布的标准中国地图作为底图绘制 .

第 5 章

国家层面的城市关联网络识别和解析

New Sights
New Methods

如前所述，城市体系的研究进展可以归纳为：从基于城市规模的研究传统到基于城市功能的研究传统和从基于城市属性的分析方法到基于城市网络的分析方法（图 5-1）。城市规模只是城市体系的表象，而城市功能则是城市体系的本质。在基于功能的城市体系研究中，属性方法强调城市体系的层级特征，而网络方法则注重城市体系的关联特征。在城市关联网络研究中，企业关联网络成为主流学派，而基础设施网络（城市之间的交通或信息网络）受到多种因素的影响，只是在一定程度上体现了城市之间的经济联系。基于企业关联网络的城市体系研究又可以分为全行业的资本支配视角和高端生产性服务业的资本服务视角，分别采用不同类型企业的内部关联网络（公司总部和分支机构在各个城市的分布格局），由此识别和解析城市体系。对照城市体系研究进展的谱系图解，本章基于城市功能的研究传统，从全行业的资本支配视角，采用企业关联网络的总部—分支法，识别和解析中国主要城市关联网络的基本特征。

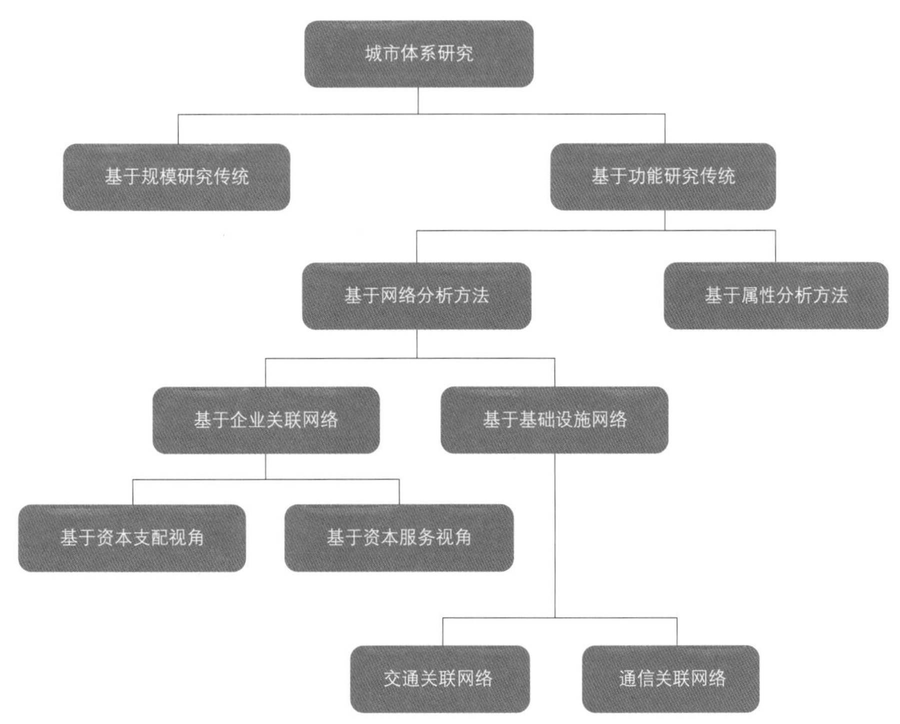

图 5-1　城市体系研究进展的谱系图解

资料来源：根据研究成果绘制 .

5.1 本章研究思路

5.1.1 城市清单

如表 5-1 所示，本研究涵盖 40 个主要城市，包括 4 个直辖市、5 个计划单列城市、27 个省会城市和 4 个经济强市（2014 年地区生产总值位于全国前 20 位的苏州、无锡、佛山、唐山），涉及国家第十三个五年规划纲要划示的各级城市群（图 5-2）。

本研究涵盖的 40 个主要城市　　表 5-1

		城市类型			
		直辖市	计划单列城市	省会城市	经济强市
世界级城市群	京津冀城市群	北京、天津		石家庄	唐山
	长三角城市群	上海	宁波	杭州、南京、合肥	苏州、无锡
	珠三角城市群		深圳	广州	佛山
区域性城市群	成渝城市群	重庆		成都	
	长江中游城市群			武汉、长沙、南昌	
	哈长城市群			哈尔滨、长春	
	辽中南城市群		大连	沈阳	
	山东半岛城市群		青岛	济南	
	海峡西岸城市群		厦门	福州	
	北部湾城市群			南宁、海口	
	中原城市群			郑州	
	滇中城市群			昆明	
	黔中城市群			贵阳	
	山西中部城市群			太原	
	关中平原城市群			西安	
	兰西城市群			兰州、西宁	
	宁夏沿黄城市群			银川	
	呼包鄂榆城市群			呼和浩特	
	天山北坡城市群			乌鲁木齐	
地方性城市圈	拉萨城市圈			拉萨	

资料来源：根据研究成果整理.

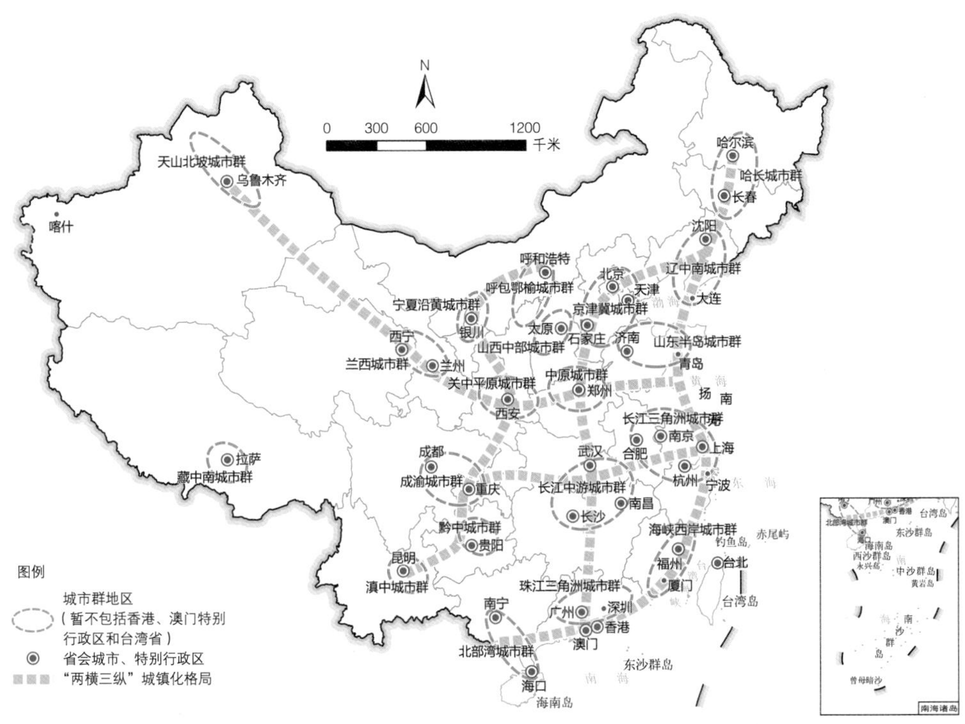

图 5-2　国家第十三个五年规划纲要划示的各级城市群

资料来源：使用自然资源部公布的标准中国地图作为底图绘制 .

5.1.2　数据来源

本研究采用企业关联网络作为城市关联网络的间接表征，以 2014 年国家工商总局的注册企业数据库为基础，共计涉及近 116400 条企业区位数据。首先，运用 Access 和 Excel 软件，通过编写程序，将企业数据转译成为标准条目，包括企业名称和所在城市等；然后，通过关键词方式，搜索公司总部和分支机构的区位信息；最后，通过人工识别方式，增补程序搜索不能涵盖和匹配的企业信息。原始数据存在少量注销企业的冗余数据，占总样本数比例较低（约 3%），不再做进一步甄别。

5.1.3 分析方法

借鉴国际研究经验（Alderson，Beckfield，2004；Alderson，et al.，2010），基于企业区位数据，采用总部—分支法，分析城市之间关联网络，可以概括为三种关联、两个层面和两类数据。城市的外向关联（outdegree connectivity）指企业总部所在城市与企业分支机构所在城市的关联，表征城市的外向辐射能力，又称为网络实力（network power）；城市的内向关联（indegree connectivity）指企业分支机构所在城市与企业总部所在城市的关联，表征城市的内向集聚能力，又称为网络声誉（network prestige）；城市的总关联（total connectivity）则是外向关联和内向关联之和。

无论是外向关联、内向关联还是总关联都包括两个地域层面，分别是一个城市与另一城市的关联和一个城市与研究范围内所有其他城市的合计关联。同时，无论是外向关联、内向关联还是总关联也都涉及两类数据，分别是绝对关联值和相对关联度。为了便于比较分析，通常将研究范围内的最大绝对关联值定义为 100，各个城市的相对关联度以最大关联值的百分比进行标准化处理。

因此，城市关联网络包含三种关联，每种关联包含两个层面，每个层面包含两类数据。外向关联包括一个城市与另一城市的外向关联值和外向关联度、一个城市与所有其他城市的合计外向关联值和合计外向关联度；内向关联包括一个城市与另一城市的内向关联值和内向关联度、一个城市与所有其他城市的合计内向关联值和合计内向关联度；总关联包括一个城市与另一城市的总关联值和总关联度、一个城市与所有其他城市的合计总关联值和合计总关联度。

5.1.4 研究内容

基于企业关联网络，对于中国 40 个主要城市关联网络的基本特征进行识别和解析，包括城市关联网络的层级（hierarchy）、格局（configuration）、方向（directionality）和腹地（hinterworld）维度。

5.2 国家层面上城市关联网络的层级分析

5.2.1 城市合计总关联度的层级分析

如表 5-2 和图 5-3 所示，一个城市与研究范围内所有其他城市的合计总关联度排序呈现出显著的层级特征。北京和上海位于第一层级，深圳和广州位于第二层级，其他城市的合计总关联度依次递减，但难以划分明确的层级。城市的合计总关联度表明了一个城市在城市关联网络中的总体地位，与该城市的总体经济实力是显著相关的。无可争议地，

40 个主要城市的合计总关联度　　表 5-2

城市	合计总关联度	城市	合计总关联度
北京	100	无锡	8
上海	98	郑州	8
深圳	59	合肥	7
广州	51	哈尔滨	6
成都	22	长沙	6
杭州	22	昆明	6
南京	19	石家庄	5
天津	19	南昌	5
苏州	18	长春	4
重庆	15	南宁	4
武汉	13	太原	4
青岛	13	海口	4
沈阳	12	贵阳	4
宁波	12	兰州	3
西安	10	乌鲁木齐	3
济南	10	呼和浩特	2
大连	10	唐山	2
佛山	9	西宁	1
厦门	9	银川	1
福州	9	拉萨	0

资料来源：根据研究成果整理.

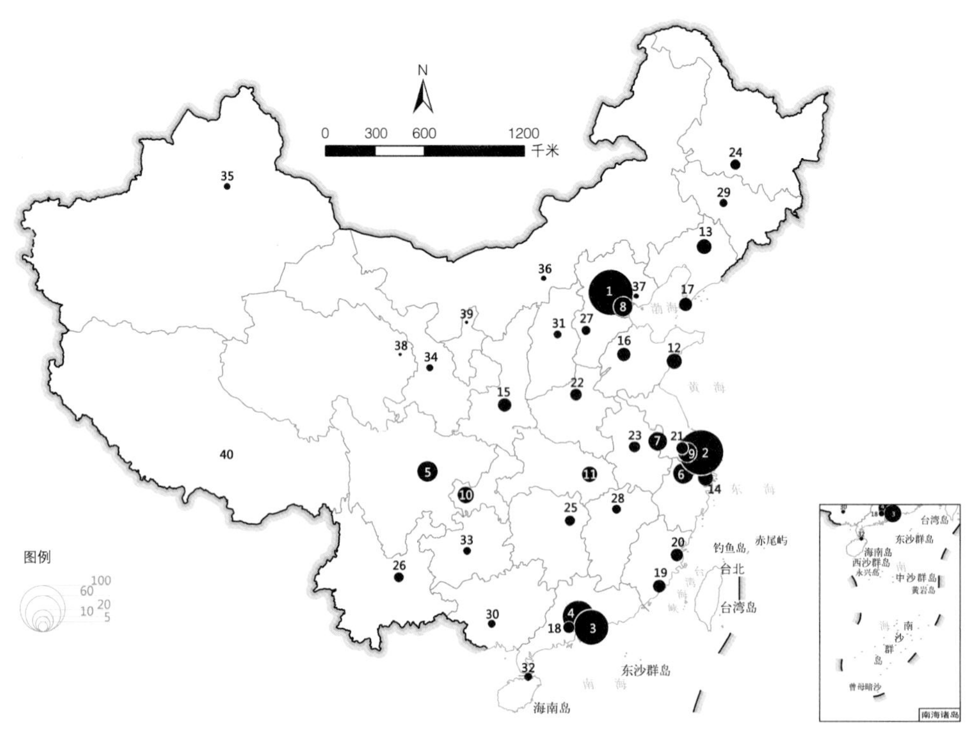

图 5-3 40 个主要城市的合计总关联度图示[1]

资料来源：使用自然资源部公布的标准中国地图作为底图绘制 .

北京和上海是国家首位中心城市，深圳和广州是国家次级中心城市。这与四个全球城市排行榜（A T Kearney，2016；Economist Intelligence Unit，2012；The Mori Memorial Foundation，2015；PwC，2015）的中国上榜城市排名也是基本一致的（表 5-3）。如同伦敦、纽约、东京和巴黎是全球四大城市，北京、上海、深圳和广州则是中国四大城市。

5.2.2 城市之间总关联度的层级分析

城市之间总关联度可以分为五个层级。国家首位中心城市之间形成 1 对关联（北京—上海），位于第一层级的高关联度（总关联度为 100.0）；国家首位中心城市和国家次

[1] 图中编号与城市的对应关系为：1. 北京；2. 上海；3. 深圳；4. 广州；5. 成都；6. 杭州；7. 南京；8. 天津；9. 苏州；10. 重庆；11. 武汉；12. 青岛；13. 沈阳；14. 宁波；15. 西安；16. 济南；17. 大连；18. 佛山；19. 厦门；20. 福州；21. 无锡；22. 郑州；23. 合肥；24. 哈尔滨；25. 长沙；26. 昆明；27. 石家庄；28. 南昌；29. 长春；30. 南宁；31. 太原；32. 海口；33. 贵阳；34. 兰州；35. 乌鲁木齐；36. 呼和浩特；37. 唐山；38. 西宁；39. 银川；40. 拉萨。

四个全球城市排行榜的中国上榜城市的全球排名

表 5-3

	2016 年 全球城市指数 （125 个上榜城市）	2012 年 全球城市竞争力指数 （120 个上榜城市）	2015 年 全球城市实力指数 （40 个上榜城市）	2014 年 机遇之城指数 （30 个上榜城市）
第一 层级	北京（9） 上海（20）	北京（39） 上海（43）	上海（17） 北京（18）	北京（19） 上海（20）
第二 层级	广州（71） 深圳（83）	深圳（52） 广州（64）		
第三 层级	南京（86） 天津（94） 成都（96） 武汉（107） 大连（108） 苏州（109） 青岛（110） 重庆（113） 西安（114） 杭州（115） 哈尔滨（117） 郑州（121） 沈阳（122） 东莞（124） 泉州（125）	天津（75） 大连（82） 成都（83） 苏州（84） 重庆（87） 青岛（91） 杭州（93）		

注：括号中数字为中国上榜城市的全球排名.
资料来源：根据四个全球城市排行榜整理.

级中心城市之间、国家次级中心城市之间形成 5 对关联（北京—深圳、北京—广州、上海—深圳、上海—广州、深圳—广州），位于第二层级的中高关联度（总关联度为 50.5—55.9）；第三层级的中关联度（总关联度为 10.0—36.3）包含 32 对城市关联，北京—其他城市和上海—其他城市占了绝大多数，其次是深圳—其他城市和广州—其他城市，再次是经济大省内部主要城市之间关联；第四层级的中低关联度（总关联度为 5.0—9.9）包含 45 对城市关联，国家中心城市—其他城市仍然占据绝对主导地位，其次是经济大省内部主要城市之间关联；第五层级的低关联度（总关联度为 0—4.9）包含 697 对城市关联，包括国家中心城市和经济实力较弱城市的关联、经济实力较强城市之间的跨省关联、经济实力较弱城市之间的关联。

如表 5-4 所示，需要强调的是，尽管前四个层级的合计城市关联对数之和仅占关联城市对数总和的 10.7%，但总关联度之和却占 40 个城市总关联度总和的 71.7%。相反，尽管第五层级的城市关联对数之和占关联城市对数总和的 89.3%，但总关联度之和仅占 40 个城市总关联度总和的 28.3%。可见，城市之间总关联度也呈现出显著的层级特征。

各个层级的城市关联对数之和和总关联度之和及其占比　表 5-4

总关联度层级（总关联度区间）	城市关联对数之和		总关联度之和	
	数值	占比（%）	数值	占比（%）
第一层级（高关联度：100.0） 第二层级（中高关联度：50.5—55.9）	6	0.8	368.1	21.4
第三层级（中关联度：10.0—36.3）	32	4.1	543.7	31.7
第四层级（中低关联度：5.0—9.9）	45	5.8	319.1	18.6
第五层级（低关联度：0—4.9）	697	89.3	485.9	28.3
合计	780	100.0	1716.8	100.0

资料来源：根据研究成果整理.

5.3 城市关联网络的格局分析

40 个主要城市之间关联网络的总体格局如图 5-4a 所示，可以归纳为四种类型。首先，如图 5-4b 所示，4 个国家中心城市之间的 6 对关联位于第一和第二层级，形成多心关联格局。其次，如图 5-4c 所示，4 个国家中心城市与 36 个其他城市之间的 144 对关联在第三和第四层级占据绝对主导地位，形成放射关联格局。再次，如图 5-4d 所示，经济大省内部两个主要城市之间的 7 对关联位于第三和第四层级，包括原四川省的成都—重庆、江苏省的南京—苏州和苏州—无锡、浙江省的杭州—宁波、福建省的福州—厦门、山东省的济南—青岛、辽宁省的沈阳—大连，形成局部关联格局。最后，如图 5-4e 所示，其他城市之间的 623 对关联位于第五层级，形成散布关联格局。对于中国五大城市群（包括京津冀、长三角、珠三角、长江中游和成渝城市群）的研究发现，城市群层面上的城市之间关联网络也呈现类似格局。

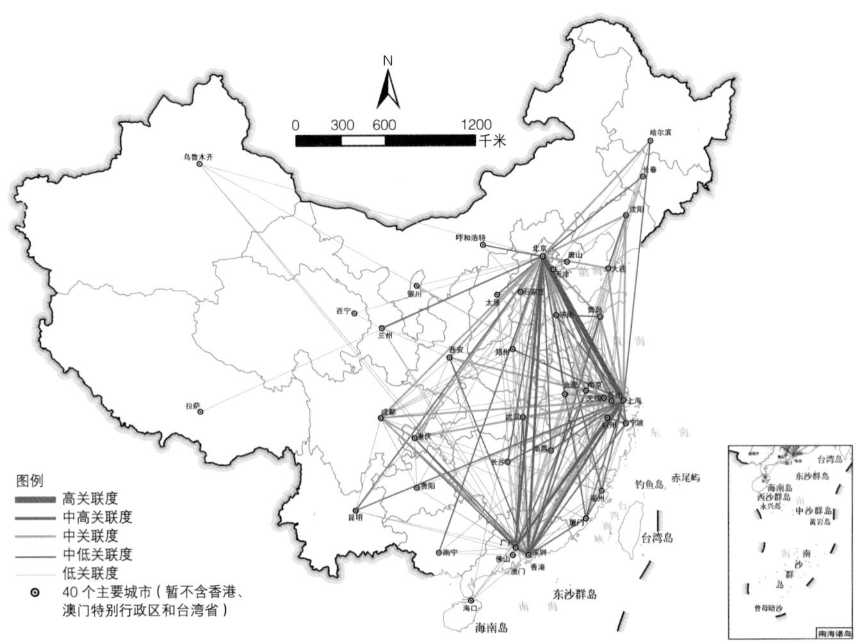

图 5-4a　40 个主要城市之间关联网络的总体格局[❶]

资料来源：使用自然资源部公布的标准中国地图作为底图绘制 .

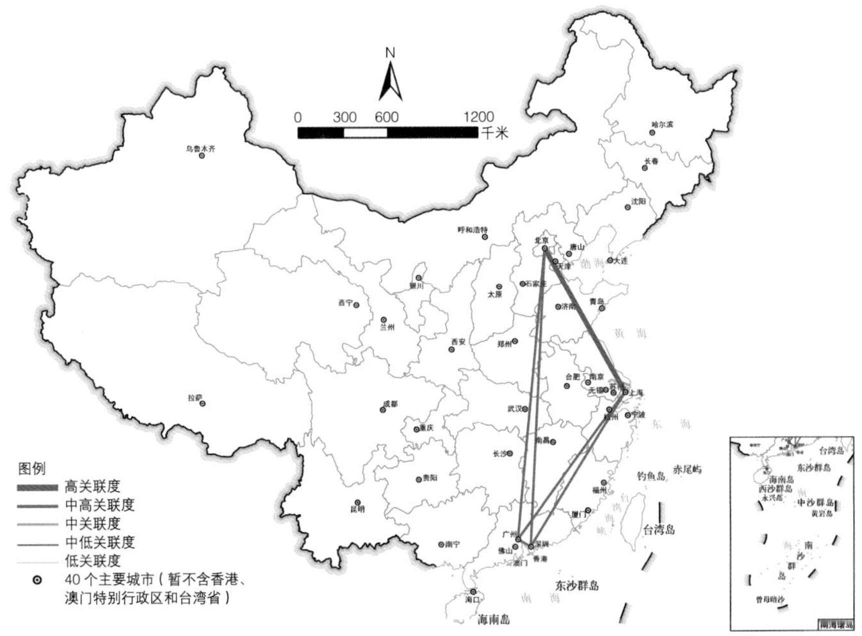

图 5-4b　国家中心城市之间的多心关联格局

资料来源：使用自然资源部公布的标准中国地图作为底图绘制 .

---

❶ 总关联度小于 1.0 在图中不作表示，下同。

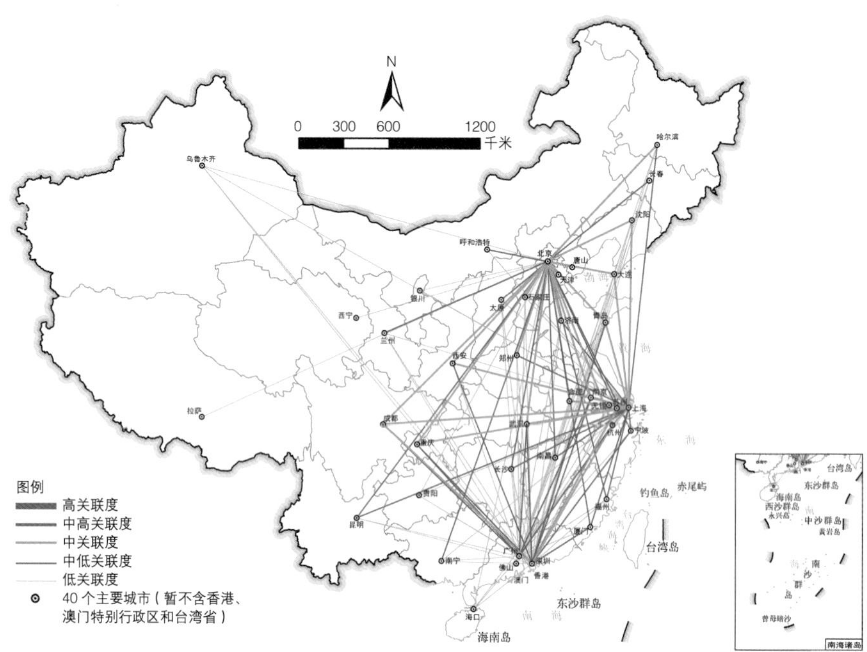

图 5-4c　国家中心城市与其他城市之间的放射关联格局

资料来源：使用自然资源部公布的标准中国地图作为底图绘制 .

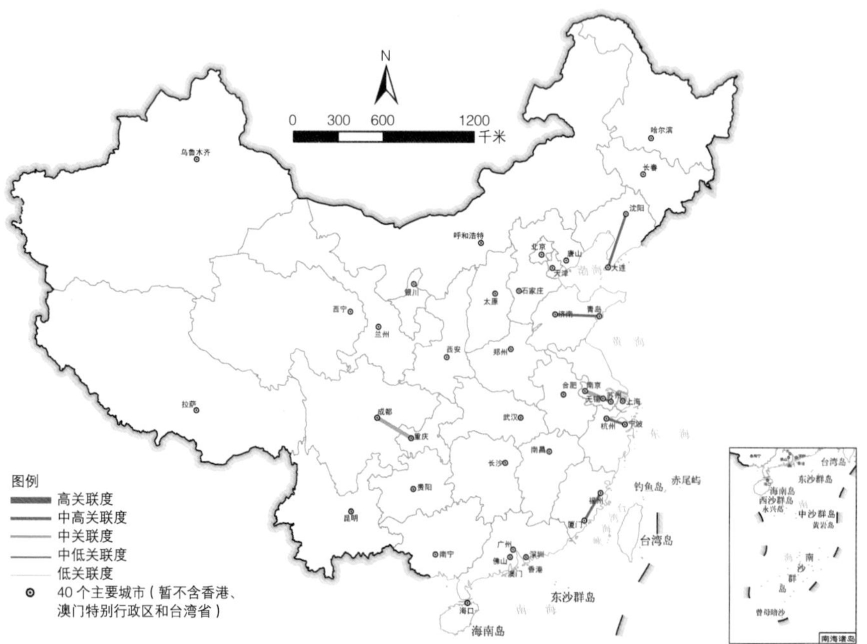

图 5-4d　经济大省内部两个主要城市之间的局部关联格局

资料来源：使用自然资源部公布的标准中国地图作为底图绘制 .

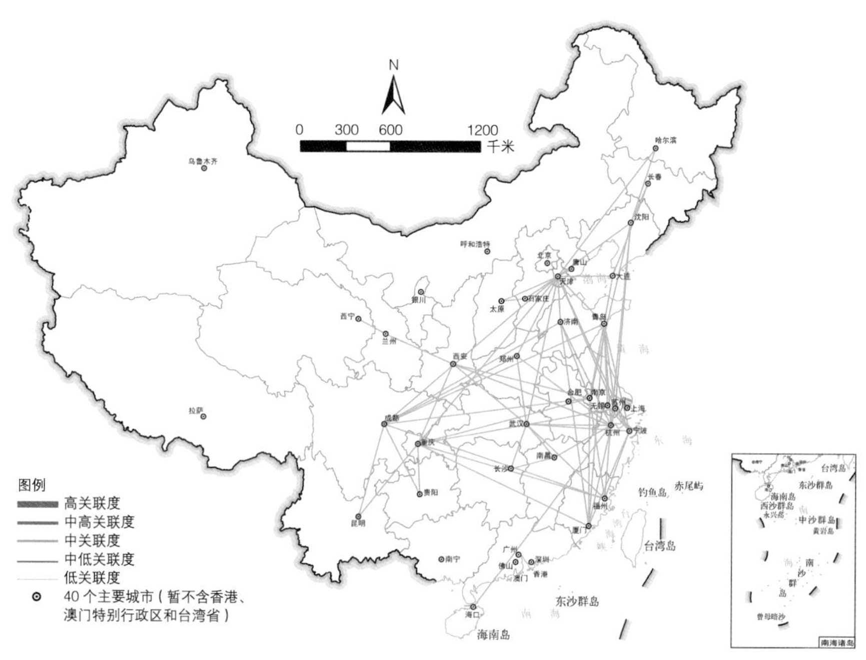

图 5-4e　其他城市之间的散布关联格局

资料来源：使用自然资源部公布的标准中国地图作为底图绘制 .

5.4　城市关联网络的方向分析

Alderson 等（2004；2010）认为，城市关联网络不仅显示层级特征，而且具有方向特征，城市之间关联往往是不对称的。城市的外向关联是企业总部所在城市发至企业分支机构所在城市的关联，城市的内向关联是企业分支机构所在城市接收企业总部所在城市的关联。城市的合计总关联较高，表明其在城市关联网络中的影响较大；反之，则表明其在城市关联网络中的影响较小。城市的合计外向关联显著大于合计内向关联，显示其在城市关联网络中作为企业总部所在地的外向辐射作用，又称为城市的网络实力；城市的合计内向关联显著大于合计外向关联，显示其在城市关联网络中作为企业分支机构所在地的内向集聚作用，又称为城市的网络声誉。

城市 i 的关联方向指数 D_i =（城市 i 的合计外向关联 – 城市 i 的合计内向关联）/（城市 i 的合计外向关联 + 城市 i 的合计内向关联）。D_i 趋向 0，表示合计外向关联和合计内向关联基本相等；D_i 趋向 1，表示合计外向关联显著大于合计内向关联；D_i 趋向 -1，表示合计内向关联显著大于合计外向关联。

如表 5-5 所示，作为国家主次中心城市，北京、上海和深圳的关联方向指数显著大于 0，表明合计外向关联值明显大于合计内向关联值，这意味着企业总部所在地的外向辐射能力明显大于企业分支机构所在地的内向集聚能力，在全国层面的城市关联网络中处于主导地位。作为国家次级中心城市，广州的关联方向指数接近 0，表明合计外向关联值和合计内向关联值基本相等。尽管无锡和厦门的关联方向指数略大于广州，天津和宁波的关联方向指数也接近广州，但无论是合计外向关联值还是合计内向关联值都明显低于广州，表明其在城市关联网络中的影响较小。其他城市的关联方向指数都是显著小于 0，表明企业分支机构所在地的内向集聚能力显著大于企业总部所在地的外向辐射能力，在全国层面的城市关联网络中处于从属地位。

40 个主要城市的合计外向关联和合计内向关联以及关联方向指数　　表 5-5

城市	合计外向关联		合计内向关联		关联方向指数
	关联值	占比（%）	关联值	占比（%）	
北京	796.0	23.82	294.3	8.75	0.460
上海	730.7	21.87	334.1	9.94	0.372
深圳	413.4	12.37	230.4	6.85	0.284
无锡	48.2	1.44	38.5	1.15	0.112
厦门	53.6	1.60	47.9	1.42	0.056
天津	100.9	3.02	102.8	3.06	-0.009
广州	269.3	8.06	284.5	8.46	-0.027
宁波	59.0	1.77	73.7	2.19	-0.035
福州	42.3	1.27	53.1	1.58	-0.113
大连	46.9	1.40	59.6	1.77	-0.120
海口	17.1	0.51	22.5	0.67	-0.136
佛山	38.3	1.15	65.3	1.94	-0.261
青岛	50.1	1.50	88.1	2.62	-0.275
南京	76.6	2.29	135.3	4.02	-0.277
重庆	57.6	1.72	102.1	3.04	-0.279
杭州	80.9	2.42	157.3	4.68	-0.321

续表

城市	合计外向关联		合计内向关联		关联方向指数
	关联值	占比（%）	关联值	占比（%）	
哈尔滨	22.7	0.68	44.2	1.31	–0.321
武汉	48.4	1.45	95.7	2.85	–0.328
沈阳	41.9	1.25	90.7	2.70	–0.368
西安	33.9	1.01	78.1	2.32	–0.395
长春	14.2	0.42	34.8	1.04	–0.420
唐山	5.4	0.16	13.3	0.40	–0.422
郑州	23.5	0.70	58.8	1.75	–0.429
成都	65.8	1.97	178.5	5.31	–0.431
兰州	9.4	0.28	24.0	0.71	–0.437
济南	29.6	0.89	81.1	2.41	–0.465
南昌	12.9	0.39	36.7	1.09	–0.480
苏州	49.2	1.47	150.3	4.47	–0.507
合肥	19.5	0.58	59.6	1.77	–0.507
长沙	15.1	0.45	47.4	1.41	–0.517
西宁	3.6	0.11	11.5	0.34	–0.523
石家庄	17.0	0.51	55.3	1.65	–0.530
太原	9.9	0.30	33.6	1.00	–0.545
贵阳	8.7	0.26	30.7	0.91	–0.558
昆明	13.6	0.41	48.4	1.44	–0.561
拉萨	0.8	0.02	3.8	0.11	–0.652
乌鲁木齐	5.5	0.16	26.9	0.80	–0.660
银川	2.2	0.07	12.5	0.37	–0.694
呼和浩特	2.6	0.08	17.5	0.52	–0.741
南宁	5.3	0.16	38.7	1.15	–0.759

资料来源：根据研究成果整理 .

基于 40 个城市的合计外向关联值占比和合计内向关联值占比矩阵，可以分为四种城市类型（图 5–5）。其一，北京和上海的合计外向关联值占比和合计内向关联值占比都是最高的，而且合计外向关联值显著大于合计内向关联值；其二，深圳和广州的合计外向关联值占比和合计内向关联占比都是很高的，深圳的合计外向关联值显著大于合计内向关联值，广州的合计外向关联值和合计内向关联值基本持平；其三，成都、杭州、苏州、南京的合计内向关联值占比较高，而且显著大于合计外向关联值占比；其四，其他城市的合计外向关联

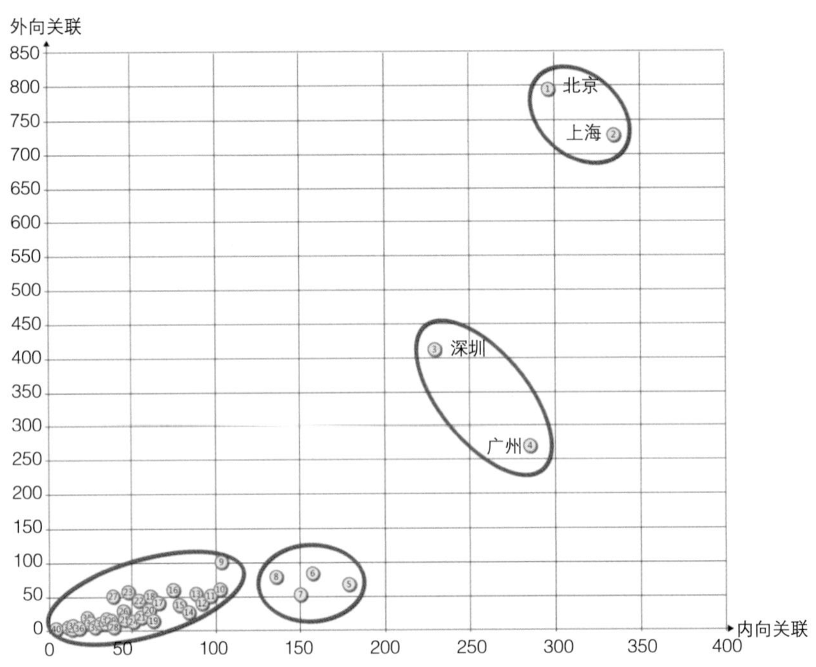

图 5-5　40 个主要城市的合计外向关联值占比和合计内向关联值占比矩阵[1]

资料来源：根据研究成果绘制 .

值占比和合计内向关联值占比都是较低的，绝大部分城市的合计内向关联值显著大于合计外向关联值。当然，第三类型城市和第四类型城市之间边界是相对模糊的，尽管天津归入第四类型城市，但其合计外向关联值显著高于第三类型城市，而合计内向关联值则显著低于第三类型城市。

研究显示，一个城市在城市关联网络中处于主导地位（合计外向关联值显著大于合计内向关联值）还是从属地位（合计内向关联值显著大于合计外向关联值）是尺度敏感的（scale-sensitive）。区域中心城市或省会城市在全国层面的城市关联网络中可能处于从属地位，但在所在区域或省域层面的城市关联网络中处于主导地位。可见，区域中心城市或省会城市发挥向外连接全国网络和向内辐射区域腹地的“两个扇面”作用。

[1] 图中编号与城市的对应关系为：1. 北京；2. 上海；3. 深圳；4. 广州；5. 成都；6. 杭州；7. 苏州；8. 南京；9. 天津；10. 重庆；11. 武汉；12. 青岛；13. 沈阳；14. 宁波；15. 西安；16. 济南；17. 大连；18. 佛山；19. 厦门；20. 福州；21. 无锡；22. 郑州；23. 合肥；24. 哈尔滨；25. 长沙；26. 昆明；27. 石家庄；28. 南昌；29. 长春；30. 南宁；31. 太原；32. 海口；33. 贵阳；34. 兰州；35. 乌鲁木齐；36. 呼和浩特；37. 唐山；38. 西宁；39. 银川；40. 拉萨。

5.5　城市关联网络的腹地分析

研究表明，城市关联网络的腹地分布既呈现出基于地理邻近的区位特征，又显示了基于经济实力的层级特征，取决于地理邻近和经济实力之间的均衡关系。一方面，在经济实力相似的情况下，地理区位较为邻近，城市之间关联强度较大；反之，则关联强度较小。另一方面，在地理邻近相似的情况下，经济实力较高，城市之间关联强度较大；反之，则关联强度较小。例如，苏州和上海之间的空间距离显著小于苏州和北京之间的空间距离，因而苏州和上海之间的关联强度显著高于苏州和北京之间的关联强度；又如，尽管上海和苏州之间的空间距离显著小于上海和北京之间的空间距离，但北京的经济实力显著大于苏州，因而上海和北京之间的关联强度显著高于上海和苏州之间的关联强度。可见，城市之间的关联腹地是不对称的。尽管城市 A 是城市 B 的首位关联城市，但城市 B 未必是城市 A 的首位关联城市，可能城市 C 才是城市 A 的首位关联城市。如上所述，上海是苏州的首位关联城市，但苏州并不是上海的首位关联城市，北京才是上海的首位关联城市。基于城市之间关联强度，可以识别和解析城市关联网络的腹地分布（表 5–6）。

40 个主要城市的前四位关联城市　　表 5–6

城市群 / 城市圈		主要城市	第一关联城市	第二关联城市	第三关联城市	第四关联城市
世界级城市群	京津冀	北京	上海	深圳	广州	天津
		天津	北京	上海	深圳	广州
		石家庄	北京	上海	天津	深圳
		唐山	北京	天津	上海	石家庄
	长三角	上海	北京	深圳	广州	苏州
		杭州	上海	北京	深圳	宁波
		南京	上海	北京	苏州	深圳
		苏州	上海	深圳	南京	北京
		宁波	上海	杭州	深圳	北京
		无锡	上海	苏州	北京	南京
		合肥	上海	北京	深圳	南京
	珠三角	深圳	上海	广州	北京	成都
		广州	深圳	上海	北京	佛山
		佛山	广州	深圳	北京、上海	杭州

续表

城市群 / 城市圈		主要城市	第一关联城市	第二关联城市	第三关联城市	第四关联城市
区域性城市群	成渝	成都	北京	重庆	上海	深圳
		重庆	成都	北京	上海	深圳
	长江中游	武汉	北京	上海	深圳	广州
		长沙	北京	广州	深圳	上海
		南昌	上海	北京	深圳	广州
	山东半岛	济南	北京	上海	青岛	深圳
		青岛	上海	北京	济南	深圳
	海峡西岸	福州	上海	北京	厦门	深圳
		厦门	上海	北京、福州	深圳	广州
	辽中南	沈阳	北京	上海	大连	深圳
		大连	北京	上海	沈阳	深圳、天津
	哈长	哈尔滨	北京	上海	沈阳	深圳、大连
		长春	北京	上海	沈阳	深圳
	北部湾	南宁	北京	广州	深圳	上海
		海口	北京	广州	深圳	上海
	滇中	昆明	北京	上海	成都	深圳
	黔中	贵阳	北京	上海	深圳	成都、重庆
	中原	郑州	北京	上海	深圳	广州
	关中平原	西安	北京	上海	深圳	广州
	山西中部	太原	北京	上海	深圳	广州、天津
	兰西	兰州	北京	上海	深圳	西安
		西宁	北京	兰州	上海	深圳
	呼包鄂榆	呼和浩特	北京	上海	广州	深圳
	宁夏沿黄	银川	北京	上海	西安	兰州
	天山北坡	乌鲁木齐	北京	上海	深圳	广州
地方性城市圈	拉萨	拉萨	北京	上海、深圳 成都、重庆	广州、武汉 兰州、西安	—

资料来源：根据研究成果整理.

京津冀、长三角和珠三角作为世界级城市群，城市关联网络的腹地分布具有一定的相似性。其一，国家中心城市的第一关联城市都是另一国家中心城市。北京和上海互为第一关联城市，深圳的第一关联城市是上海，广州的第一关联城市是深圳。其二，北京和上海作为国家首位中心城市，既是所在城市群的所有其他城市的第一关联城市，也是其他城市群的绝大部分城市的第一或第二关联城市。北京既是所在城市群的所有其他城市（天津、石家庄、唐山）的第一关联城市，也是其他城市群的 22 城市的第一关联城市和 8 个城市的第二关联城市；上海既是所在城市群的所有其他城市（杭州、南京、合肥、苏州、宁波、无锡）的第一关联城市，也是其他城市群的6个城市的第一关联城市和19个城市的第二关联城市。可见，北京的关联腹地大于上海，而且形成明显的地域差异。其三，深圳和广州作为国家次级中心城市，既是所在城市群的其他城市的第一或第二关联城市，也是其他城市群的部分城市的第二关联城市。深圳既是所在城市群的其他城市（广州和佛山）的第一和第二关联城市，也是其他城市群的3个城市的第二关联城市；广州既是所在城市群的其他城市（佛山和深圳）的第一和第二关联城市，也是其他城市群的3个城市的第二关联城市。其四，京津冀、长三角和珠三角地区内部的关联网络较为发达。在京津冀地区，天津是北京的第四关联城市、石家庄的第三关联城市和唐山的第二关联城市，石家庄是唐山的第四关联城市；在长三角地区，苏州是上海的第四关联城市、南京的第三关联城市和无锡的第二关联城市，南京是苏州的第三关联城市、无锡和合肥的第四关联城市，杭州是宁波的第二关联城市，而宁波则是杭州的第四关联城市；在珠三角地区，佛山是广州的第四关联城市。

成渝、山东半岛、海峡西岸和辽中南城市群作为经济实力较强的双核省区（成渝地区是原四川省），城市群的两个核心城市之间形成较为紧密的关联网络，具有一定的相似性。在成渝地区，成都的第一和第二关联城市分别是北京和重庆，而重庆的第一和第二关联城市分别是成都和北京。在山东半岛地区，济南和青岛的第一和第二关联城市都是国家中心城市（北京或上海），但这两个城市互为第三关联城市。同样，在辽中南地区，沈阳和大连的第一和第二关联城市都是国家中心城市（北京和上海），但这两个城市互为第三关联城市。在海峡西岸地区，福州和厦门的第一和第二关联城市都是国家中心城市（上海和北京），但福州是厦门的第二关联城市（与北京并列），厦门是福州的第三关联城市。

长江中游城市群是跨省区域，武汉、长沙和南昌的前四位关联城市都是国家中心城市，武汉和长沙互为第五关联城市，武汉和长沙分别是南昌的第六和第七关联城市，表明武汉、长沙和南昌之间关联网络已经基本形成。哈长、北部湾和兰西城市群作为经济实力较弱的跨省区域，城市关联网络的腹地分布具有一定的相似性。在哈长地区，哈尔滨和长春的第一和第二关联城市都是国家中心城市（北京和上海），第三关联城市都是相邻辽中南城市群的核心城市沈阳，显示沈阳在东北三省的影响腹地，也表明哈尔滨和长春之间关联较弱。在北部湾地区，南宁和海口的前四位关联城市都是国家中心城市，海口只是南宁的第十关联城市（六城并列），南宁只是海口的第十一关联城市（两城并列），表明南宁和海口尚未形成紧密关联，因为海南省原是广东省的组成部分。在兰西地区，除了国家中心城市的显著影响，兰州是西宁的第二关联城市，而西宁则是兰州的第五关联城市，表明兰州和西宁之间关联网络基本形成，但兰州的地区影响显著大于西宁，形成主次结构的跨省区域。

山西中部城市群的太原、中原城市群的郑州、关中平原城市群的西安、呼包鄂榆城市群的呼和浩特、天山北坡城市群的乌鲁木齐的前四位关联城市都是国家中心城市，呈现出基于经济实力的层级特征；太原的第四关联城市还包括天津（与广州并列），郑州、西安、呼和浩特和乌鲁木齐的第五关联城市分别为武汉、成都、天津、西安，表现了基于地理邻近的区位特征。

在滇中城市群、黔中城市群和拉萨城市圈，除了国家中心城市的显著影响，成都和重庆的影响也是十分明显的。成都是昆明的第三关联城市，成都和重庆都是贵阳的第四关联城市，成都和重庆还是拉萨的第二关联城市（与上海和深圳并列），表明成都和重庆在西南区域和西藏地区的重要影响力。同样，西安是银川的第三关联城市、兰州的第四关联城市和西宁的第五关联城市（与广州并列），兰州是西宁的第二关联城市和银川的第四关联城市，表明西安和兰州在西北区域的一定影响力。

5.6 本章小结

基于城市功能的研究传统，从全行业的资本支配视角，采用企业关联网络的总部—分支法，识别和解析中国 40 个主要城市关联网络的基本特征，包括层级、格局、方向和腹地维度。本书验证了城市关联网络是城市体系研究的重要方法，而企业区位策略则是城市关联网络的有效表征。城市体系研究不仅要关注地理上的邻近性（geographical proximity），更要强调功能上的关联性（functional connectivity）；不仅要关注城市作为场所空间（space of places）的邻近性，更要强调城市在流通空间（space of flows）中的关联性。

城市关联网络的本质是城市之间的经济联系，而企业是城市关联网络的“作用者”，众多企业的区位策略界定了城市之间的关联网络。

城市关联网络都呈现出显著的层级特征，一个城市的合计总关联度表明其在关联网络中的总体地位，北京和上海位于第一层级，深圳和广州位于第二层级，其他城市的合计总关联度依次递减，但难以划分明确的层级。

城市关联网络的格局特征可以归纳为四种类型，首先是 4 个国家中心城市之间的 6 对关联形成多心关联格局，其次是 4 个国家中心城市与 36 个其他城市之间的 144 对关联形成放射关联格局，再次是经济大省内部两个主要城市之间的 7 对关联形成局部关联格局，最后是其他城市之间的 623 对关联形成散布关联格局。研究还发现，城市群层面上的城市关联网络也呈现类似格局。

基于城市关联网络的方向特征，可以分为四种城市类型。其一，北京和上海的合计外向关联值和合计内向关联值都是最高的，而且合计外向关联值占比显著大于合计内向关联值占比；其二，深圳和广州的合计外向关联值和合计内向关联值都是很高的，深圳的合计外向关联值占比显著大于合计内向关联值占比，广州的合计外向关联值占比和合计内向关联值占比基本持平；其三，成都、杭州、苏州、南京的合计内向关联值较高，而且显著大于合计外向关联值占比；其四，其他城市的合计外向关联值占比和合计内向关联值占比都是较低的，绝大部分城市的合计内向关联值占比显著大于合计外向关联值占比。当然，第三类型城市和第四类型城市之间边界是相对模糊的。研究还显示，一个城市的关联方向是尺度敏感的，区域中心城市和省会城市在全国层面的城市关联网络中可能处于从属地位，但在所在区域或省域层面的城市关联网络中处于主导地位。

城市关联网络的腹地分布既呈现出基于地理邻近的区位特征，又显示了基于经济实力的层级特征，取决于地理邻近和经济实力之间的均衡关系。研究发现，城市关联网络的腹地和层级之间具有显著的相关性，北京和上海的关联腹地最大，而且形成明显的地域差异，其次是深圳和广州，其他城市的关联腹地依次递减。有些城市的影响腹地呈现出明显的区域特征，如沈阳在东北区域、成都和重庆在西南和西藏区域、西安和兰州在西北区域的影响腹地。

第 6 章

流域层面的城市关联网络识别和解析：以长江经济带为例

New Sights
New Methods

长江经济带横跨我国东中西三大区域，覆盖 2 个直辖市和 9 个省（图 6-1），包括上海、江苏、浙江、安徽、江西、湖北、湖南、重庆、四川、云南、贵州。2014 年国务院发布的《关于依托黄金水道推动长江经济带发展的指导意见》明确，优化长江经济带的城镇化格局，以长三角、长江中游和成渝三大跨区域城市群为主体、以黔中和滇中两大区域性城市群为补充（中华人民共和国国务院，2014）。2016 年国家发改委印发的《长江经济带发展规划纲要》再次强调，以长三角、长江中游、成渝城市群为主体，发挥辐射带动作用，打造长江经济带三大增长极，优化城镇化空间格局，促进各类城市协调发展（国家发展和改革委员会，2016）。本章拟采用企业关联网络中相对关联度的分析方法，识别和解析长江经济带的城市关联网络，为优化长江经济带的城镇化格局提供研究基础。

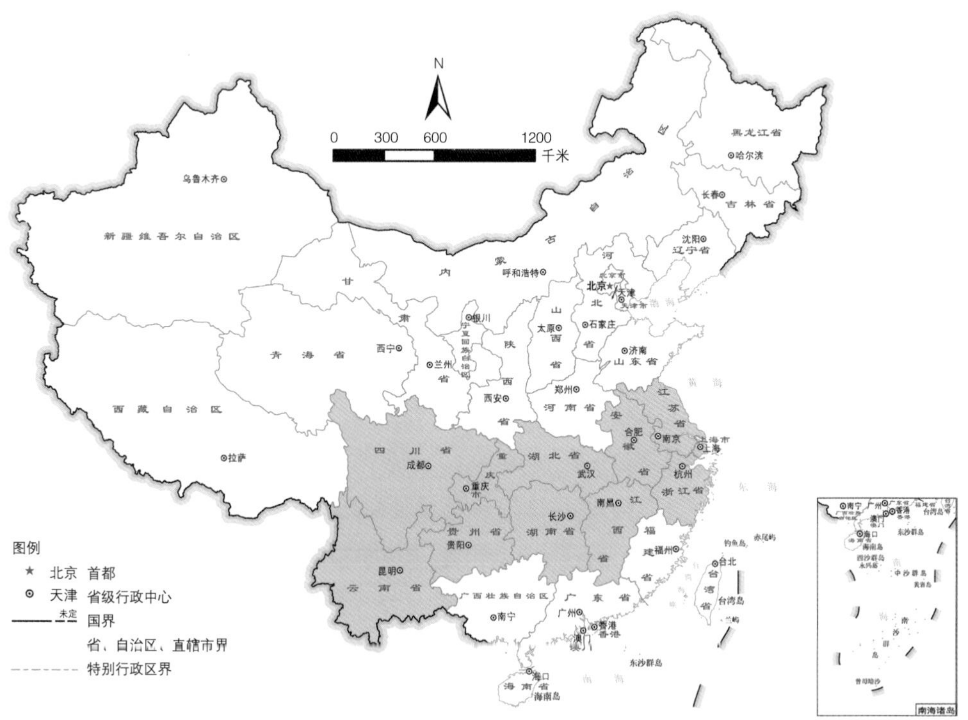

图 6-1 长江经济带涉及的 2 个直辖市和 9 个省

资料来源：使用自然资源部公布的标准中国地图作为底图绘制 .

6.1 本章研究思路

依据 Castells（1996）提出的网络社会（network society）中场所空间（space of places）和流通空间（space of flows）概念，国际研究的主流学派认为（Sassen，1991；Taylor，2004），城市关联网络的本质是城市之间的经济联系，而企业是城市关联网络的“作用者”（agents），众多企业的区位策略（location strategy）界定了城市关联网络。基于高端生产性服务业（advanced producer services）的企业关联网络，Taylor（2001a）创建了城市关联网络模型（thc interlocking network model）的分析方法。Taylor（2001b）还提出了城市腹地（urban hinterworld）概念，试图识别和解析城市关联网络中各个城市的关联腹地。

城市关联网络中的腹地划分形成两种方法。一种是基于城市之间的绝对关联度，无论是 Taylor 等的全球网络关联度（Global Network Connectivity）（Taylor，2004）还是 Alderson 等提出的总部—分支法（Alderson，Beckfield，2004；Alderson，et al.，2010），均是绝对关联度的分析方法。笔者在全国层面和区域层面的城市关联网络的腹地分析中也采用了绝对关联度作为考察依据（唐子来，李涛，2014a；唐子来，李涛，2014b；唐子来，等，2017）。Taylor 等的研究发现，基于绝对关联度的城市腹地分析方法通常会突出主要城市的辐射作用，而忽视一般城市之间的关联特征，为此提出基于相对关联度的城市腹地分析方法（relative measures of hinterworlds）（Taylor，2004；Taylor，Derudder，2016）。

Taylor 等认为，城市 i 和城市 j（j=1，…，n）之间的关联度应当与城市 j 的合计关联度存在线性相关关系，由此建立以城市 i 和城市 j 之间的关联度为因变量、以城市 j 的合计关联度为自变量的一元线性回归方程。基于一元线性回归方程，可以考察城市 i 与城市 j 的实际关联度高于预期关联度（over-linked）或者低于预期关联度（under-linked）。如果城市 i 与城市 j 的实际关联度显著高于预期关联度，表明城市 j 是城市 i 的关联腹地。可见，相对关联度的本质内涵就是在排除绝对关联度影响的条件下考察城市之间关联腹地。国内学者也采用相对关联度的分析方法，考察了长三角地区的城市关联网络中腹地划分（李涛，周锐，2016）。

需要强调的是，既有理论并未验证城市 i 和城市 j（j=1，…，n）之间的总关联度与城市 j 的合计总关联度为何存在线性相关关系，而 Taylor 等的相对关联度概念正是建立在上述假说基础上的。为此，笔者提出相对关联度的优化分析方法，考察城市 i 与城市 j（j=1，…，n）的总关联度占城市 j 的合计总关联度比值大于或小于平均值的幅度（以标准离差核算），作为城市之间相对关联度的显著水平的检验工具[1]。

如果城市 i 与城市 j 的总关联度占城市 j 的合计总关联度比值（相对关联度）大于平均值，表明城市 i 和城市 j 的相对关联度高于预期；反之，表明城市 i 和城市 j 的相对关联度低于预期。基于统计经验，可以分为三个层级：如果城市 i 与城市 j 的相对关联度大于平均值的幅度为大于 0.5 个—小于或等于 1.0 个标准离差，表明城市 i 和城市 j 的相对关联度达到低显著水平；如果城市 i 与城市 j 的相对关联度大于平均值的幅度为大于 1.0 个—小于或等于 2.0 个标准离差，表明城市 i 和城市 j 的相对关联度达到中显著水平；如果城市 i 与城市 j 的相对关联度大于平均值的幅度为大于 2.0 个标准离差，表明城市 i 和城市 j 的相对关联度达到高显著水平。一般来说，城市 i 和城市 j 的相对关联度越显著，城市 j 作为城市 i 的腹地属性也就越明确。

基于 2014 年国家工商总局的注册企业数据库的企业区位数据，采用绝对关联度的分析方法，笔者曾经对于中国 40 个主要城市关联网络进行识别和解析（详见第 5 章），包括 14 个长江经济带城市和 26 个非长江经济带城市。基于同样的数据来源，采用相对关联度的分析方法，本书试图考察三个基本议题，其一是长江经济带的各个城市群内部关联格局，其二是长江经济带的各个城市群之间关联格局，其三是长江经济带城市和非长江经济带城市之间关联格局。限于篇幅，本章仅针对 11 个长江经济带城市，包括 2 个直辖市（上海、重庆）和 9 个省会城市（南京、杭州、合肥、武汉、长沙、南昌、成都、昆明、贵阳），检验各个城市与其他 39 个城市之间相对关联度的显著水

[1] 城市 i 与城市 j 的总关联度为 T_{ji} 或 $T_{ji}=C_{ij}+C_{ji}$；式中，C_{ij} 是总部在城市 i 和分支机构在城市 j 的企业数量，C_{ji} 是总部在城市 j 和分支机构在城市 i 的企业数量。城市 j 的合计总关联度是城市 j 与所有城市的总关联度之和 $\sum_{i=1}^{N}T_{ji}$，城市 i 与城市 j 的总关联度占城市 j 的合计总关联度比值为 $P_{ij}=T_{ij}/\sum_{i=1}^{N}T_{ij}$。城市 i 与城市 j 的总关联度占城市 j 的合计总关联度比值的标准离差为 $\sigma=\sqrt{\frac{1}{N}\sum_{i=1}^{N}(P_{ij}-\mu)^2}$；式中，$\mu$ 是算术平均值。

平。长江经济带的空间结构研究已经形成一些成果（陈修颖，2007；陈修颖，陆林，2004；郑德高，等，2015），但尚未聚焦企业关联网络的视角，更未采用相对关联度的分析方法。笔者认为，采用相对关联度高于或低于平均值的幅度（以标准离差核算）作为城市之间关联度的显著水平的检验工具，有助于识别和解析长江经济带的城市关联网络。

6.2 长江下游城市与其他城市的相对关联度解析

6.2.1 上海与其他城市的相对关联度解析

如表 6-1 所示，上海与其他 39 个城市的相对关联度解析包含三列数据，其一是上海与其他城市的总关联度（X），包括外向关联和内向关联，其二是 X 占其他城市的合计总关联度比值（Y），其三是 Y 大于或小于平均值的幅度（Z）（以标准离差核算）。

对于上海与其他城市的相对关联度进行解析，可以获得如下几点发现。其一，依据标准离差作为相对关联度的显著水平的检验工具，总关联度占比高于平均值的幅度大于 1.00 个标准离差的城市都是长三角的主要城市，包括苏州（3.20）、合肥（2.32）、杭州（2.15）和南京（1.15），表明上海和这些城市的相对关联度达到高显著水平或中显著水平。其二，作为长江中游地区的江西省会城市，南昌（0.62）的相对关联度达到低显著水平，再次是无锡（0.41）和宁波（0.40），尽管尚未达到低显著水平。其三，作为非长江经济带城市，青岛（1.00）的标准离差达到低显著水平，表明沿海港口城市之间的经济关联。其四，需要说明的是，作为相距遥远的非长江经济带城市，乌鲁木齐（0.98）的相对关联度达到低显著水平，主要因为乌鲁木齐的合计总关联度较小，导致上海占比相对较高。其五，还需要特别指出的是，尽管上海和北京的总关联度在中国 40 个主要城市关联网络中位居榜首，上海和北京的相对关联度并不显著，显示了城市之间绝对关联度和相对关联度的差异所在。综上所述，上海的核心关联腹地以长三角城市为主（苏州、合肥、杭州），

上海与其他城市的相对关联度解析　　表 6-1

		城市	上海与其他城市的总关联度（X）	X 占其他城市的合计总关联度比值（Y）	Y 大于或小于平均值的幅度（Z）（以标准离差核算）
长江经济带城市	长三角	南京	26.2	24.1%	1.15
		苏州	36.3	35.4%	3.20
		无锡	8.9	20.0%	0.41
		杭州	36.2	29.6%	2.15
		宁波	13.6	19.9%	0.40
		合肥	12.4	30.5%	2.32
	长江中游	武汉	13.8	18.6%	0.17
		长沙	4.5	14.0%	−0.67
		南昌	5.4	21.2%	0.62
	成渝	重庆	10.0	12.2%	−1.00
		成都	20.5	16.3%	−0.25
	滇中	昆明	5.8	18.2%	0.09
	黔中	贵阳	2.6	12.9%	−0.88
非长江经济带城市		北京	100	17.9%	0.02
		广州	53.6	18.8%	0.20
		深圳	55.9	16.9%	−0.15
		天津	17.2	16.4%	−0.23
		青岛	16.5	23.2%	1.00
		大连	10.3	18.8%	0.20
		沈阳	11.7	17.2%	−0.10
		佛山	5.2	9.8%	−1.44
		郑州	7.5	17.7%	0.00
		唐山	0.9	9.4%	−1.51
		济南	9.8	17.2%	−0.09
		哈尔滨	5.1	14.8%	−0.53
		长春	4.0	15.9%	−0.34
		西安	10.5	18.3%	0.10
		石家庄	4.0	14.9%	−0.52
		福州	9.1	18.6%	0.15
		厦门	9.4	18.0%	0.06
		南宁	3.0	13.3%	−0.81
		呼和浩特	1.6	15.5%	−0.40
		太原	3.6	16.1%	−0.29
		乌鲁木齐	3.9	23.5%	0.98
		兰州	2.6	15.1%	−0.47
		银川	1.4	18.4%	0.12
		西宁	0.9	11.5%	−1.12
		海口	2.6	12.8%	−0.89
		拉萨	0.2	8.3%	−1.70

资料来源：根据研究成果整理 .

次级关联腹地是南京，外围关联腹地包括青岛（相对邻近的沿海港口城市）和南昌（长江中游区域的江西省会城市）。

6.2.2 南京与其他城市的相对关联度解析

对于南京与其他城市的相对关联度进行解析，可以获得如下几点发现（表 6-2）。其一，总关联度占比高于平均值的幅度大于 1.00 个标准离差的城市包括苏州（3.79）、无锡（3.55）和合肥（1.92），表明南京和这些城市的相对关联度达到高显著水平或中显著水平。苏州和无锡都是江苏经济强市，合肥是邻近南京的安徽省会城市。其二，作为长三角的首位中心城市，上海（0.86）的相对关联度达到低显著水平。其三，杭州（0.40）的相对关联度尚未达到低显著水平，宁波（–0.16）的总关联度占比甚至低于平均值，表明南京和浙江城市之间关联较为薄弱。其四，需要说明的是，作为相距遥远的非长江经济带城市，拉萨（0.59）的相对关联度达到低显著水平，主要因为拉萨的合计总关联度较小，导致南京占比相对较高。其五，还需要特别指出的是，尽管南京和上海的总关联度在南京与其他 39 个城市的关联网络中位居榜首，但上海的相对关联度仅达到低显著水平。综上所述，南京的核心关联腹地是江苏省的苏州和无锡，次级关联腹地和外围关联腹地分别是合肥和上海，南京和浙江城市之间关联较为薄弱。

6.2.3 杭州与其他城市的相对关联度解析

对于杭州与其他城市的相对关联度进行解析，可以获得如下几点发现（表 6-3）。其一，总关联度占比高于平均值的幅度大于 1.00 个标准离差的城市包括宁波（4.90）和上海（1.68），表明杭州和这些城市的相对关联度达到高显著水平或中显著水平，宁波是浙江省的计划单列城市，上海则是长三角的首位核心城市。其二，合肥（0.91）、无锡（0.71）和南京（0.59）的相对关联度达到低显著水平，合肥是安徽省会城市，无锡和南京分别是江苏经济强市和省会城市。其三，作为长江中游区域的江西省会城市，南昌（0.81）的相对关联度达到低显著水平。其四，需要说明的是，作为相距遥远的非长江经济带城市，海口（1.13）的相对关联度达到中显著水平，主要因为海口的合计总关联度较小，导致杭州占比相对较高。其五，还需要特别指出的是，尽管杭州和上海的总关联度在杭州与其他

南京与其他城市的相对关联度解析

表 6-2

		城市	南京与各个城市的总关联度（X）	X 占各个城市的合计总关联度比值（Y）	Y 大于或小于平均值的幅度（Z）（以标准离差核算）
长江经济带城市	长三角	上海	26.2	4.8%	0.86
		苏州	11.6	11.3%	3.79
		无锡	4.8	10.8%	3.55
		杭州	4.6	3.8%	0.40
		宁波	1.7	2.5%	−0.16
		合肥	2.9	7.1%	1.92
	长江中游	武汉	1.7	2.3%	−0.25
		长沙	0.9	2.8%	−0.02
		南昌	0.5	2.0%	−0.40
	成渝	重庆	1.6	2.0%	−0.41
		成都	3.7	2.9%	0.04
	滇中	昆明	0.6	1.9%	−0.44
	黔中	贵阳	0.2	1.0%	−0.84
非长江经济带城市		北京	16.5	2.9%	0.04
		广州	5.3	1.9%	−0.45
		深圳	9.5	2.9%	0.01
		天津	2.0	1.9%	−0.42
		青岛	1.4	2.0%	−0.40
		大连	0.9	1.6%	−0.54
		沈阳	1.2	1.8%	−0.49
		佛山	1.0	1.9%	−0.44
		郑州	0.9	2.1%	−0.33
		唐山	0.1	1.0%	−0.81
		济南	1.3	2.3%	−0.26
		哈尔滨	0.5	1.5%	−0.63
		长春	0.5	2.0%	−0.39
		西安	1.1	1.9%	−0.42
		石家庄	0.5	1.9%	−0.45
		福州	1.3	2.7%	−0.09
		厦门	1.1	2.1%	−0.33
		南宁	0.2	0.9%	−0.88
		呼和浩特	0.1	1.0%	−0.85
		太原	0.6	2.7%	−0.08
		乌鲁木齐	0.4	2.4%	−0.20
		兰州	0.4	2.3%	−0.24
		银川	0.2	2.6%	−0.10
		西宁	0.2	2.6%	−0.13
		海口	0.7	3.4%	0.26
		拉萨	0.1	4.2%	0.59

资料来源：根据研究成果整理.

杭州与其他城市的相对关联度解析　　表 6-3

		城市	杭州与各个城市的总关联度（X）	X 占各个城市的合计总关联度比值（Y）	Y 大于或小于平均值的幅度（Z）（以标准离差核算）
长江经济带城市	长三角	上海	36.2	6.6%	1.68
		南京	4.6	4.2%	0.59
		苏州	3.2	3.1%	0.08
		无锡	2.0	4.5%	0.71
		宁波	9.3	13.6%	4.90
		合肥	2.0	4.9%	0.91
	长江中游	武汉	2.0	2.7%	−0.11
		长沙	0.9	2.8%	−0.07
		南昌	1.2	4.7%	0.81
	成渝	重庆	1.4	1.7%	−0.57
		成都	4.5	3.6%	0.29
	滇中	昆明	0.6	1.9%	−0.49
	黔中	贵阳	0.2	1.0%	−0.90
非长江经济带城市		北京	17.6	3.1%	0.09
		广州	6.7	2.4%	−0.27
		深圳	10.8	3.3%	0.14
		天津	2.3	2.2%	−0.35
		青岛	1.4	2.0%	−0.45
		大连	0.7	1.3%	−0.77
		沈阳	1.2	1.8%	−0.55
		佛山	1.4	2.6%	−0.15
		郑州	1.2	2.8%	−0.05
		唐山	0.1	1.0%	−0.88
		济南	1.5	2.6%	−0.14
		哈尔滨	0.8	2.3%	−0.29
		长春	0.6	2.4%	−0.26
		西安	1.3	2.3%	−0.32
		石家庄	0.5	1.9%	−0.50
		福州	1.2	2.4%	−0.23
		厦门	1.7	3.3%	0.14
		南宁	0.4	1.8%	−0.54
		呼和浩特	0.2	1.9%	−0.46
		太原	0.5	2.2%	−0.33
		乌鲁木齐	0.5	3.0%	0.03
		兰州	0.3	1.7%	−0.55
		银川	0.1	1.3%	−0.75
		西宁	0.2	2.6%	−0.18
		海口	1.1	5.4%	1.13
		拉萨	0.0	0.0%	−1.35

资料来源：根据研究成果整理.

39 个城市的关联网络中位居榜首，但上海的相对关联度显著低于宁波。综上所述，杭州的核心关联腹地是浙江省的宁波，次级关联腹地是上海，外围关联腹地包括合肥、南昌、无锡和南京。

6.2.4 合肥与其他城市的相对关联度解析

对于合肥与其他城市的相对关联度进行解析，可以获得如下几点发现（表 6-4）。其一，总关联度占比高于平均值的幅度大于 1.00 个标准离差的城市包括南京（3.38）、上海（2.65）和杭州（1.48），表明合肥与长三角区域的主次核心城市的相对关联度达到高显著水平或中显著水平。南京是最为邻近的江苏省会城市，上海是长三角的首位核心城市，杭州是浙江省会城市。其二，南昌（1.35）和北京（1.03）的相对关联度达到中显著水平，武汉（0.70）和深圳（0.60）的相对关联度达到低显著水平。合肥位于长三角区域的西侧边缘部位，较为接近长江中游城市群，也更易接受北京和深圳的辐射。其三，还需要特别指出的是，尽管合肥和上海的总关联度在合肥与其他 39 个城市的关联网络中位居榜首，但上海的相对关联度低于南京。综上所述，合肥的核心关联腹地包括南京和上海作为长江下游城市，次级关联腹地包括杭州作为长江下游城市、南昌作为长江中游城市、北京作为国家中心城市，外围关联腹地包括武汉作为长江中游城市和深圳作为国家中心城市。

6.3 长江中游城市与其他城市的相对关联度解析

6.3.1 武汉与其他城市的相对关联度解析

对于武汉与其他城市的相对关联度进行解析，可以获得如下几点发现（表 6-5）。其一，总关联度占比高于平均值的幅度大于 1.00 个标准离差的城市包括长沙（5.00）和南昌（1.24），长沙和南昌分别是长江中游区域的湖南省会城市和江西省会城市，表明武汉和长江中游区域的其他核心城市的相对关联度达到高显著水平或中显著水平。其二，郑

合肥与其他城市的相对关联度解析　表 6–4

<table>
<tr><th colspan="2"></th><th>城市</th><th>合肥与各个城市的总关联度（X）</th><th>X 占各个城市的合计总关联度比值（Y）</th><th>Y 大于或小于平均值的幅度（Z）（以标准离差核算）</th></tr>
<tr><td rowspan="13">长江经济带城市</td><td rowspan="6">长三角</td><td>上海</td><td>12.4</td><td>2.3%</td><td>2.65</td></tr>
<tr><td>南京</td><td>2.9</td><td>2.7%</td><td>3.38</td></tr>
<tr><td>苏州</td><td>1.0</td><td>1.0%</td><td>0.25</td></tr>
<tr><td>无锡</td><td>0.4</td><td>0.9%</td><td>0.11</td></tr>
<tr><td>杭州</td><td>2.0</td><td>1.6%</td><td>1.48</td></tr>
<tr><td>宁波</td><td>0.6</td><td>0.9%</td><td>0.08</td></tr>
<tr><td rowspan="3">长江中游</td><td>武汉</td><td>0.9</td><td>1.2%</td><td>0.70</td></tr>
<tr><td>长沙</td><td>0.2</td><td>0.6%</td><td>–0.40</td></tr>
<tr><td>南昌</td><td>0.4</td><td>1.6%</td><td>1.35</td></tr>
<tr><td rowspan="2">成渝</td><td>重庆</td><td>0.6</td><td>0.7%</td><td>–0.20</td></tr>
<tr><td>成都</td><td>0.9</td><td>0.7%</td><td>–0.22</td></tr>
<tr><td>滇中</td><td>昆明</td><td>0.2</td><td>0.6%</td><td>–0.39</td></tr>
<tr><td>黔中</td><td>贵阳</td><td>0.2</td><td>1.0%</td><td>0.28</td></tr>
<tr><td colspan="2" rowspan="26">非长江经济带城市</td><td>北京</td><td>7.4</td><td>1.3%</td><td>1.03</td></tr>
<tr><td>广州</td><td>2.5</td><td>0.9%</td><td>0.08</td></tr>
<tr><td>深圳</td><td>3.6</td><td>1.1%</td><td>0.60</td></tr>
<tr><td>天津</td><td>0.7</td><td>0.7%</td><td>–0.31</td></tr>
<tr><td>青岛</td><td>0.5</td><td>0.7%</td><td>–0.25</td></tr>
<tr><td>大连</td><td>0.2</td><td>0.4%</td><td>–0.88</td></tr>
<tr><td>沈阳</td><td>0.2</td><td>0.3%</td><td>–1.01</td></tr>
<tr><td>佛山</td><td>0.3</td><td>0.6%</td><td>–0.51</td></tr>
<tr><td>郑州</td><td>0.4</td><td>0.9%</td><td>0.20</td></tr>
<tr><td>唐山</td><td>0.1</td><td>1.0%</td><td>0.38</td></tr>
<tr><td>济南</td><td>0.4</td><td>0.7%</td><td>–0.25</td></tr>
<tr><td>哈尔滨</td><td>0.1</td><td>0.3%</td><td>–1.01</td></tr>
<tr><td>长春</td><td>0.1</td><td>0.4%</td><td>–0.82</td></tr>
<tr><td>西安</td><td>0.3</td><td>0.5%</td><td>–0.59</td></tr>
<tr><td>石家庄</td><td>0.2</td><td>0.7%</td><td>–0.18</td></tr>
<tr><td>福州</td><td>0.4</td><td>0.8%</td><td>–0.04</td></tr>
<tr><td>厦门</td><td>0.4</td><td>0.8%</td><td>–0.13</td></tr>
<tr><td>南宁</td><td>0.2</td><td>0.9%</td><td>0.09</td></tr>
<tr><td>呼和浩特</td><td>0.0</td><td>0.0%</td><td>–1.55</td></tr>
<tr><td>太原</td><td>0.1</td><td>0.4%</td><td>–0.72</td></tr>
<tr><td>乌鲁木齐</td><td>0.1</td><td>0.6%</td><td>–0.44</td></tr>
<tr><td>兰州</td><td>0.1</td><td>0.6%</td><td>–0.48</td></tr>
<tr><td>银川</td><td>0.0</td><td>0.0%</td><td>–1.55</td></tr>
<tr><td>西宁</td><td>0.1</td><td>1.3%</td><td>–0.19</td></tr>
<tr><td>海口</td><td>0.2</td><td>1.0%</td><td>0.27</td></tr>
<tr><td>拉萨</td><td>0.0</td><td>0.0%</td><td>–1.55</td></tr>
</table>

资料来源：根据研究成果整理 .

武汉与其他城市的相对关联度解析　　表 6–5

		城市	武汉与各个城市的总关联度（X）	X占各个城市的合计总关联度比值（Y）	Y大于或小于平均值的幅度（Z）（以标准离差核算）
长江经济带城市	长三角	上海	13.8	2.5%	0.32
		南京	1.7	1.6%	–0.31
		苏州	1.4	1.4%	–0.44
		无锡	0.8	1.8%	–0.16
		杭州	2.0	1.6%	–0.26
		宁波	1.2	1.8%	–0.18
		合肥	0.9	2.2%	0.12
	长江中游	长沙	3.1	9.7%	5.00
		南昌	1.0	3.9%	1.24
	成渝	重庆	2.1	2.6%	0.35
		成都	2.7	2.2%	0.08
	滇中	昆明	0.6	1.9%	–0.10
	黔中	贵阳	0.4	2.0%	–0.04
非长江经济带城市		北京	15.6	2.8%	0.55
		广州	5.2	1.8%	–0.13
		深圳	9.4	2.8%	0.53
		天津	1.4	1.3%	–0.46
		青岛	0.8	1.1%	–0.59
		大连	0.4	0.7%	–0.85
		沈阳	0.8	1.2%	–0.56
		佛山	0.6	1.1%	–0.59
		郑州	1.4	3.3%	0.84
		唐山	0.1	1.0%	–0.65
		济南	0.9	1.6%	–0.30
		哈尔滨	0.4	1.2%	–0.57
		长春	0.3	1.2%	–0.55
		西安	0.9	1.6%	–0.31
		石家庄	0.6	2.2%	0.13
		福州	1.0	2.0%	0.00
		厦门	0.8	1.5%	–0.33
		南宁	0.5	2.2%	0.12
		呼和浩特	0	0.0%	–1.33
		太原	0.3	1.3%	–0.45
		乌鲁木齐	0.2	1.2%	–0.54
		兰州	0.3	1.7%	–0.19
		银川	0.0	0.0%	–1.33
		西宁	0.2	2.6%	0.35
		海口	0.5	2.5%	0.28
		拉萨	0.1	4.2%	0.16

资料来源：根据研究成果整理．

州（0.84）、北京（0.55）和深圳（0.53）的相对关联度达到低显著水平。武汉和郑州都位于中部地区，形成较为紧密关联，也更易接受北京和深圳的辐射。综上所述，武汉的核心关联腹地和次级关联腹地分别是长沙和南昌作为长江中游城市，外围关联腹地包括郑州、北京和深圳，表明长江中游城市群内部的紧密关联和武汉位于中部的区位特征。

6.3.2 长沙与其他城市的相对关联度解析

对于长沙与其他城市的相对关联度进行解析，可以获得如下几点发现（表 6-6）。其一，总关联度占比高于平均值的幅度大于 2.00 个标准离差的城市包括武汉（4.21）和南昌（2.91），武汉和南昌分别是长江中游区域的湖北省会城市和江西省会城市，表明长沙和长江中游地区的其他核心城市的相对关联度达到高显著水平。其二，广州（1.13）和深圳（0.83）的相对关联度分别达到中显著水平和低显著水平，表明长沙位于中部地区，与珠三角地区的相对邻近而形成较为紧密关联。综上所述，长沙的核心关联腹地是武汉和南昌作为长江中游城市，次级关联腹地和外围关联腹地分别是广州和深圳作为珠三角城市。

6.3.3 南昌与其他城市的相对关联度解析

对于南昌与其他城市的相对关联度进行解析，可以获得如下几点发现（表 6-7）。其一，总关联度占比高于平均值的幅度大于 1.00 个标准离差的城市包括长沙（3.79）和武汉（1.56），长沙和武汉分别是长江中游区域的湖南省会城市和湖北省会城市，表明南昌和长江中游区域的其他核心城市的相对关联度分别达到高显著水平或中显著水平。其二，深圳（1.28）、上海（0.85）、北京（0.70）和广州（0.58）的相对关联度分别达到中显著和低显著水平，表明南昌与四个国家中心城市都形成较为紧密关联。其三，厦门（1.54）和福州（0.91）的相对关联度分别达到中显著和低显著水平，表是南昌与海峡西岸地区的特殊关联，而武汉和长沙则与珠三角城市形成紧密关联。综上所述，南昌的核心关联腹地是长沙作为长江中游城市，次级关联腹地和外围关联腹地包括武汉作为长江中游城市、海峡西岸地区（厦门、福州）和四个国家中心城市（深圳、上海、北京、广州），表明长江中游城市群内部的十分紧密关联、南昌位于中部区位与四个国家中心城市的显著关联、南昌与海峡西岸地区相对邻近的特殊关联。

长沙与其他城市的相对关联度解析 表 6–6

		城市	长沙与各个城市的总关联度（X）	X 占各个城市的合计总关联度比值（Y）	Y 大于或小于平均值的幅度（Z）（以标准离差核算）
长江经济带城市	长三角	上海	4.5	0.8%	0.06
		南京	0.9	0.8%	0.06
		苏州	0.3	0.3%	–0.59
		无锡	0.3	0.7%	–0.12
		杭州	0.9	0.7%	–0.05
		宁波	0.6	0.9%	0.13
		合肥	0.2	0.5%	–0.35
	长江中游	武汉	3.1	4.2%	4.21
		南昌	0.8	3.1%	2.91
	成渝	重庆	0.5	0.6%	–0.20
		成都	0.3	0.2%	–0.66
	滇中	昆明	0.3	0.9%	0.21
	黔中	贵阳	0.1	0.5%	–0.35
非长江经济带城市		北京	6.1	1.1%	0.39
		广州	4.8	1.7%	1.13
		深圳	4.8	1.5%	0.83
		天津	0.4	0.4%	–0.48
		青岛	0.2	0.3%	–0.61
		大连	0.2	0.4%	–0.50
		沈阳	0.3	0.4%	–0.41
		佛山	0.5	0.9%	0.20
		郑州	0.2	0.5%	–0.37
		唐山	0.0	0.0%	–0.96
		济南	0.2	0.4%	–0.52
		哈尔滨	0.1	0.3%	–0.60
		长春	0.1	0.4%	–0.47
		西安	0.3	0.5%	–0.31
		石家庄	0.2	0.7%	–0.04
		福州	0.2	0.4%	–0.45
		厦门	0.2	0.4%	–0.48
		南宁	0.4	1.8%	1.08
		呼和浩特	0.0	0.0%	–0.96
		太原	0.1	0.4%	–0.40
		乌鲁木齐	0.1	0.6%	–0.21
		兰州	0.1	0.6%	–0.24
		银川	0.0	0.0%	–0.96
		西宁	0.1	1.3%	0.06
		海口	0.2	1.0%	0.26
		拉萨	0.0	0.0%	–0.96

资料来源：根据研究成果整理 .

南昌与其他城市的相对关联度解析

表 6–7

		城市	南昌与各个城市的总关联度（X）	X 占各个城市的合计总关联度比值（Y）	Y 大于或小于平均值的幅度（Z）（以标准离差核算）
长江经济带城市	长三角	上海	5.4	1.0%	0.85
		南京	0.5	0.5%	–0.19
		苏州	0.4	0.4%	–0.32
		无锡	0.1	0.2%	–0.64
		杭州	1.2	1.0%	0.83
		宁波	0.7	1.0%	0.92
		合肥	0.4	1.0%	0.84
	长江中游	武汉	1.0	1.4%	1.56
		长沙	0.8	2.5%	3.79
	成渝	重庆	0.2	0.2%	–0.61
		成都	0.2	0.2%	–0.77
	滇中	昆明	0.2	0.6%	0.15
	黔中	贵阳	0.0	0.0%	–1.08
非长江经济带城市		北京	5.1	0.9%	0.70
		广州	2.3	0.8%	0.58
		深圳	4.0	1.2%	1.28
		天津	0.3	0.3%	–0.52
		青岛	0.3	0.4%	–0.26
		大连	0.1	0.2%	–0.73
		沈阳	0.2	0.3%	–0.51
		佛山	0.2	0.4%	–0.35
		郑州	0.2	0.5%	–0.16
		唐山	0.0	0.0%	–1.08
		济南	0.2	0.4%	–0.40
		哈尔滨	0.2	0.6%	0.05
		长春	0.1	0.4%	–0.31
		西安	0.1	0.2%	–0.74
		石家庄	0.1	0.4%	–0.36
		福州	0.5	1.0%	0.91
		厦门	0.7	1.3%	1.54
		南宁	0.1	0.4%	–0.22
		呼和浩特	0.1	1.0%	0.81
		太原	0.0	0.0%	–1.08
		乌鲁木齐	0.0	0.0%	–1.08
		兰州	0.1	0.6%	0.05
		银川	0.0	0.0%	–1.08
		西宁	0.0	0.0%	–1.08
		海口	0.1	0.5%	–0.12
		拉萨	0.0	0.0%	–1.08

资料来源：根据研究结果整理 .

6.4 长江上游城市与其他城市的相对关联度解析

6.4.1 成都与其他城市的相对关联度解析

对于成都与其他城市的相对关联度进行解析，可以获得如下几点发现（表 6-8）。其一，总关联度占比高于平均值的幅度大于 1.00 个标准离差的城市包括重庆（5.14）、贵阳（1.65）和昆明（1.61），表明成都和这些城市的相对关联度达到高显著水平或中显著水平。成都和重庆都是成渝地区的双核城市，而成渝地区就是原四川省，贵阳和昆明分别是长江上游区域的贵州省会城市和云南省会城市。其二，需要说明的是，拉萨（1.10）的相对关联度也达到中显著水平，因为成渝地区是通往拉萨的必经之地，加上拉萨的合计总关联度较小，导致成都占比达到显著水平。综上所述，成都的核心关联腹地是成渝地区的重庆，次级关联腹地包括贵阳和昆明作为长江上游城市，再次则是相对邻近的拉萨。

6.4.2 重庆与其他城市的相对关联度解析

对于重庆与其他城市的相对关联度进行解析，可以获得如下几点发现（表 6-9）。其一，总关联度占比高于平均值的幅度大于 2.00 个标准离差的城市包括成都（4.79）和贵阳（2.50），表明重庆和这些城市的相对关联度达到高显著水平，昆明（0.82）的相对关联度达到低显著水平。重庆和成都是成渝地区的双核城市，而成渝地区就是原四川省，贵阳和昆明分别是长江上游区域的贵州省会城市和云南省会城市。其二，需要说明的是，拉萨（1.85）的相对关联度也达到中显著水平，因为成渝地区是通往拉萨的必经之地，加上拉萨的合计总关联度较小，导致重庆占比达到显著水平。综上所述，重庆的城市关联格局与成都是比较相似的，核心关联腹地是成渝地区的成都和长江上游区域的贵阳，外围关联腹地是长江上游区域的昆明。成渝地区作为通往拉萨的必经之地，拉萨的相对关联度也达到显著水平。

6.4.3 昆明与其他城市的相对关联度解析

对于昆明与其他城市的相对关联度进行解析，可以获得如下几点发现（表 6-10）。其

成都与其他城市的相对关联度解析　　表 6-8

		城市	成都与各个城市的总关联度（X）	X 占各个城市的合计总关联度比值（Y）	Y 大于或小于平均值的幅度（Z）（以标准离差核算）
长江经济带城市	长三角	上海	20.5	3.7%	0.11
		南京	3.7	3.4%	0.04
		苏州	1.1	1.1%	−0.47
		无锡	1.0	2.2%	−0.21
		杭州	4.5	3.7%	0.10
		宁波	1.2	1.8%	−0.32
		合肥	0.9	2.2%	−0.22
	长江中游	武汉	2.7	3.6%	0.09
		长沙	0.3	0.9%	−0.50
		南昌	0.2	0.8%	−0.53
	成渝	重庆	22.2	27.1%	5.14
	滇中	昆明	3.4	10.7%	1.61
	黔中	贵阳	2.2	10.9%	1.65
非长江经济带城市		北京	23.7	4.2%	0.22
		广州	9.4	3.3%	0.02
		深圳	13.1	4.0%	0.16
		天津	2.2	2.1%	−0.24
		青岛	1.1	1.5%	−0.36
		大连	0.3	0.5%	−0.58
		沈阳	1.1	1.6%	−0.35
		佛山	0.7	1.3%	−0.41
		郑州	1.2	2.8%	−0.09
		唐山	0.0	0.0%	−0.70
		济南	1.5	2.6%	−0.13
		哈尔滨	0.2	0.6%	−0.57
		长春	0.1	0.4%	−0.61
		西安	2.7	4.7%	0.32
		石家庄	0.3	1.1%	−0.46
		福州	1.6	3.3%	0.01
		厦门	0.9	1.7%	−0.32
		南宁	0.3	1.3%	−0.41
		呼和浩特	0.1	1.0%	−0.49
		太原	0.2	0.9%	−0.50
		乌鲁木齐	0.3	1.8%	−0.31
		兰州	0.2	1.2%	−0.45
		银川	0.1	1.3%	−0.41
		西宁	0.1	1.3%	−0.42
		海口	0.2	1.0%	−0.49
		拉萨	0.2	8.3%	1.10

资料来源：根据研究成果整理 .

重庆与其他城市的相对关联度解析　　表 6-9

		城市	重庆与各个城市的总关联度（X）	X占各个城市的合计总关联度比值（Y）	Y大于或小于平均值的幅度（Z）（以标准离差核算）
长江经济带城市	长三角	上海	10.0	1.8%	−0.19
		南京	1.6	1.5%	−0.30
		苏州	0.7	0.7%	−0.55
		无锡	0.7	1.6%	−0.27
		杭州	1.4	1.1%	−0.40
		宁波	0.7	1.0%	−0.44
		合肥	0.6	1.5%	−0.30
	长江中游	武汉	2.1	2.8%	0.13
		长沙	0.5	1.6%	−0.27
		南昌	0.2	0.8%	−0.52
	成渝	成都	22.2	17.7%	4.79
	滇中	昆明	1.6	5.0%	0.82
	黔中	贵阳	2.1	10.4%	2.50
非长江经济带城市		北京	13.1	2.3%	−0.03
		广州	5.9	2.1%	−0.11
		深圳	6.9	2.1%	−0.11
		天津	1.2	1.1%	−0.40
		青岛	0.7	1.0%	−0.45
		大连	0.2	0.4%	−0.65
		沈阳	0.9	1.3%	−0.35
		佛山	0.6	1.1%	−0.41
		郑州	0.7	1.7%	−0.24
		唐山	0.0	0.0%	−0.76
		济南	0.9	1.6%	−0.27
		哈尔滨	0.2	0.6%	−0.58
		长春	0.2	0.8%	−0.51
		西安	1.3	2.3%	−0.05
		石家庄	0.3	1.1%	−0.41
		福州	1.0	2.0%	−0.12
		厦门	1.1	2.1%	−0.10
		南宁	0.4	1.8%	−0.21
		呼和浩特	0.1	1.0%	−0.46
		太原	0.4	1.8%	−0.20
		乌鲁木齐	0.2	1.2%	−0.38
		兰州	0.4	2.3%	−0.03
		银川	0.1	1.3%	−0.35
		西宁	0.3	3.8%	0.45
		海口	0.4	2.0%	−0.14
		拉萨	0.2	8.3%	1.85

资料来源：根据研究成果整理.

昆明与其他城市的相对关联度解析 表 6–10

		城市	昆明与各个城市的总关联度（X）	X 占各个城市的合计总关联度比值（Y）	Y 大于或小于平均值的幅度（Z）（以标准离差核算）
长江经济带城市	长三角	上海	5.8	1.1%	0.46
		南京	0.6	0.6%	–0.23
		苏州	0.4	0.4%	–0.45
		无锡	0.1	0.2%	–0.68
		杭州	0.6	0.5%	–0.32
		宁波	0.2	0.3%	–0.58
		合肥	0.2	0.5%	–0.31
	长江中游	武汉	0.6	0.8%	0.12
		长沙	0.3	0.9%	0.29
		南昌	0.2	0.8%	0.08
	成渝	重庆	1.6	2.0%	1.67
		成都	3.4	2.7%	2.70
	黔中	贵阳	0.7	3.5%	3.73
非长江经济带城市		北京	7.2	1.3%	0.77
		广州	2.9	1.0%	0.40
		深圳	3.3	1.0%	0.37
		天津	0.4	0.4%	–0.46
		青岛	0.2	0.3%	–0.60
		大连	0.2	0.4%	–0.49
		沈阳	0.2	0.3%	–0.58
		佛山	0.3	0.6%	–0.22
		郑州	0.3	0.7%	–0.02
		唐山	0.0	0.0%	–0.98
		济南	0.1	0.2%	–0.74
		哈尔滨	0.2	0.6%	–0.19
		长春	0.1	0.4%	–0.44
		西安	0.4	0.7%	–0.04
		石家庄	0.2	0.7%	0.03
		福州	0.4	0.8%	0.13
		厦门	0.2	0.4%	–0.46
		南宁	0.5	2.2%	1.81
		呼和浩特	0.0	0.0%	–0.98
		太原	0.1	0.4%	–0.37
		乌鲁木齐	0.1	0.6%	–0.16
		兰州	0.1	0.6%	–0.19
		银川	0.0	0.0%	–0.98
		西宁	0.0	0.0%	–0.98
		海口	0.1	0.5%	–0.31
		拉萨	0.0	0.0%	–0.98

资料来源：根据研究成果整理 .

一，总关联度占比高于平均值的幅度大于 1.00 个标准离差的城市包括贵阳（3.73）、成都（2.70）、南宁（1.81）和重庆（1.67），表明昆明和这些城市的相对关联度达到高显著水平或中显著水平。成都和重庆都是成渝地区的双核城市，贵阳是长江上游区域的贵州省会城市，南宁则是西南地区的广西首府城市。其二，北京的相对关联度（0.77）也达到低显著水平，高于长江中游城市和长江下游城市。综上所述，昆明的核心关联腹地是长江上游地区的贵阳和成都，次级关联腹地是西南地区的南宁和成渝地区的重庆，外围关联腹地是北京作为国家中心城市。

6.4.4 贵阳与其他城市的相对关联度解析

对于贵阳与其他城市的相对关联度进行解析，可以获得如下几点发现（表 6-11）。其一，总关联度占比高于平均值的幅度大于 2.00 个标准离差的城市包括重庆（3.74）、昆明（3.10）和成都（2.30），表明贵阳和长江上游城市的相对关联度达到高显著水平，成都和重庆是成渝地区的双核城市，昆明是云南省会城市。其二，北京（0.61）和深圳（0.52）的相对关联度都达到低显著水平，大于长江中游城市和长江下游城市，体现国家中心城市的经济实力。综上所述，贵阳的城市关联格局与昆明是比较相似的，核心关联腹地是长江上游区域的重庆、成都和昆明，外围关联腹地是北京和深圳作为国家中心城市。

6.5 本章小结

研究表明，采用相对关联度作为城市之间关联格局的显著水平的检验工具，有助于识别和解析长江经济带的城市关联网络（表 6-12、图 6-2）。如果以相对关联度达到高显著水平、中显著水平和低显著水平的城市分别作为核心关联腹地、次级关联腹地和外围关联腹地，可以有效考察前文提出的三个基本议题，包括长江经济带的各个城市群内部关联格局、长江经济带的各个城市群之间关联格局、长江经济带城市和非长江经济带城市之间关联格局。

贵阳与其他城市的相对关联度解析　　表 6–11

		城市	贵阳与各个城市的总关联度（X）	X 占各个城市的合计总关联度比值（Y）	Y 大于或小于平均值的幅度（Z）（以标准离差核算）
长江经济带城市	长三角	上海	2.6	0.5%	0.02
		南京	0.2	0.2%	–0.50
		苏州	0.2	0.2%	–0.48
		无锡	0.1	0.2%	–0.42
		杭州	0.2	0.2%	–0.53
		宁波	0.2	0.3%	–0.30
		合肥	0.2	0.5%	0.06
	长江中游	武汉	0.4	0.5%	0.14
		长沙	0.1	0.3%	–0.27
		南昌	0.0	0.0%	–0.82
	成渝	重庆	2.1	2.6%	3.74
		成都	2.2	1.8%	2.30
	滇中	昆明	0.7	2.2%	3.10
非长江经济带城市		北京	4.5	0.8%	0.61
		广州	1.8	0.6%	0.31
		深圳	2.5	0.8%	0.52
		天津	0.3	0.3%	–0.31
		青岛	0.2	0.3%	–0.32
		大连	0.1	0.2%	–0.50
		沈阳	0.2	0.3%	–0.30
		佛山	0.2	0.4%	–0.15
		郑州	0.2	0.5%	0.02
		唐山	0.0	0.0%	–0.82
		济南	0.1	0.2%	–0.51
		哈尔滨	0.0	0.0%	–0.82
		长春	0.1	0.4%	–0.12
		西安	0.2	0.3%	–0.20
		石家庄	0.1	0.4%	–0.16
		福州	0.3	0.6%	0.27
		厦门	0.1	0.2%	–0.48
		南宁	0.2	0.9%	0.45
		呼和浩特	0.0	0.0%	–0.82
		太原	0.1	0.4%	–0.02
		乌鲁木齐	0.1	0.6%	0.25
		兰州	0.0	0.0%	–0.82
		银川	0.0	0.0%	–0.82
		西宁	0.0	0.0%	–0.82
		海口	0.1	0.5%	0.06
		拉萨	0.0	0.0%	–0.82

资料来源：根据研究成果整理.

长江经济带城市的相对关联度的显著水平汇总表　　表 6–12

<table>
<tr><th rowspan="2" colspan="2">区域</th><th rowspan="2">城市</th><th colspan="3">相对关联度的显著水平</th></tr>
<tr><th>高显著水平（大于 2.00 个标准离差）</th><th>中显著水平（大于 1.00 个一小于或等于 2.00 个标准离差）</th><th>低显著水平（大于 0.50 个一小于或等于 1.00 个标准离差）</th></tr>
<tr><td rowspan="4" colspan="2">长江下游区域</td><td>上海</td><td>苏州（3.20）、合肥（2.32）、杭州（2.15）</td><td>南京（1.15）</td><td>青岛（1.00）、乌鲁木齐（0.98）、南昌（0.62）</td></tr>
<tr><td>南京</td><td>苏州（3.79）、无锡（3.55）</td><td>合肥（1.92）</td><td>上海（0.86）、拉萨（0.59）</td></tr>
<tr><td>杭州</td><td>宁波（4.90）</td><td>上海（1.68）、海口（1.13）</td><td>合肥（0.91）、南昌（0.81）、无锡（0.71）、南京（0.59）</td></tr>
<tr><td>合肥</td><td>南京（3.38）、上海（2.65）</td><td>杭州（1.48）、南昌（1.35）、北京（1.03）</td><td>武汉（0.70）、深圳（0.60）</td></tr>
<tr><td rowspan="3" colspan="2">长江中游区域</td><td>武汉</td><td>长沙（5.00）</td><td>南昌（1.24）</td><td>郑州（0.84）、北京（0.55）、深圳（0.53）</td></tr>
<tr><td>长沙</td><td>武汉（4.21）、南昌（2.91）</td><td>广州（1.13）</td><td>深圳（0.83）</td></tr>
<tr><td>南昌</td><td>长沙（3.79）</td><td>武汉（1.56）、厦门（1.54）、深圳（1.28）</td><td>福州（0.91）、上海（0.85）、北京（0.70）、广州（0.58）</td></tr>
<tr><td rowspan="4">长江上游区域</td><td rowspan="2">成渝</td><td>成都</td><td>重庆（5.14）</td><td>贵阳（1.65）、昆明（1.61）、拉萨（1.10）</td><td></td></tr>
<tr><td>重庆</td><td>成都（4.79）、贵阳（2.50）</td><td>拉萨（1.85）</td><td>昆明（0.82）</td></tr>
<tr><td>滇中</td><td>昆明</td><td>贵阳（3.73）、成都（2.70）</td><td>南宁（1.81）、重庆（1.67）</td><td>北京（0.77）</td></tr>
<tr><td>黔中</td><td>贵阳</td><td>重庆（3.74）、昆明（3.10）、成都（2.30）</td><td></td><td>北京（0.61）、深圳（0.52）</td></tr>
</table>

注：括号中数字为大于标准离差的倍数，相对关联度接近临界值的部分城市并未被纳入本表，以免偶然误差可能产生的认知偏差．

资料来源：根据研究成果整理．

其一，无论是长江下游区域（包含上海、南京、杭州、合肥），还是长江中游区域（包含武汉、长沙、南昌）和长江上游区域（包含成都、重庆、昆明、贵阳），长江经济带的各个城市群内部关联以高显著水平（核心关联腹地）和中显著水平（次级关联腹地）为主、低显著水平（外围关联腹地）为辅，表明长江经济带的各个城市群内部关联是十分紧密的，而省域城市群内部关联则是更为优先的。比如，江苏省域内部的南京与苏州和无锡的相对关联度、浙江省域内部的杭州与宁波的相对关联度都显著高于长三角城市群内部的跨省关联。其二，长江经济带的各个城市群之间并未形成显著的关联格局，唯一例外是长江中游区域的南昌作为合肥的次级关联腹地、上海和杭州的外围关联腹地。其三，长江

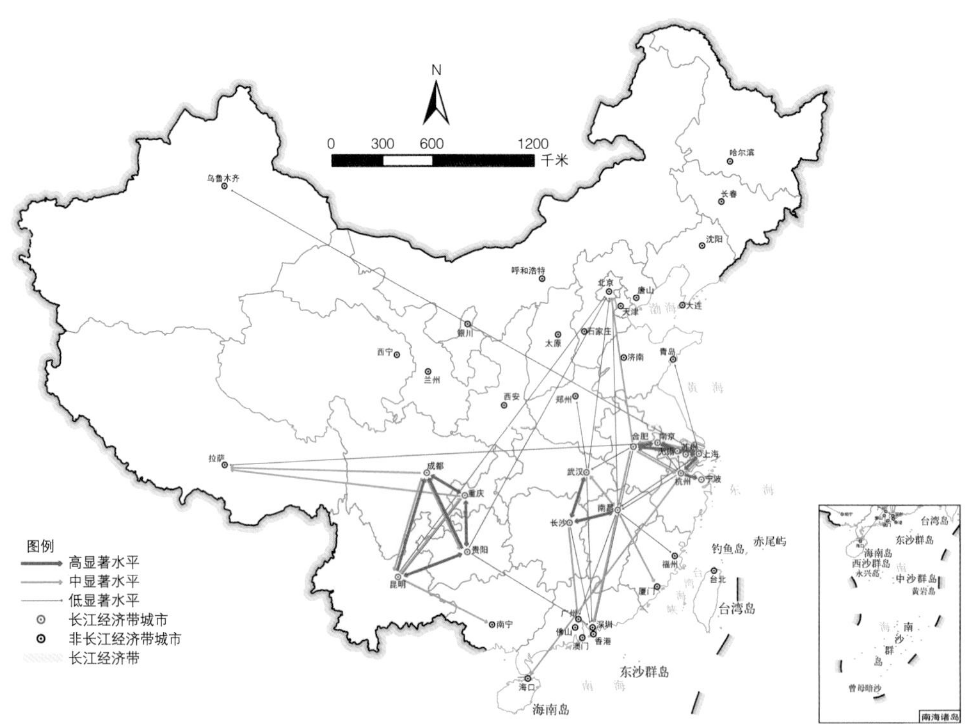

图 6-2 基于相对关联度的显著水平的长江经济带城市关联网络图示

注：相对关联度接近临界值的部分城市并未被纳入本表，以免偶然误差可能产生的认知偏差 .

资料来源：使用自然资源部公布的标准中国地图作为底图绘制 .

经济带城市和非长江经济带城市之间存在一些关联，以低显著水平（外围关联腹地）为主和中显著水平（次级关联腹地）为辅。其四，需要特别指出的是，有些非长江经济带的边缘城市（如乌鲁木齐、海口、拉萨）的相对关联度达到中显著水平或低显著水平，主要因为这些城市的合计总关联度较小，导致相关长江经济带城市的占比相对较高。

综上所述，长江经济带集聚了三大城市群，包括长江下游城市群（包含上海市、江苏省、浙江省和安徽省）、长江中游城市群（包含湖北省、湖南省、江西省）、长江上游城市群（包含重庆市、四川省、云南省和贵州省）。长江经济带的三大城市群内部已经形成紧密关联，并且显著高于长江经济带城市和非长江经济带城市之间关联，但三大城市群之间并未形成关联格局。因此，基于城市关联网络中相对关联度的分析方法，长江经济带并非是一个流域经济（图 6-3a），而是三个区域经济（图 6-3b）。

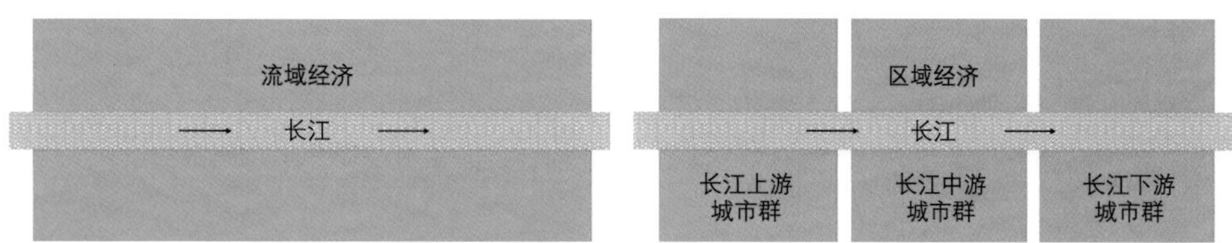

图 6-3a　长江经济带作为一个流域经济图示
资料来源：根据研究结果绘制 .

图 6-3b　长江经济带作为三个区域经济图示
资料来源：根据研究结果绘制 .

如图 6-4 所示，对于长江经济带的区域经济空间研究表明了企业的区域化布局趋向，以上海通用汽车为例，在上海设立企业总部、动力总成和总装基地，其配件供应则集中在周边地区，雪佛兰品牌的 80% 配件企业位于上海 300 千米交通圈内，90% 配件企业位于上海 500 千米交通圈内（郑德高，等，2015）。可见，企业的区域化布局趋向是长江经济带的三大城市群内部形成紧密关联的主要动因。需要关注的是，长江综合立体交通廊道建设能否促进长江经济带的三大城市群之间的企业关联网络，则是值得观察的区域经济空间格局的演化趋势。

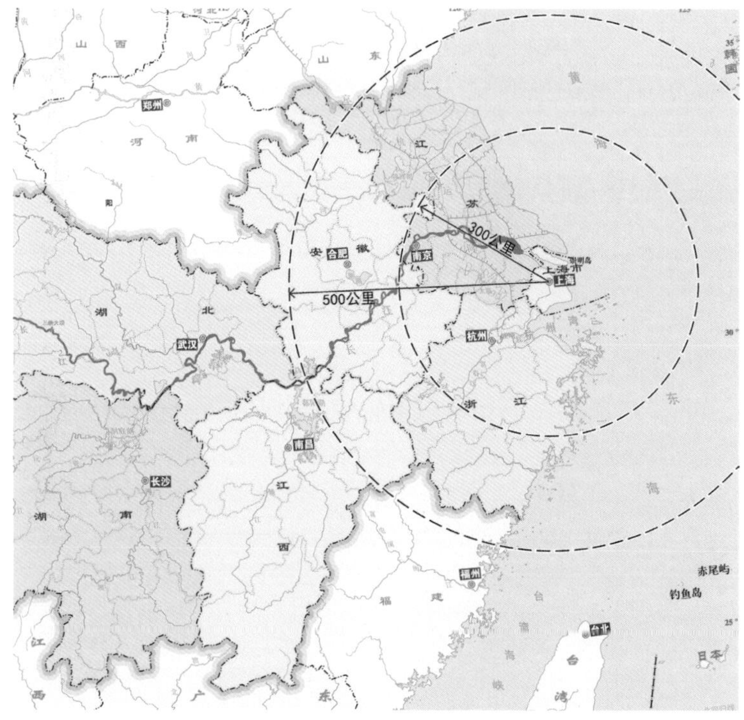

图 6-4　企业的区域化布局趋向：以上海通用汽车的雪佛兰品牌为例
资料来源：根据郑德高等（2015）研究内容、使用自然资源部公布的标准地图作为底图绘制 .

第 7 章

区域层面的城市关联网络识别和解析：以长江下游区域为例

New Sights
New Methods

如前所述，城市关联网络是城市体系研究的重要方法，而企业区位策略则是城市关联网络的有效表征（Taylor，2001a）。城市之间的企业关联网络（企业总部—分支机构形成的企业内部跨城网络）作为间接表征，隐含了城市之间的资本、信息、人员和产品等经济流通（Alderson，et al.，2010）。

城市关联网络是多层面的，包含全球、国家、流域、区域和省域等层面。基于 2014 年国家工商总局的注册企业数据库，第 5 章进行了全国 40 个主要城市关联网络研究（唐子来，等，2017），包括层级、格局、方向和腹地四个维度；第 6 章对于长江经济带的城市关联网络研究显示（唐子来，等，2019），长江经济带的下游区域、中游区域和上游区域内部已经形成紧密关联，并且显著高于长江经济带城市和非长江经济带城市之间关联，但三大区域之间并未形成关联格局。为此，三大区域内部的城市关联网络是后续研究的重点所在。

2018 年 11 月中共中央国务院发布的《关于建立更加有效的区域协调发展新机制的意见》[1]指出，建立以中心城市引领城市群发展、城市群带动区域发展新模式，推动区域板块之间融合互动发展。与此同时，习近平主席在首届中国国际进口博览会开幕式上的主旨演讲[2]中宣布，长江三角洲区域的一体化发展上升为国家战略。本书从企业区位策略的视角，识别和解读长江下游区域的城市关联网络，这是多层面的城市关联网络研究计划的组成部分。与国家发展和改革委员会（2016）发布的《长江三角洲城市群发展规划》不同，长江下游区域涵盖上海市、江苏省、浙江省、安徽省的全部地域（图 7-1），包括 41 个地级或以上城市，包括上海市、江苏省的 13 个城市、浙江省的 11 个城市和安徽省的 16 个城市。作为我国的经济发达区域，2017 年长江下游区域的国土面积、常住人口和地区生产总值的全国占比分别为 3.74%、16.08% 和 23.61%。数据来源、分析方法和研究内容与笔者对于全国 40 个主要城市关联网络研究是基本相同的，限于篇幅，不再详细赘述。需要说明的是，2014 年国家工商总局的注册企业数据库包含约 22000 条涉及长江下游区域的跨城企业联系（即企业总部和分支机构均位于长江下游区域）。

---

❶ 详情可见于：http：//www.gov.cn/zhengce/2018-11/29/content_5344537.htm。

❷ 详情可见于：http：//www.gov.cn/gongbao/content/2018/content_5343724.htm。

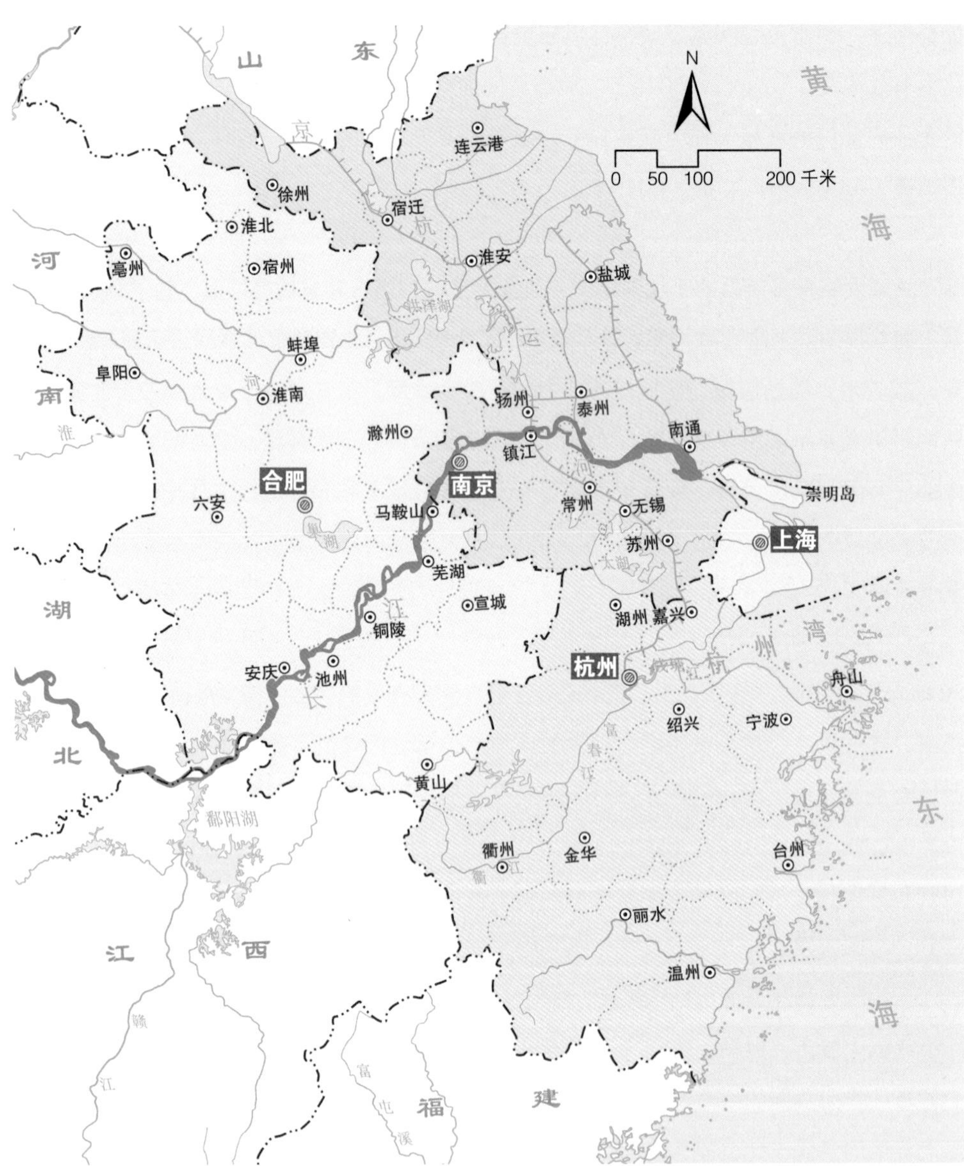

图 7-1　长江下游区域涵盖的 41 个地级或以上城市

资料来源：使用自然资源部公布的标准地图作为底图绘制 .

7.1　长江下游区域的城市关联网络的层级特征

（1）基于合计总关联度的层级特征

如表 7-1 所示，各个城市的合计总关联度呈现出明显的层级特征。其一，作为长江下游区域的首位核心城市，上海的合计总关联度明显高于其他城市，首位度十分显著。其二，作为江浙两省的主次中心城市，杭州、苏州、南京、宁波位于第二层级，但杭州的合计总关联度明显高于其他三个城市。相关研究表明，在新经济领域，杭州正在迅速崛起，长三角区域形成杭州和上海的双中心格局（郑德高，2019）。其三，作为安徽省会城市，合肥位于第三层级，虽然明显高于其他安徽城市，但与江浙两省的主次中心城市存在明显差距。需要指出的是，本研究的数据来源是 2014 年国家工商总局的注册企业数据库，而最新报道显示，依托综合性国家科学中心建设，近年来合肥正在成为长三角区域的科技创新重镇，已经形成一批具有引领性、原创性、突破性的科技成果[1]。其四，大部分的江苏城市和浙江城市都位于第三和第四层级，而绝大部分的安徽城市都位于第五层级。

长江下游区域的各个城市合计总关联度及其层级划分　　表 7-1

合计总关联度层级	城市（合计总关联度）
第一层级	上海（100.00）
第二层级	杭州（52.88）、苏州（38.16）、南京（37.91）、宁波（31.59）
第三层级	无锡（19.53）、温州（18.69）、合肥（17.77）、金华（14.81）
第四层级	台州（12.64）、绍兴（11.06）、常州（9.69）、南通（9.57）、泰州（6.84）、盐城（6.61）、镇江（6.33）、扬州（6.29）、徐州（5.59）、湖州（5.36）、淮安（4.67）、连云港（4.60）、芜湖（4.21）
第五层级	宿迁（2.72）、衢州（2.61）、黄山（2.58）、丽水（2.58）、滁州（2.29）、马鞍山（2.20）、舟山（2.06）、安庆（2.00）、阜阳（1.96）、蚌埠（1.76）、淮南（1.69）、宣城（1.65）、六安（1.56）、池州（1.18）、铜陵（1.16）、淮北（1.10）、宿州（1.10）、亳州（0.76）

资料来源：根据研究结果整理。

[1] 解放日报：长三角科创重镇，合肥新名片。https://www.shobserver.com/journal/2019-02-13/getArticle.htm?id=266259。

（2）基于城市之间总关联度的层级特征

如表 7-2 所示，上海—苏州、上海—杭州位于高关联度层级；上海—宁波、上海—南京、杭州—温州位于中高关联度层级；上海—无锡、杭州—宁波、南京—苏州、上海—合肥、上海—台州、上海—温州位于中关联度层级。可见，位居前三层级的城市之间关联包含上海与三个省会城市（杭州、南京、合肥）和江浙主要城市（苏州、无锡、宁波、台州、温州）之间关联、江浙两省内部的主要城市之间关联（杭州—温州、杭州—宁波、南京—苏州）。

长江下游区域的城市之间总关联度及其层级　　表 7-2

总关联度层级	城市关联（总关联度）
高关联度	上海—苏州（100.0）、上海—杭州（98.98）
中高关联度	上海—宁波（74.31）、上海—南京（52.75）、杭州— 温州（50.10）
中关联度	上海—无锡（37.69）、杭州—宁波（35.32）、南京—苏州（30.78）、上海—合肥（29.69）、上海—台州（29.56）、上海—温州（29.56）
中低关联度	杭州—金华（24.61）、上海—嘉兴（22.17）、上海—金华（21.08）、南京—无锡（19.05）、上海—南通（18.71）、杭州—绍兴（18.44）、上海—常州（18.24）、苏州—无锡（17.42）、杭州—嘉兴（17.08）、上海—绍兴（16.27）、杭州—苏州（14.51）、杭州—台州（14.24）、南京—南通（13.42）、苏州—宁波（12.41）、台州—宁波（11.05）、南京—连云港（10.78）、徐州—上海（10.78）、湖州—杭州（10.71）、杭州—南京（10.71）、南京—镇江（10.37）、宁波—金华（10.24）、上海—扬州（10.1）、上海—泰州（9.9）、宁波—绍兴（9.63）、南京—合肥（9.42）、南京—扬州（9.36）、上海—盐城（9.15）、宁波—温州（9.08）
低关联度	南京—常州（8.54）、上海—镇江（8.41）、杭州—无锡（8.27）、苏州—南通（8.14）、南京—泰州（7.46）、南京—徐州（7.39）、苏州—常州（7.32）、南京—宁波（7.19）、杭州—合肥（7.05）、无锡—常州（6.98）、南京—盐城（6.51）、南京—淮安（6.24）、上海—湖州（5.76）、合肥—芜湖（5.69）、苏州—盐城（5.69）、上海—淮安（5.63）、无锡—镇江（5.42）、温州—金华（5.15）、扬州—泰州（5.08）

资料来源：根据研究结果整理 .

7.2　长江下游区域的城市关联网络的格局特征

图 7-2a 所示是长江下游区域的城市关联网络的总体格局，在此基础上，城市关联网络的格局特征可以归纳为三种类型，分别位于不同层级。如图 7-2b 所示，首先是上海与三个省会城市（杭州、南京、合肥）和江浙主要城市（苏州、无锡、宁波、台州、温州）

之间的放射关联格局，分别位于前三关联层级；如图 7-2c 所示，其次是江浙两省内部主要城市之间的局部关联格局（杭州—温州、杭州—宁波、南京—苏州），分别位于中高关联度和中关联度层级；如图 7-2d 所示，再次是其他城市之间的散布关联格局，分别位于中低关联度和低关联度层级。

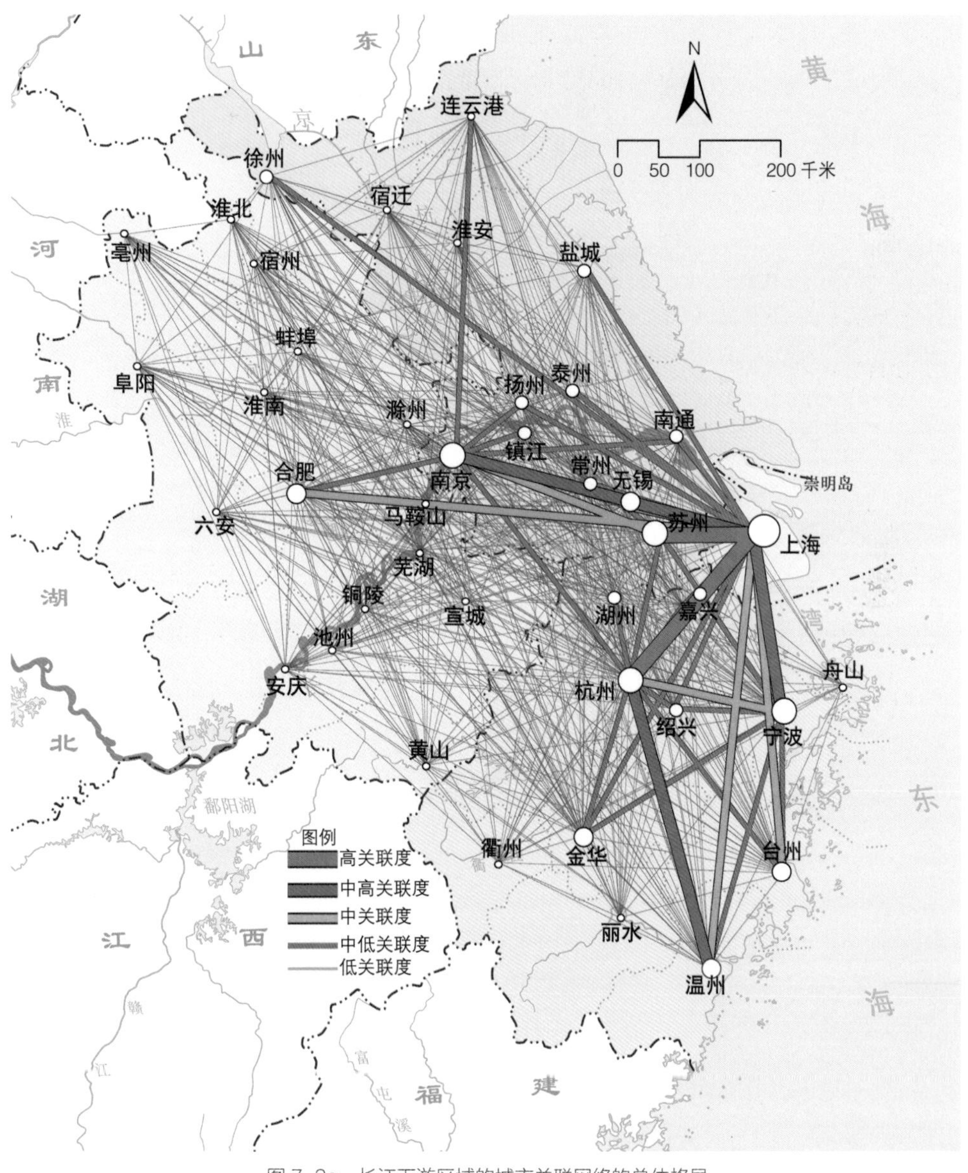

图 7-2a　长江下游区域的城市关联网络的总体格局

资料来源：使用自然资源部公布的标准地图作为底图绘制 .

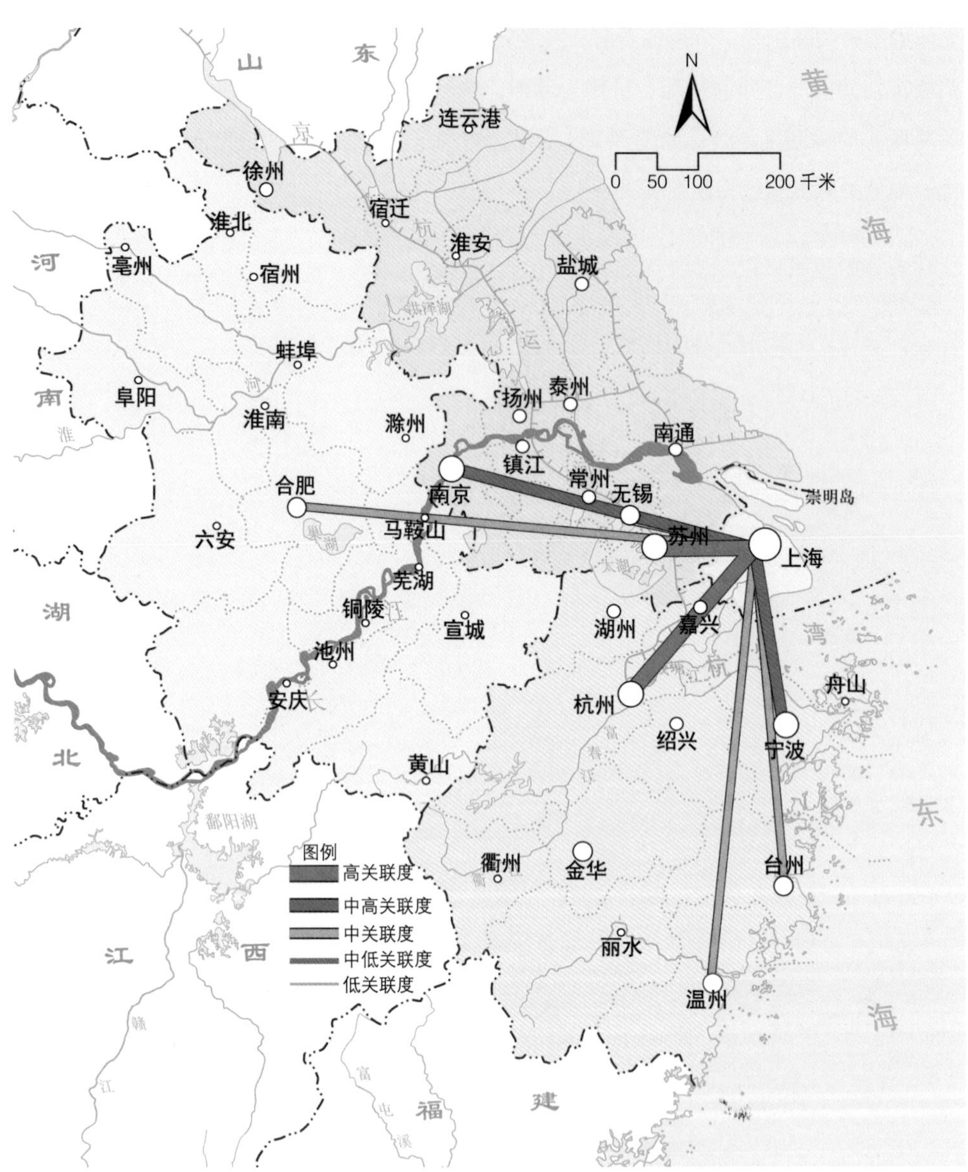

图 7-2b　长江下游区域的城市关联网络的放射关联格局

资料来源：使用自然资源部公布的标准地图作为底图绘制 .

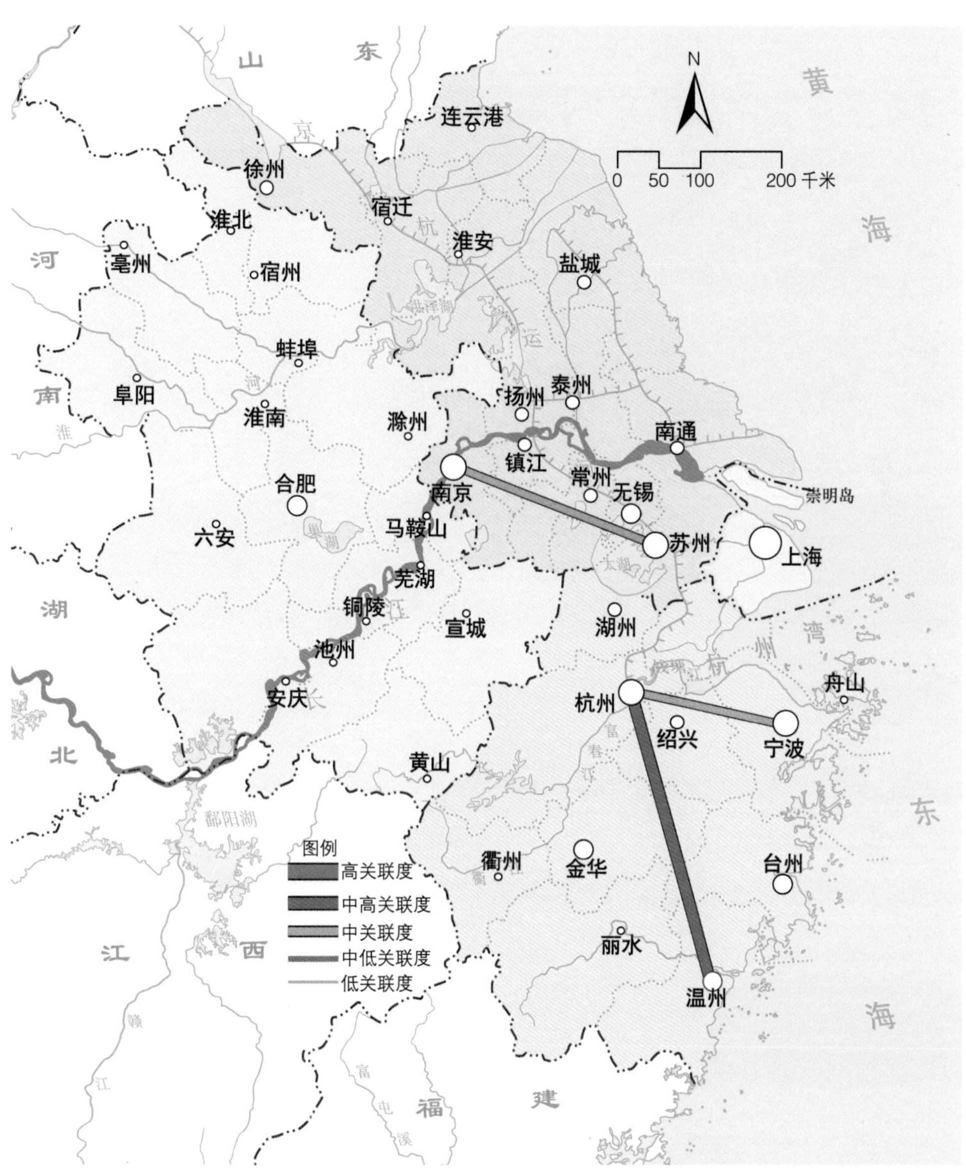

图 7-2c 长江下游区域的城市关联网络的局部关联格局

资料来源：使用自然资源部公布的标准地图作为底图绘制 .

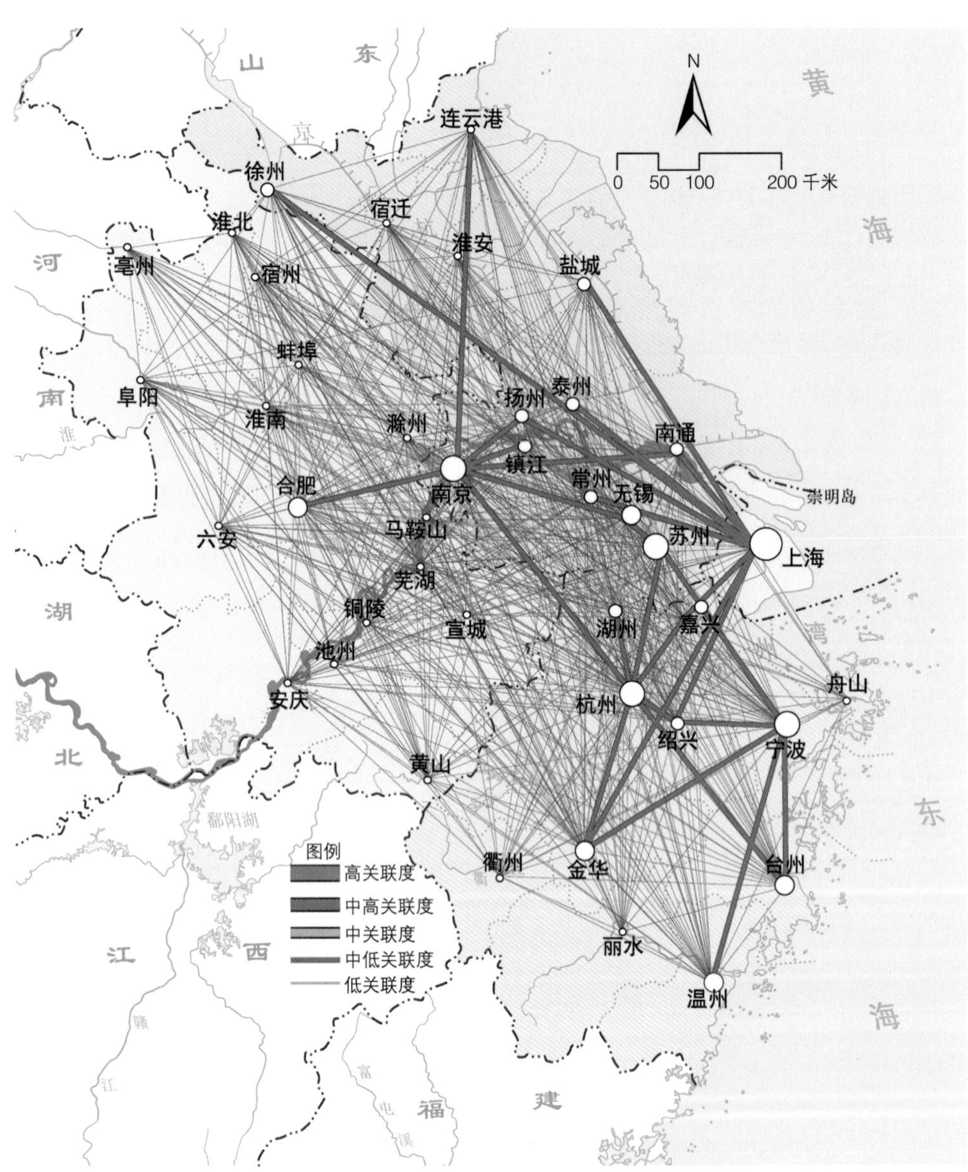

图 7-2d　长江下游区域的城市关联网络的散布关联格局

资料来源：使用自然资源部公布的标准地图作为底图绘制 .

7.3 长江下游区域的城市关联网络的方向特征

城市关联网络不仅显示层级特征，而且具有方向特征，城市之间关联往往是不对称的（Alderson，Beckfield，2004；Alderson，et al.，2010）。城市的外向关联是企业总部所在城市发至企业分支机构所在城市的关联，显示其在城市关联网络中的外向辐射作用；城市的内向关联是企业分支机构所在城市接收企业总部所在城市的关联，显示其在城市关联网络中的内向集聚作用。

如表 7-3 和图 7-3 所示，基于合计外向关联值占比和合计内向关联值占比的矩阵，长江下游区域可以划分四种城市类型。第一类型是上海作为区域核心城市，合计外向

长江下游区域的部分城市的合计外向关联和合计内向关联以及合计关联方向指数　表 7-3

	合计外向关联		合计内向关联		合计总关联	合计关联方向指数
	关联度	占比（%）	关联度	占比（%）	关联度	
上海	100.00	29.16	100.00	13.58	100.00	0.36
杭州	31.39	9.15	99.01	13.45	52.89	−0.19
苏州	22.23	6.48	72.36	9.83	38.16	−0.21
南京	32.62	9.51	49.26	6.69	37.91	0.17
宁波	18.08	5.27	60.59	8.23	31.59	−0.22
无锡	13.77	4.02	31.89	4.33	19.53	−0.04
温州	17.35	5.06	21.58	2.93	18.69	0.27
合肥	10.32	3.01	33.77	4.59	17.77	−0.21
金华	4.48	1.31	36.97	5.02	14.81	−0.59
台州	7.29	2.13	24.12	3.28	12.64	−0.21
绍兴	9.38	2.73	14.66	1.99	11.06	0.16
嘉兴	5.45	1.59	19.31	2.62	9.85	−0.25
常州	0.39	1.00	16.77	2.28	9.69	−0.10
南通	7.51	2.19	14.00	1.90	9.57	0.07
泰州	5.37	1.57	9.98	1.36	6.84	0.07

资料来源：根据研究结果整理．

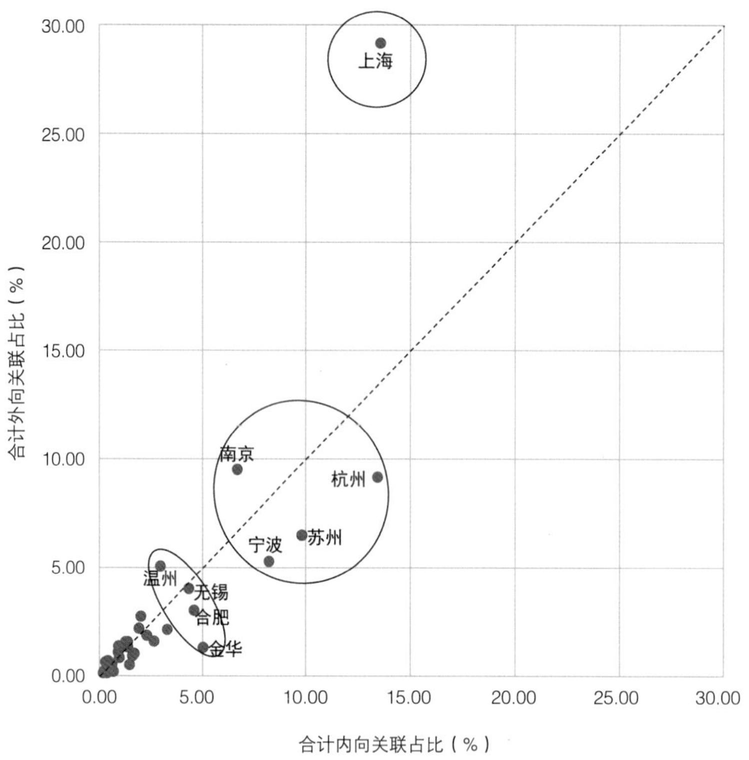

图 7-3 长江下游区域的各个城市的合计外向关联值占比和合计内向关联值占比矩阵

资料来源：根据研究结果绘制．

关联值占比和合计内向关联值占比都是最高的，且合计外向关联值占比显著大于合计内向关联值占比；第二类型是杭州、南京、苏州、宁波，分别是江浙两省的主次中心城市，合计外向关联值占比和合计内向关联值占比都是位于第二层级；第三类型包括无锡、温州、合肥、金华，合计外向关联值占比和合计内向关联值占比都是位于第三层级；第四类型涵盖其他城市，合计外向关联值占比和合计内向关联值占比都是较低的，且绝大部分城市的合计内向关联值占比大于合计外向关联值占比。需要特别指出的是，尽管南京和苏州的合计总关联值是基本相等的，但南京的关联方向指数为正值，合计外向关联值明显高于苏州，而苏州的关联方向指数为负值，合计内向关联值明显高于南京。

7.4 长江下游区域的城市关联网络的腹地特征

在城市关联网络的腹地识别中，形成绝对关联度和相对关联度的分析方法。笔者在全国主要城市关联网络的腹地分析中采用了绝对关联度作为考察依据（唐子来，等，2017）。Taylor 等的研究发现，基于绝对关联度的城市腹地分析方法通常会突出主要城市的辐射作用，而忽视一般城市之间的关联特征，为此提出基于相对关联度的城市腹地分析方法（Taylor，2004；Taylor，Derudder，2016），其本质内涵就是在排除绝对关联度影响的条件下考察城市之间关联腹地，国内也有学者在城市关联网络的腹地识别中采用相对关联度的分析方法（李涛，周锐，2016）。在此基础上，笔者在长江经济带的城市关联网络研究中提出了相对关联度的优化分析方法（唐子来，等，2019），考察城市 i 与城市 j（j=1，…，n）的总关联度占城市 j 的合计总关联度比值大于或小于平均值的幅度（以标准离差核算），作为城市之间相对关联度的显著水平的检验工具。需要强调的是，在城市关联网络的腹地识别中，绝对关联度和相对关联度是相互补充、而不是相互替代的分析方法。

如表 7–4 所示，基于绝对关联度（即城市之间总关联度），可以识别各个城市的前四位关联城市。上海的前四位关联城市都是江浙两省的主次中心城市，依次为苏州、杭州、宁波、南京。

浙江城市和江苏城市的关联腹地显示如下主要特征：其一，绝大部分浙江城市的第一或第二关联城市都是杭州或上海，仅有杭州的第二关联城市是温州和舟山的第一关联城市是宁波；绝大部分江苏城市的第一或第二关联城市都是南京或上海，仅有南京和宿迁的第二关联城市是苏州。其二，以上海为第一关联城市的浙江城市和江苏城市包括省域主次中心城市和上海相邻城市；其三，浙江城市和江苏城市之间缺乏经济关联，显然受到行政区划经济的影响。

绝大部分安徽城市的第一关联城市都是合肥，而合肥和阜阳的第一关联城市分别是上海和南京。这表明，安徽省位于长三角区域的西侧边缘部位，与长三角核心区域的经济关联相对较弱；在影响较大的省外城市中，首先是上海，其次为南京，再次为杭州、湖州和苏州。

长江下游区域的各个城市的前四位关联城市（基于绝对关联度） 表 7-4

		第一关联城市	第二关联城市	第三关联城市	第四关联城市
上海		苏州	杭州	宁波	南京
浙江城市	杭州	上海	温州	宁波	金华
	宁波	上海	杭州	苏州	台州
	温州	杭州	上海	宁波	金华
	金华	杭州	上海	宁波	温州
	台州	上海	杭州	宁波	金华
	绍兴	杭州	上海	宁波	金华
	嘉兴	上海	杭州	宁波	苏州
	湖州	杭州	上海	金华	宁波
	衢州	杭州	上海	金华	宁波
	丽水	杭州	上海	金华	温州
	舟山	宁波	上海	杭州	绍兴
江苏城市	苏州	上海	南京	无锡	杭州
	南京	上海	苏州	无锡	南通
	无锡	上海	南京	苏州	杭州
	常州	上海	南京	苏州	无锡
	南通	上海	南京	苏州	无锡
	泰州	上海	南京	扬州	泰州
	盐城	上海	南京	苏州	无锡
	镇江	南京	上海	无锡	苏州
	扬州	上海	南京	泰州	苏州
	徐州	上海	南京	苏州	杭州
	淮安	南京	上海	苏州	芜湖
	连云港	南京	上海	苏州	盐城
	宿迁	南京	苏州	上海	南通
安徽城市	合肥	上海	南京	杭州	芜湖
	芜湖	合肥	上海	淮安	杭州
	黄山	合肥	上海	宣城	杭州
	滁州	合肥	上海	南京	蚌埠
	马鞍山	合肥	上海	南京	苏州
	安庆	合肥	上海	池州	南京
	阜阳	南京	合肥	上海	六安
	蚌埠	合肥	上海	滁州	南京
	淮南	合肥	南京	上海	黄山
	宣城	合肥	芜湖	上海	黄山
	六安	合肥	湖州	上海	阜阳
	池州	合肥	安庆	上海	南京
	铜陵	合肥	上海	黄山	芜湖
	淮北	合肥	上海	宿州 / 蚌埠	黄山
	宿州	上海	合肥	徐州 / 淮北	南京
	亳州	合肥	黄山	阜阳	上海 / 南京 / 杭州 / 淮南

资料来源：根据研究结果整理.

限于文章篇幅，基于相对关联度的城市关联网络的腹地特征分析仅以上海和部分江苏城市为例。如图 7-4a 和图 7-4b 所示，南京作为江苏省会城市，主次关联腹地涵盖了所有江苏城市，但也仅限于江苏省域，而江苏南部城市显然受到上海的辐射影响。苏州和无锡都是上海的主要关联腹地，而仅是南京的次要关联腹地；南通和常州既分别是上海的主次关联腹地，也是南京的主次关联腹地。

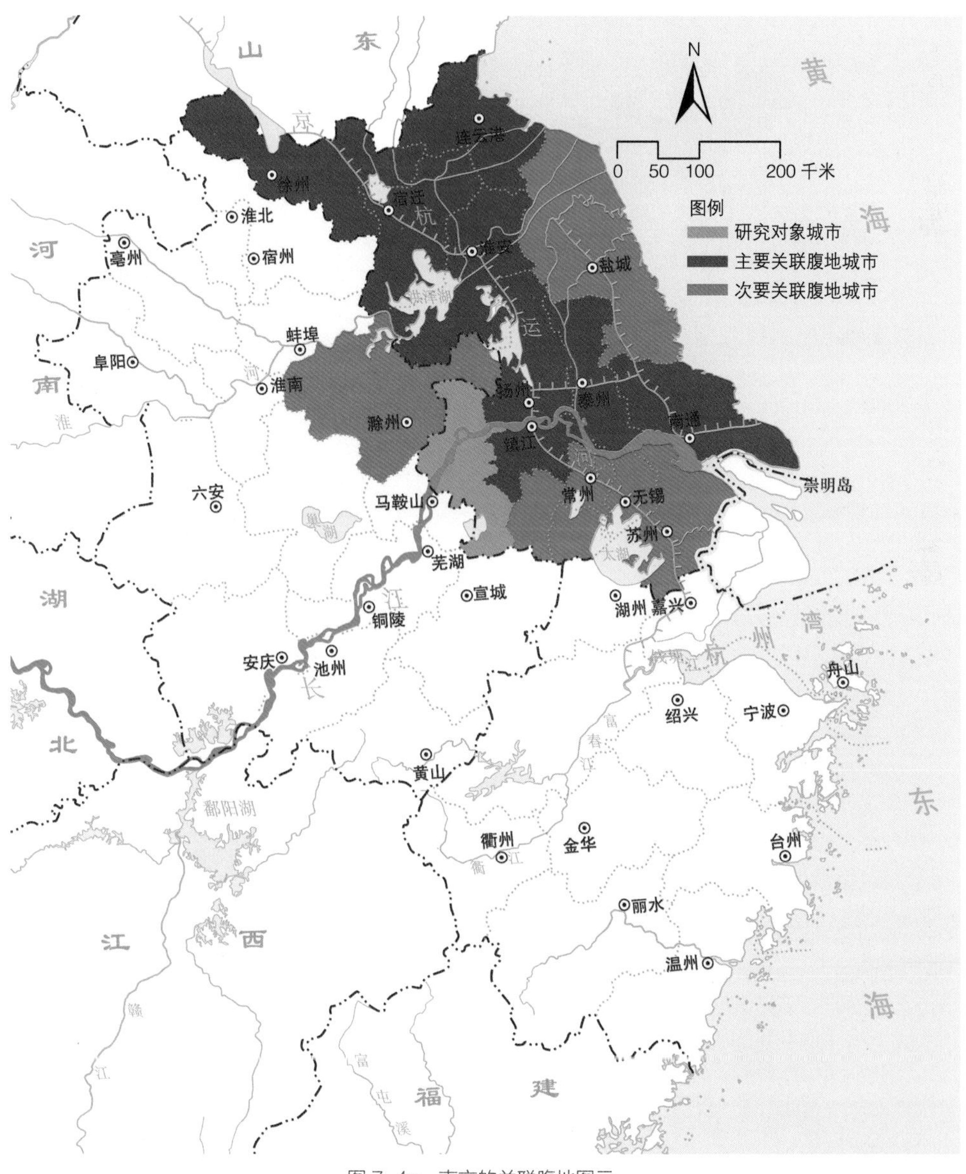

图 7-4a　南京的关联腹地图示

资料来源：使用自然资源部公布的标准地图作为底图绘制 .

如图 7-4c 所示，苏州作为长江南岸城市，关联腹地涉及上海和其他江苏城市，既呈现出地理邻近特征，又显示了经济实力特征。如图 7-4d 所示，泰州作为长江北岸城市，关联腹地限于江苏省域，并呈现出地理邻近特征，作为主要关联腹地的南通和扬州都是与

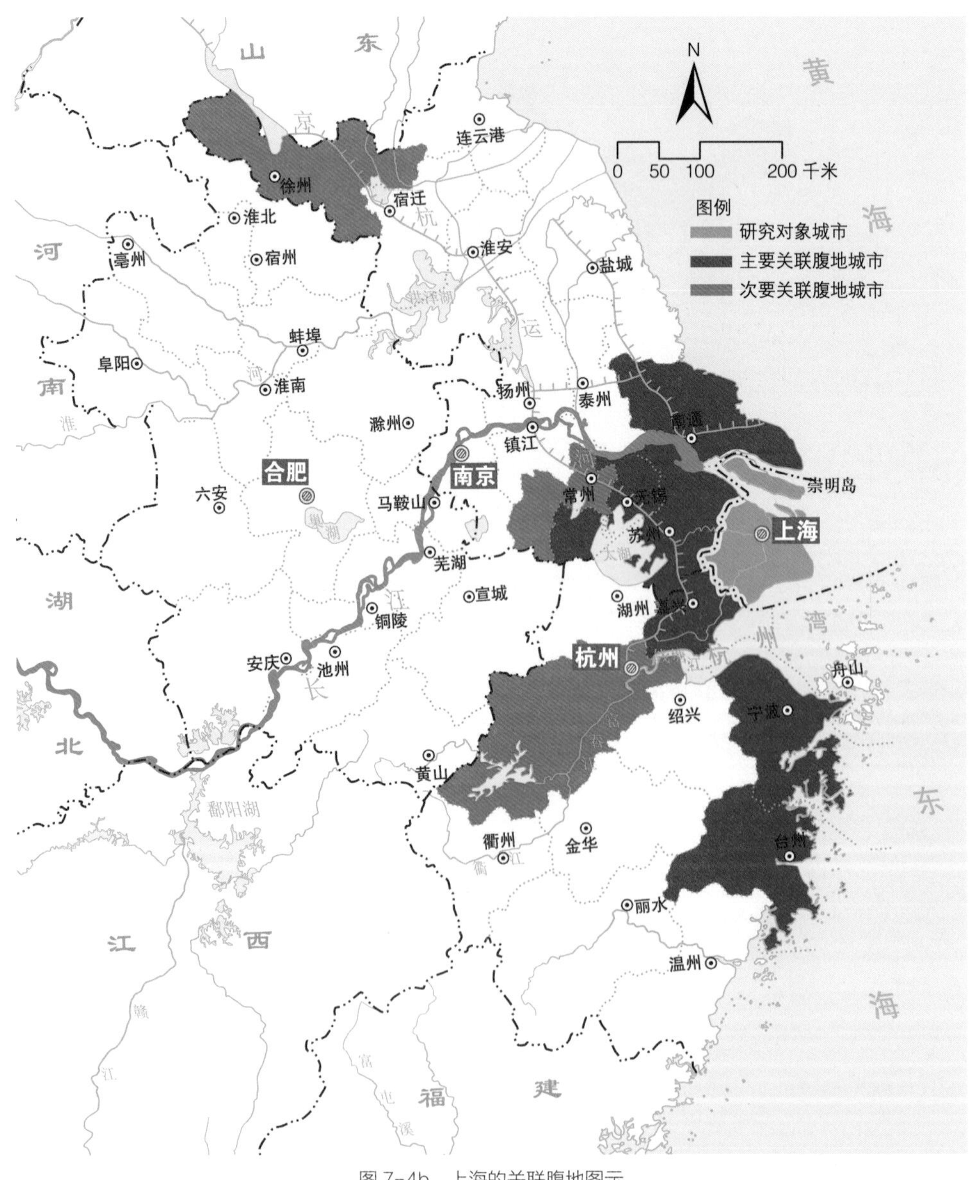

图 7-4b　上海的关联腹地图示

资料来源：使用自然资源部公布的标准地图作为底图绘制 .

泰州相邻的长江北岸城市。如图 7-4e 所示，连云港作为江苏北部城市，关联腹地限于江苏省域，并呈现出地理邻近特征，在主要关联腹地中，盐城、淮安、宿迁和徐州都是与连云港相邻的江苏北部城市，而连云港、盐城和南通都是江苏省的沿海城市。

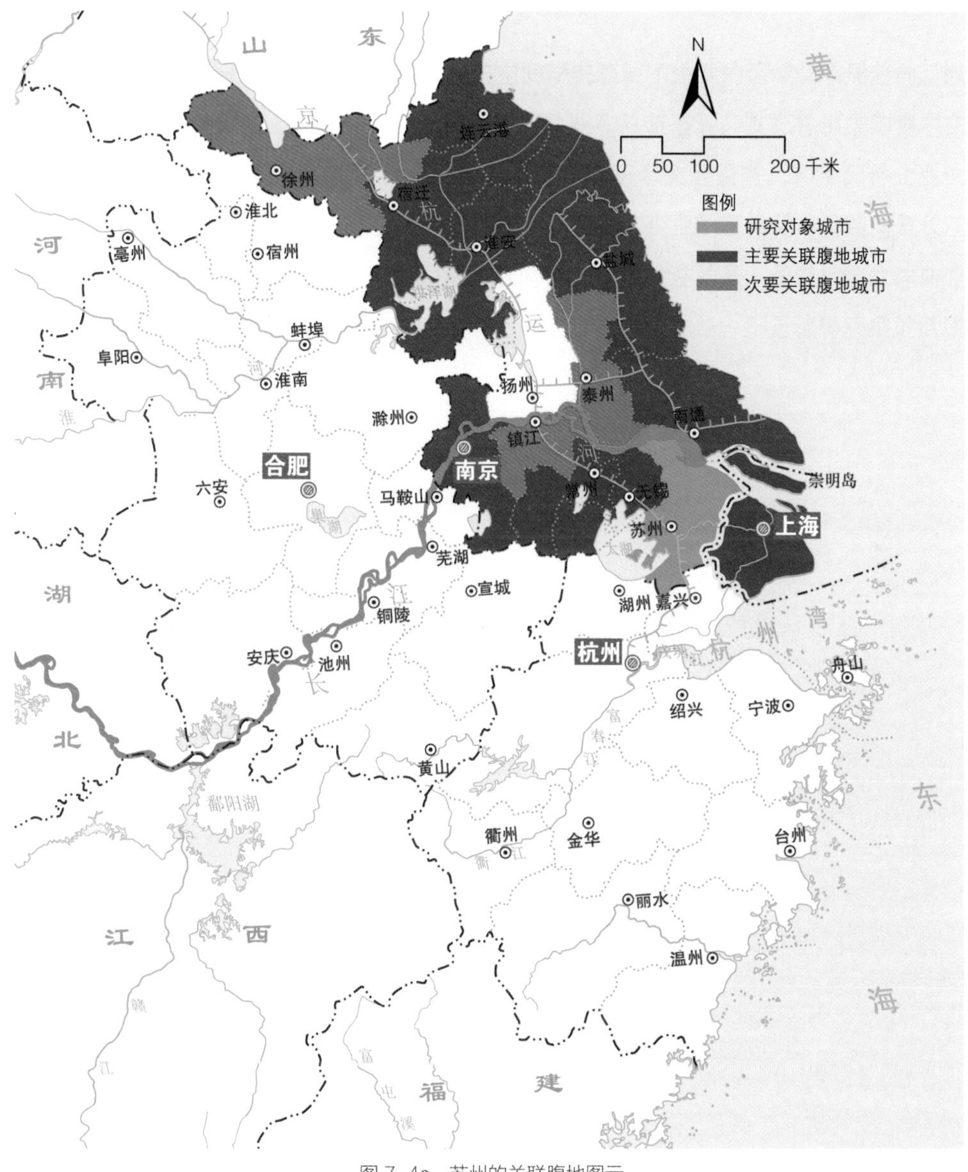

图 7-4c　苏州的关联腹地图示

资料来源：使用自然资源部公布的标准地图作为底图绘制 .

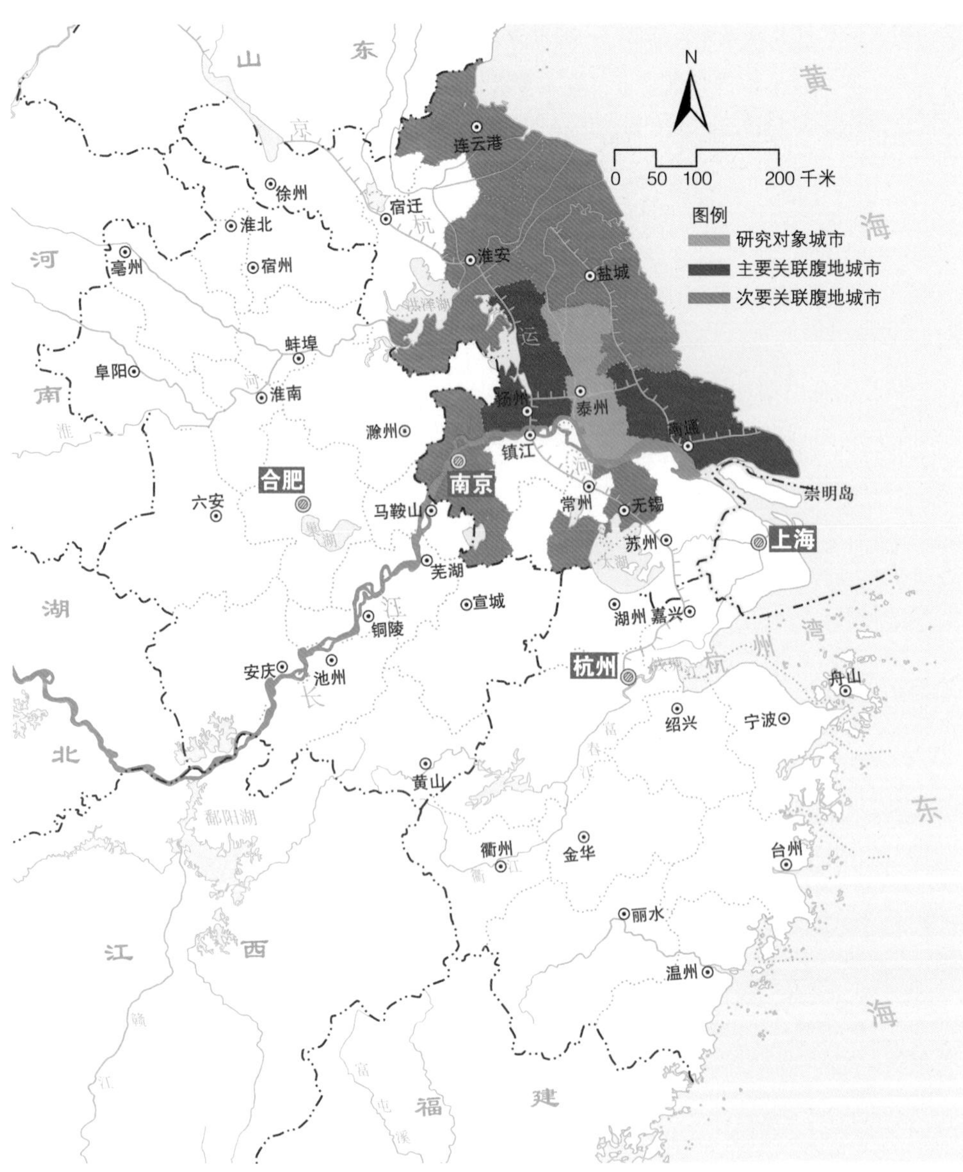

图 7-4d 泰州的关联腹地图示

资料来源：使用自然资源部公布的标准地图作为底图绘制 .

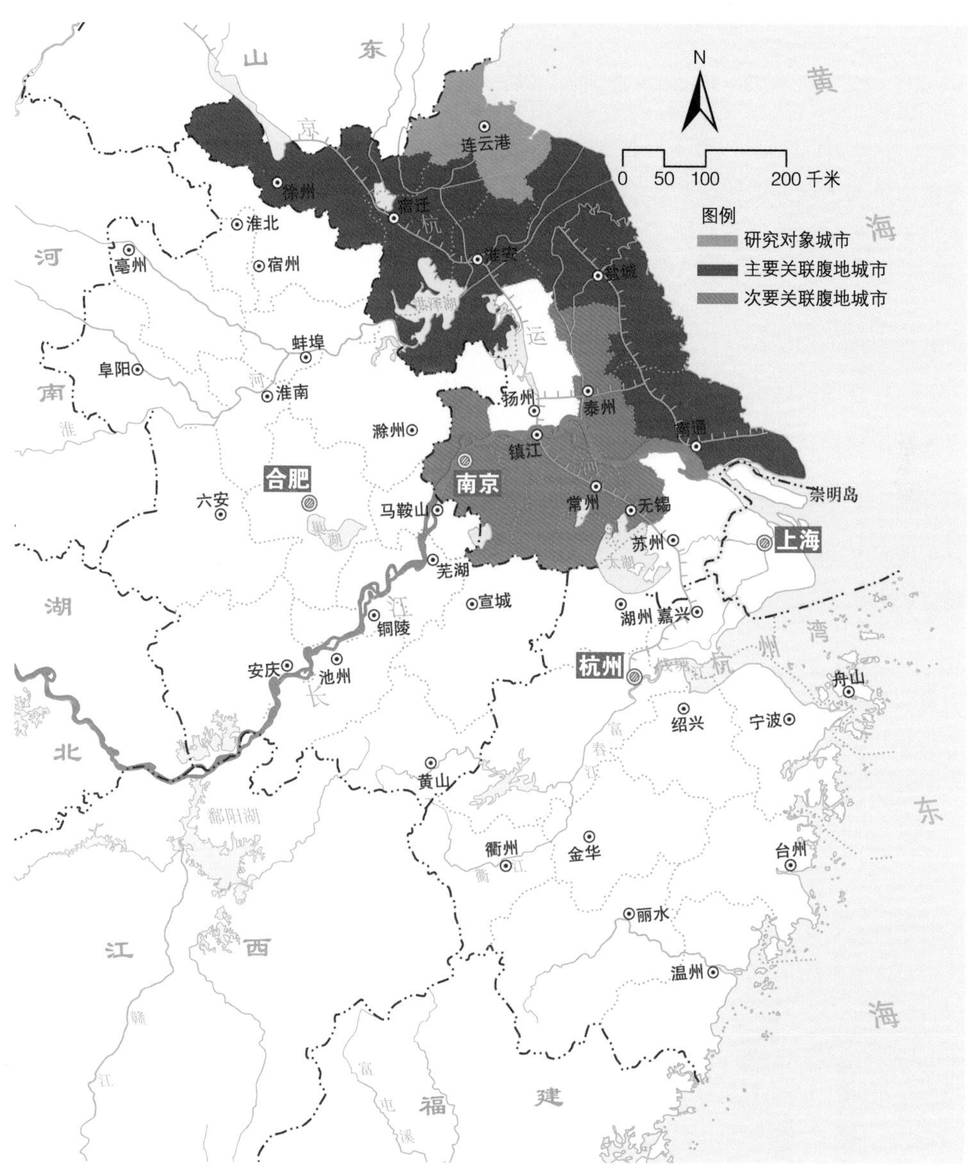

图 7-4e　连云港的关联腹地图示

资料来源：使用自然资源部公布的标准地图作为底图绘制 .

7.5 本章小结

本章从企业关联网络的视角，以长江下游区域为例，识别和解析区域层面的城市关联网络。在城市关联网络的层级维度，长江下游区域呈现出明显的梯度发展格局。作为国家中心城市，上海的首位度十分显著；作为江浙两省的主次中心城市，杭州、苏州、南京、宁波位于第二层级；作为安徽省会城市，合肥位于第三层级，虽然明显高于其他安徽城市，但与江浙两省的主次中心城市存在明显差距；大部分的江苏城市和浙江城市位于第三和第四层级，而绝大部分的安徽城市都位于第五层级。在城市关联网络的腹地维度，浙江城市和江苏城市与上海的经济关联是十分显著的，但浙江城市和江苏城市之间缺乏经济关联；安徽省位于长江下游区域的西侧边缘部位，与长三角核心区域的经济关联相对薄弱。

研究还发现，浙江、江苏和安徽省域的城市关联网络是各不相同的。如图 7-5a 所示，江苏省是三级中心结构，依次为南京、苏州和无锡，南京的合计总关联度是苏州的 1.25 倍，苏州是无锡的 1.52 倍，无锡是常州的 1.83 倍，而常州仅是南通的 1.02 倍；如图 7-5b 所示，浙江省是主次中心结构，但杭州的影响力明显大于宁波，杭州的合计总关联度是

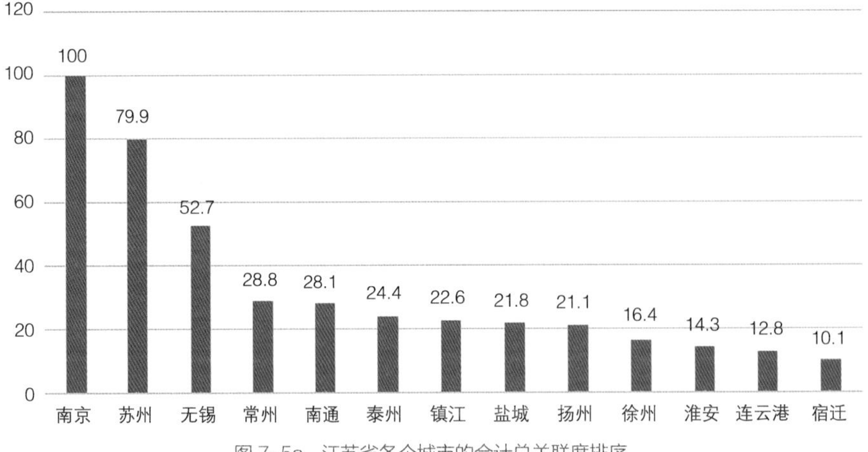

图 7-5a 江苏省各个城市的合计总关联度排序

资料来源：根据研究结果绘制 .

宁波的 2.06 倍，而宁波仅是温州的 1.22 倍；如图 7-5c 所示，安徽省也是主次中心结构，但合肥的影响力显著大于芜湖，合肥的合计总关联度是芜湖的 4.00 倍，而芜湖仅是马鞍山的 1.49 倍。

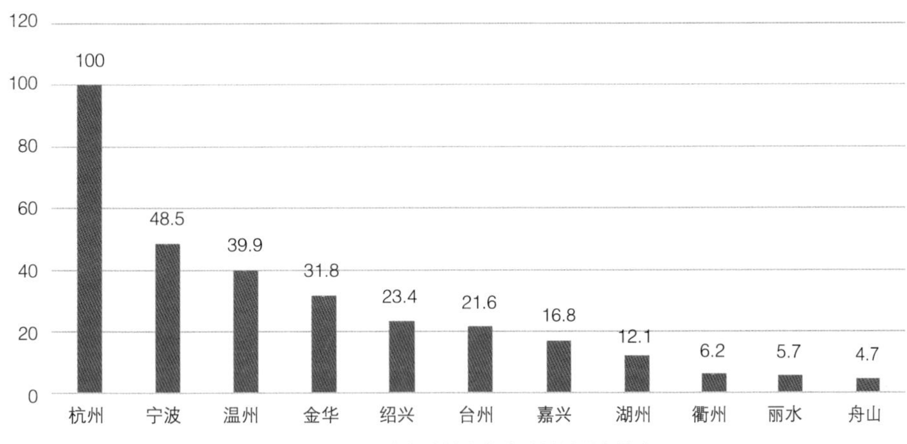

图 7-5b　浙江省各个城市的合计总关联度排序

资料来源：根据研究结果绘制 .

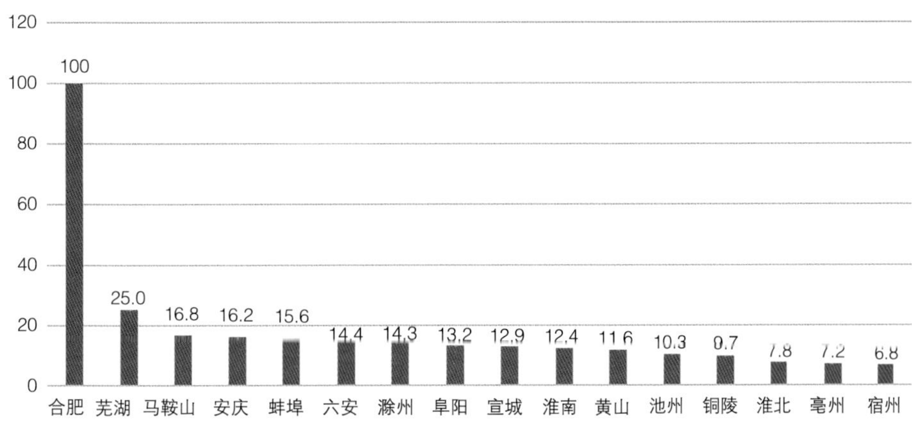

图 7-5c　安徽省各个城市的合计总关联度排序

资料来源：根据研究结果绘制 .

第 8 章

省域层面的城市关联网络识别和解析：以江苏省为例

New Sights
New Methods

基于国家工商总局的2010年和2017年注册企业数据库，检索总部和分支机构均位于江苏省内的企业区位数据，以13个地级及以上城市为空间单元，参照第5章的总部—分支法，识别和解析2010年和2017年江苏省域城市关联网络的演化特征，包括层级、格局、方向和腹地四个维度。

如前所述，本研究的数据来源均是第三方在国家工商总局网站上查询得到的企业信息，一定程度上是对国家工商总局注册企业数据库的抽样。在本研究中，2010年获取到的工商企业注册信息称为2010企业数据库，2017年获取到的工商企业注册信息称为2017企业数据库。如表8-1所示，2010年和2017年企业数据库包含的江苏省企业数据量占当年江苏省企业法人数量的比例分别达到76.21%和84.89%，表明本研究采用的企业数据已经涵盖了大部分的江苏省企业法人，研究结果具有较高的可信度。

2010年和2017年企业数据库的江苏省企业数据的覆盖率　　表8-1

	江苏省企业数据量（万）	江苏省企业法人数量（万）	企业数据覆盖率（%）
2010年企业数据库	57.65	75.65	76.21
2017年企业数据库	200.21	214.83	84.89

注：江苏省企业法人数量数据来自于《江苏统计年鉴》.

为了进一步检验研究的严谨性，从2017企业数据库中提取出2010年已经设立且2017年仍然存续的企业数据，进行城市关联网络分析，并与2010企业数据库的城市关联网络进行比较。在基于两个年份企业数据库的城市关联网络中，城市总关联度和城市之间关联度的基本特征保持一致，相关系数分别为0.993和0.982，在0.01水平上显著相关，表明2010年和2017年企业数据库的抽样方法是基本一致的，两个年份的企业数据库具有可比性。此外，研究还发现，从2010年到2017年，总部和分支机构均位于江苏省内的企业数据从7580条增加到31247条，2017年的企业数据是2010年的4.12倍，表明江苏城市之间的企业关联密度是显著提升的。

8.1 城市关联网络的层级演化特征

8.1.1 城市合计总关联度的层级

如表 8-2 和图 8-1 所示，2010 年江苏城市的合计总关联度排序呈现出显著的层级特征。统计结果表明，南京、苏州、无锡分别是第一、第二、第三层级的唯一城市，其他城市的合计总关联度依次递减，分别位于第四和第五层级，且与前三位城市之间存在明显差距。南京的合计总关联值是苏州的 1.83 倍，苏州是无锡的 1.35 倍，无锡是南通的 1.58 倍，而南通仅是常州的 1.04 倍。如前所述，城市的合计总关联度表明其在城市关联网络中的总体地位，与该城市的总体经济实力是显著相关的。

如表 8-3 和图 8-2 所示，2017 年江苏省城市的合计总关联度排序也呈现出显著的层级特征，并且 2010 年和 2017 年之间存在一些异同之处。一方面，南京、苏州、无锡分别是第一、第二、第三层级的唯一城市，其他城市的合计总关联度依次递减，且与前三位

2010 年江苏城市的合计总关联值、总关联度及层级　　表 8-2

城市	合计总关联值	合计总关联度	合计总关联度层级
南京	4176	100.0	第一层级
苏州	2283	54.7	第二层级
无锡	1690	40.5	第三层级
南通	1068	25.6	第四层级
常州	1031	24.7	
扬州	886	21.2	
泰州	808	19.3	
镇江	763	18.3	
盐城	630	15.1	第五层级
淮安	551	13.2	
徐州	477	11.4	
连云港	433	10.4	
宿迁	364	8.7	

资料来源：基于研究结果整理 .

城市之间存在明显差距。另一方面，南京的首位度是显著提升的，2017 年南京的合计总关联度是苏州的 2.04 倍，苏州是无锡的 1.36 倍，无锡是常州的 1.36 倍，而常州仅是南通的 1.05 倍。可见，从 2010 年到 2017 年，江苏省域城市关联网络的层级特征既保持连续性，又有一些变化。南京、苏州、无锡依次作为前三层级城市保持不变，但南京的

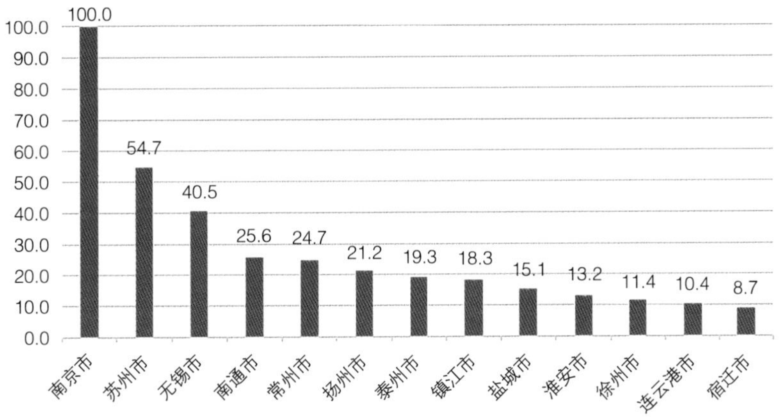

图 8-1　2010 年江苏城市的合计总关联度排序

资料来源：基于研究结果绘制 .

2017 年江苏城市的合计总关联值、总关联度及层级　　表 8-3

城市	合计总关联值	合计总关联度	合计总关联度层级
南京	17019	100.0	第一层级
苏州	8326	48.9	第二层级
无锡	6121	36.0	第三层级
常州	3981	23.4	第四层级
南通	3774	22.2	
盐城	3648	21.4	
淮安	3313	19.5	
扬州	3168	18.6	
镇江	3120	18.3	
泰州	3025	17.8	
徐州	2971	17.5	
连云港	2053	12.1	第五层级
宿迁	1975	11.6	

资料来源：基于研究结果整理 .

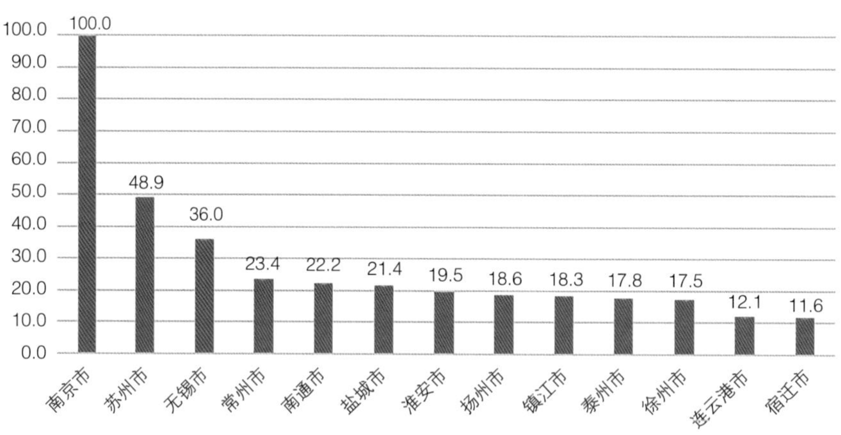

图 8-2　2017 年江苏城市的合计总关联度排序
资料来源：基于研究结果绘制 .

首位度更为突出，其他城市的排序仅是略有变化（如南通排序从 2010 年的第 4 位下降到 2017 年的第 5 位，而常州排序从 2010 年的第 5 位上升到 2017 年的第 4 位等）。

8.1.2　各个城市之间总关联度的层级

如表 8-4 所示，统计结果表明，2010 年各个城市之间总关联度可以分为五个层级。南京作为省会城市与苏州作为次级中心城市和无锡作为第三位中心城市之间关联是十分突出的，均位于第一层级；在第二层级和第三层级，以南京与其他城市之间关联为主，第二层级还包括苏州—无锡，第三层级还包括苏州—南通和无锡—常州；第四层级以苏州与其他城市的关联为主，其次是无锡与其他城市之间关联；第五层级的低关联度包含 53 对城市关联，大部分是其他城市之间关联。

如表 8-5 所示是 2017 年各个城市之间总关联度及其层级，统计结果同样分为五个层级，2010 年和 2017 年之间存在一些异同之处。一方面，南京与苏州和无锡之间关联依然位于第一层级；另一方面，第二层级的城市关联从 5 对大幅增加到 9 对，除了苏州—无锡依然位于第二层级，其他均为南京与其他城市之间关联，表明南京作为省会城市的区域辐射能力是显著提升的。

2010 年江苏城市之间的总关联度及其层级 表 8-4

层级	城市关联（总关联度）
第一层级	南京—苏州（100.0）、南京—无锡（70.5）
第二层级	南京—南通（51.2）、苏州—无锡（49.5）、南京—扬州（47.1）、南京—镇江（43.0）、南京—常州（42.2）
第三层级	南京—泰州（31.3）、南京—淮安（28.8）、苏州—南通（27.5）、南京—盐城（27.1）、南京—徐州（26.1）、无锡—常州（26.0）、南京—连云港（23.2）
第四层级	苏州—盐城（19.7）、苏州—常州（17.7）、南京—宿迁（16.9）、扬州—泰州（15.9）、无锡—泰州（13.4）、苏州—泰州（12.8）、常州—镇江（11.5）、苏州—淮安（10.8）、苏州—扬州（10.4）、无锡—南通（9.4）、苏州—镇江（9.1）
第五层级	苏州—宿迁（7.9）、苏州—徐州（7.5）、无锡—盐城（7.0）、南通—盐城（7.0）、无锡—镇江（6.3）、南通—泰州（6.2）、无锡—扬州（6.0）、南通—扬州（6.0）、扬州—镇江（5.7）、无锡—徐州（5.6）、无锡—淮安（4.9）、常州—泰州（4.9）、常州—南通（4.9）、常州—扬州（4.7）、苏州—连云港（4.5）、无锡—连云港（4.4）等 53 对城市关联

资料来源：基于研究结果整理 .

2017 年江苏城市之间的总关联度及其层级 表 8-5

层级	城市关联（总关联度）
第一层级	南京—苏州（100.0）、南京—无锡（76.4）
第二层级	南京—镇江（54.0）、苏州—无锡（50.9）、南京—扬州（50.7）、南京—常州（50.2）、南京—南通（49.0）、南京—盐城（48.9）、南京—淮安（46.9）、南京—徐州（44.8）、南京—泰州（41.3）
第三层级	南京—连云港（30.2）、南京—宿迁（28.5）、苏州—南通（27.4）、无锡—常州（22.3）、苏州—常州（21.5）、苏州—盐城（19.3）
第四层级	苏州—徐州（14.9）、苏州—淮安（14.7）、苏州—镇江（13.3）、苏州—泰州（12.9）、苏州—扬州（11.7）、无锡—南通（11.6）、扬州—泰州（11.5）、无锡—泰州（11.1）、常州—镇江（10.3）、无锡—盐城（10.1）、南通—盐城（10.0）、盐城—淮安（9.9）
第五层级	无锡—镇江（8.7）、苏州—连云港（8.6）、苏州—宿迁（8.5）、无锡—淮安（8.4）、常州—南通（7.8）、南通—泰州（7.5）、无锡—扬州（7.4）、无锡—徐州（7.1）、淮安—宿迁（6.7）、常州—盐城（6.0）、镇江—扬州（6.0）、徐州—宿迁（5.8）、常州—泰州（5.8）、常州—扬州（5.7）、盐城—泰州（5.5）、扬州—淮安（5.5）、盐城—徐州（5.4）、常州—徐州（5.4）、南通—淮安（5.4）、常州—淮安（5.3）、淮安—徐州（5.3）、徐州—连云港（5.2）等 49 对城市关联

资料来源：基于研究结果整理 .

此外，2010 年和 2017 年的江苏省域城市关联网络的层级特征都表明，尽管前三个层级的合计城市关联对数之和仅占城市关联对数总和的很小比重，但总关联度之和却占总关联度总和的很大比重。在 2010 年的城市关联网络中，前三个层级的合计城市关联对数之和仅占城市关联对数总和的 17.9%，但总关联度之和却占总关联度总和的 64.4%；在 2017 年的城市关联网络中，前三个层级的合计城市关联对数之和仅占城市关联对数总和的 21.8%，但总关联度之和却占总关联度总和的 66.9%。

8.2 城市关联网络的格局演化特征

在城市关联网络的层级分析基础上，2010 年江苏城市关联网络（图 8-3a）可以归纳为 2 种格局类型，包括放射关联格局和散布关联格局。首先是以南京、苏州、无锡为中心的放射关联格局。作为省会城市，南京与其他城市之间关联都是十分突出的（图 8-3b），包括第一层级的仅有 2 对关联、第二层级的 5 对关联中 4 对关联、第三层级的 7 对关联中 5 对关联，仅有 1 对关联位于第四层级。南京与其他城市之间关联层级还呈现出明显的地域特征，南京与长江沿线城市之间关联位于较高层级，南京与江苏北部城市之间关联位于较低层级。以苏州和无锡分别为次级和第三中心城市的放射关联格局（图 8-3c），在第二和第三层级中仅次于南京与其他城市之间关联，而在第四层级中则占据主导地位。其次是其他 10 个城市之间散布关联格局（图 8-3d），大部分都位于第五层级。

如图 8-4a 所示，2017 年江苏城市关联网络格局并未发生显著变化，依然可以归纳为 2 种格局类型，首先是以南京为中心的放射关联格局（图 8-4b）、是以苏州和无锡分别为次级和第三中心城市的放射关联格局（图 8-4c），其次是其他 10 个城市之间散布关联格局（图 8-4d）。

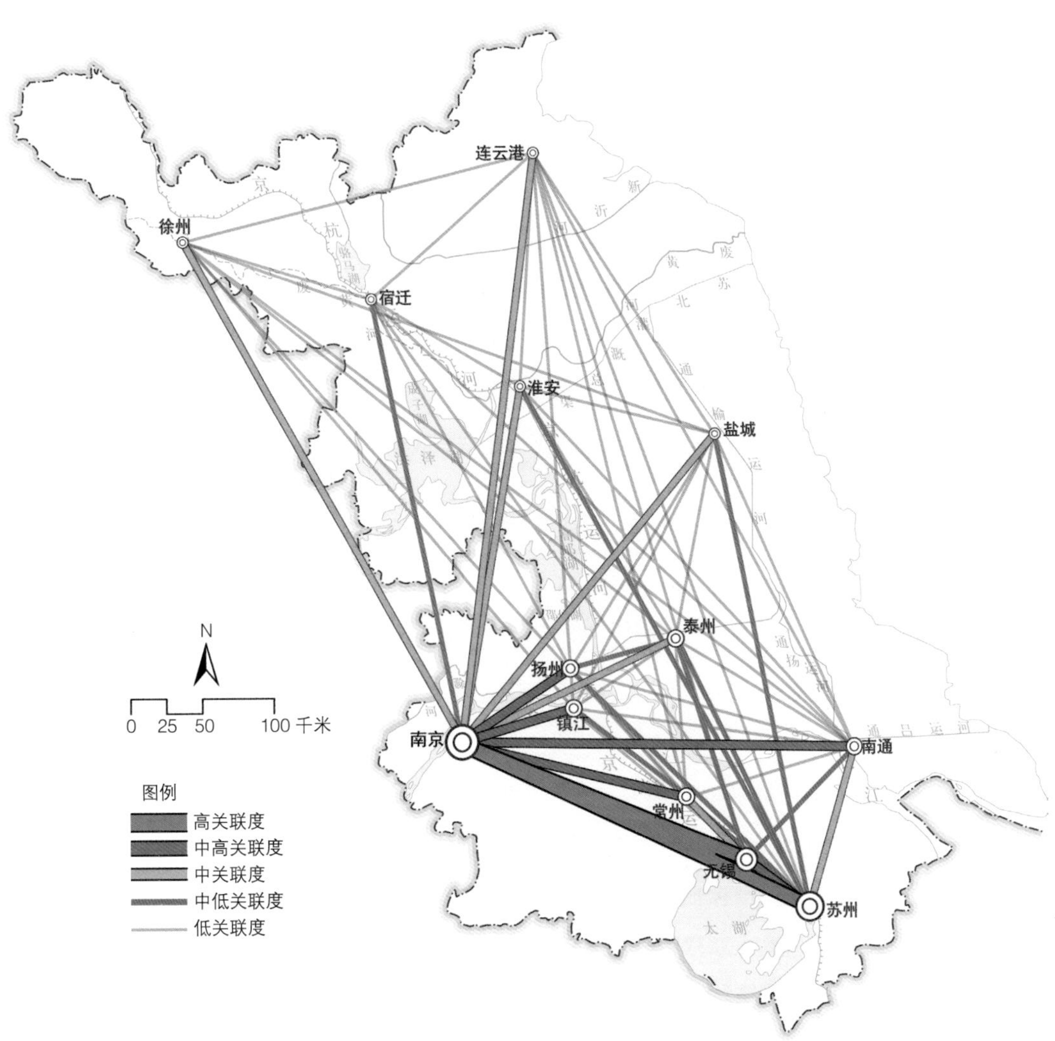

图 8-3a　2010 年江苏城市关联网络的总体格局

资料来源：使用自然资源部公布的标准地图作为底图绘制 .

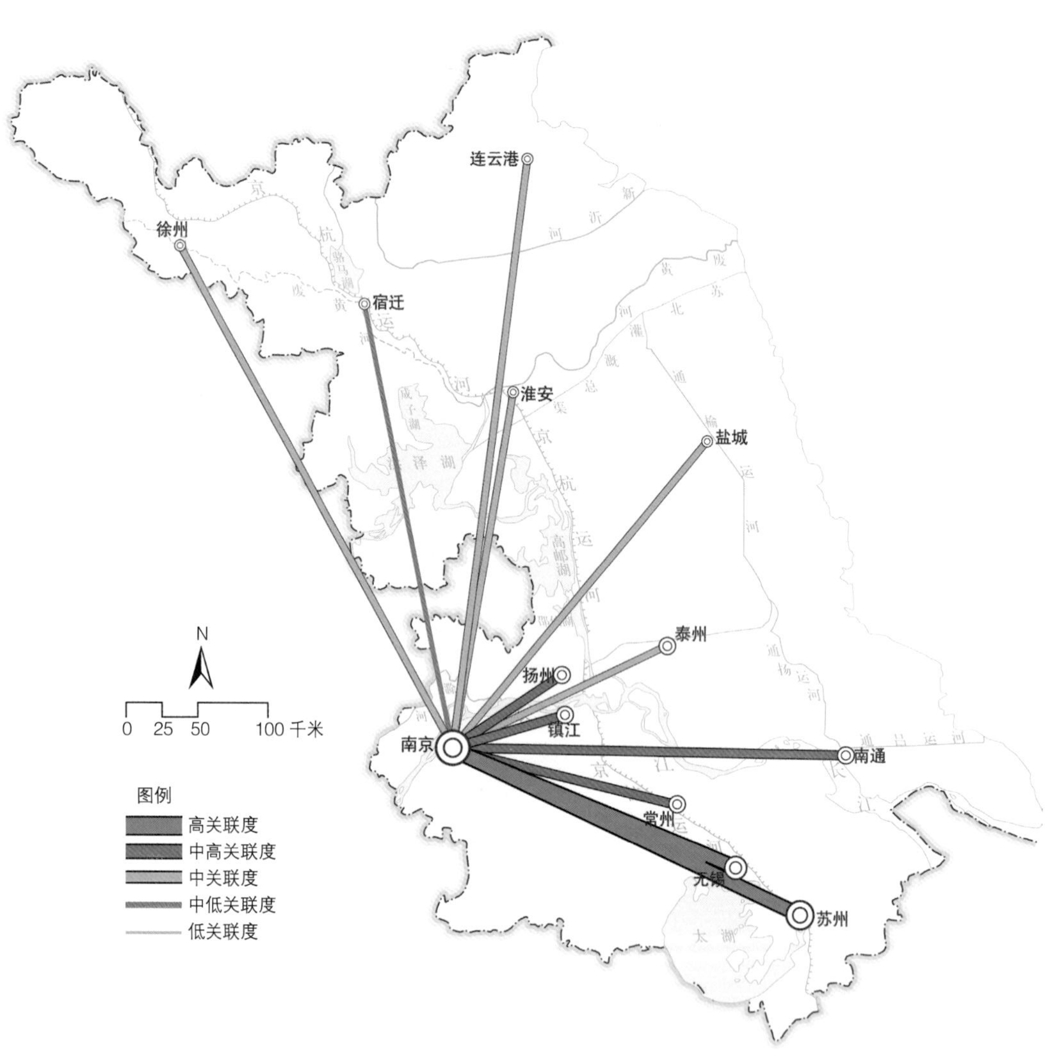

图 8-3b　2010 年南京与其他城市的放射关联格局

资料来源：使用自然资源部公布的标准地图作为底图绘制 .

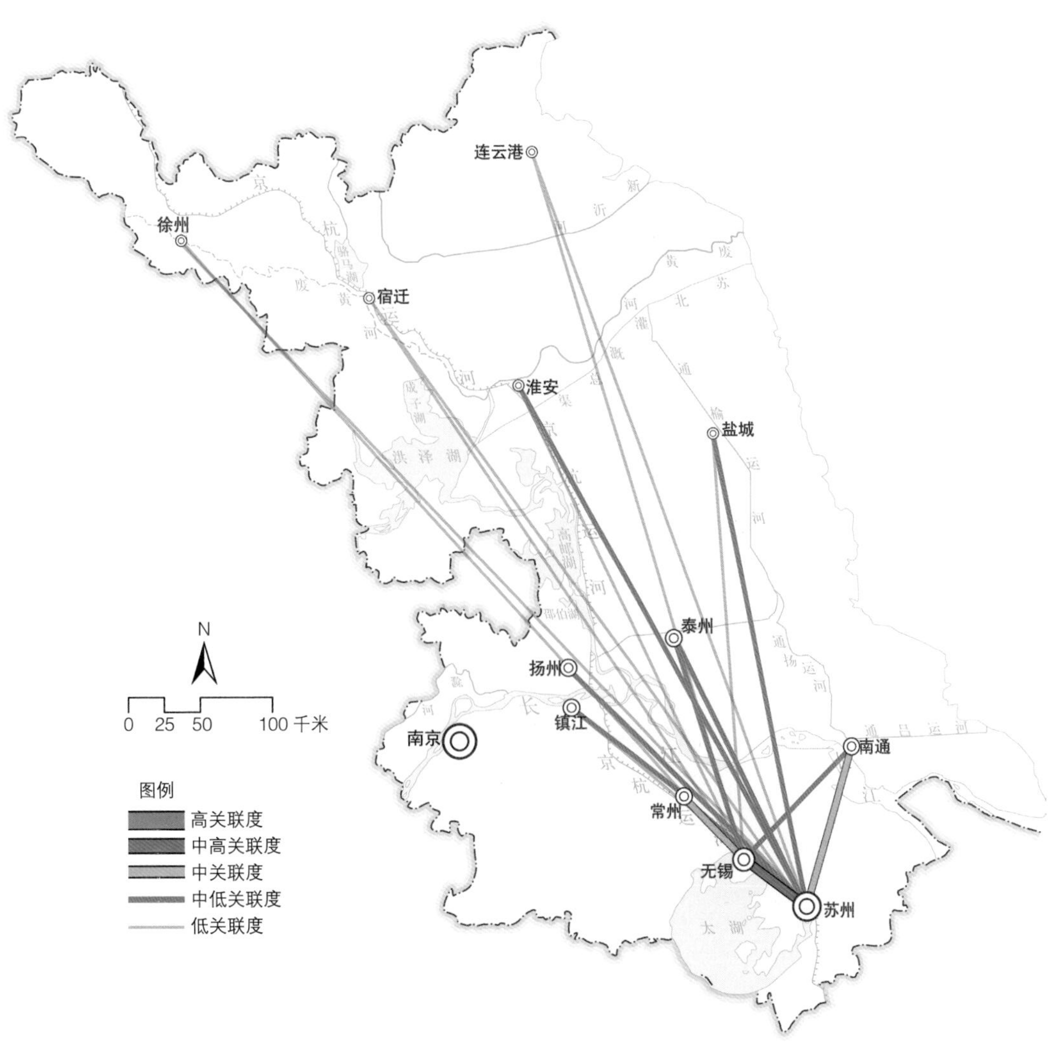

图 8-3c　2010 年苏州和无锡与其他城市的放射关联格局

资料来源：使用自然资源部公布的标准地图作为底图绘制．

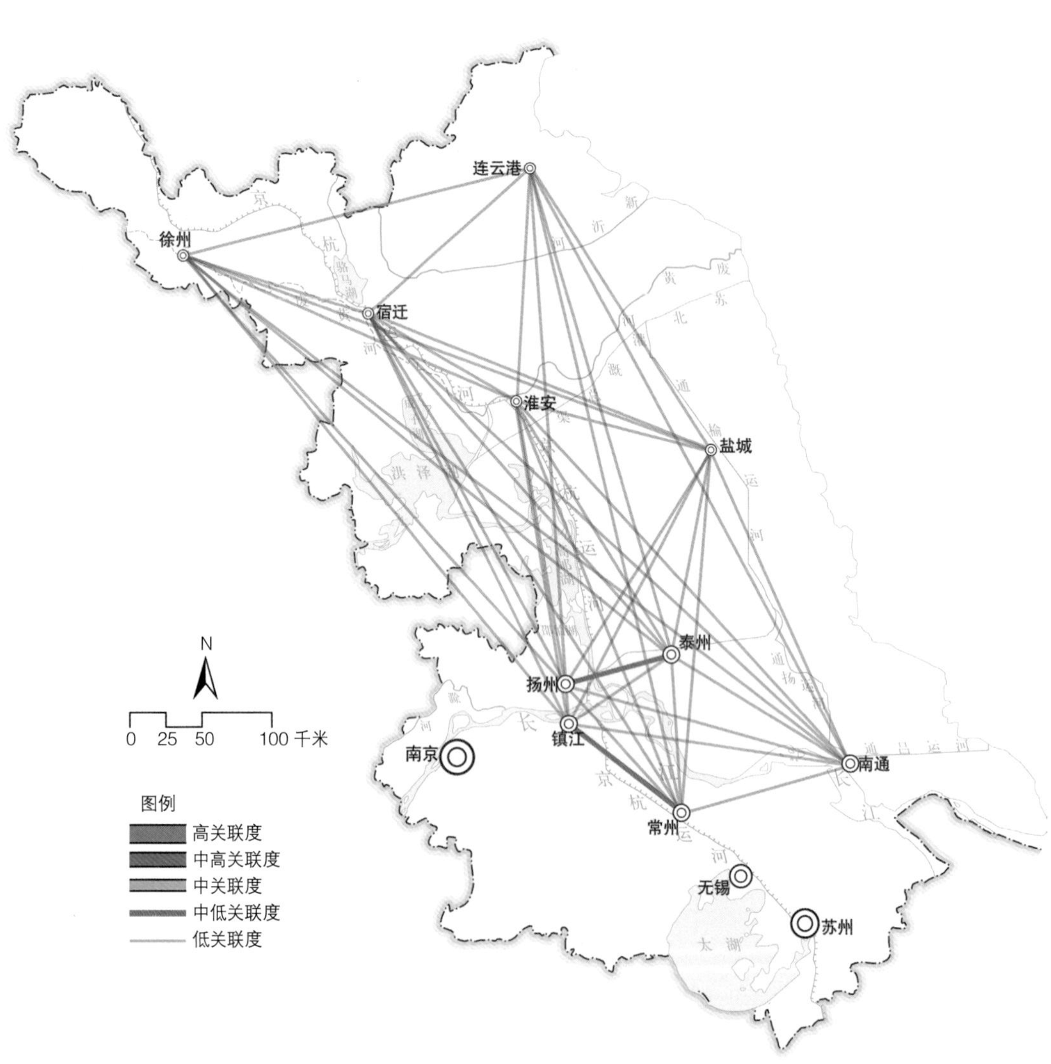

图 8-3d　2010 年其他城市之间散布关联格局

资料来源：使用自然资源部公布的标准地图作为底图绘制 .

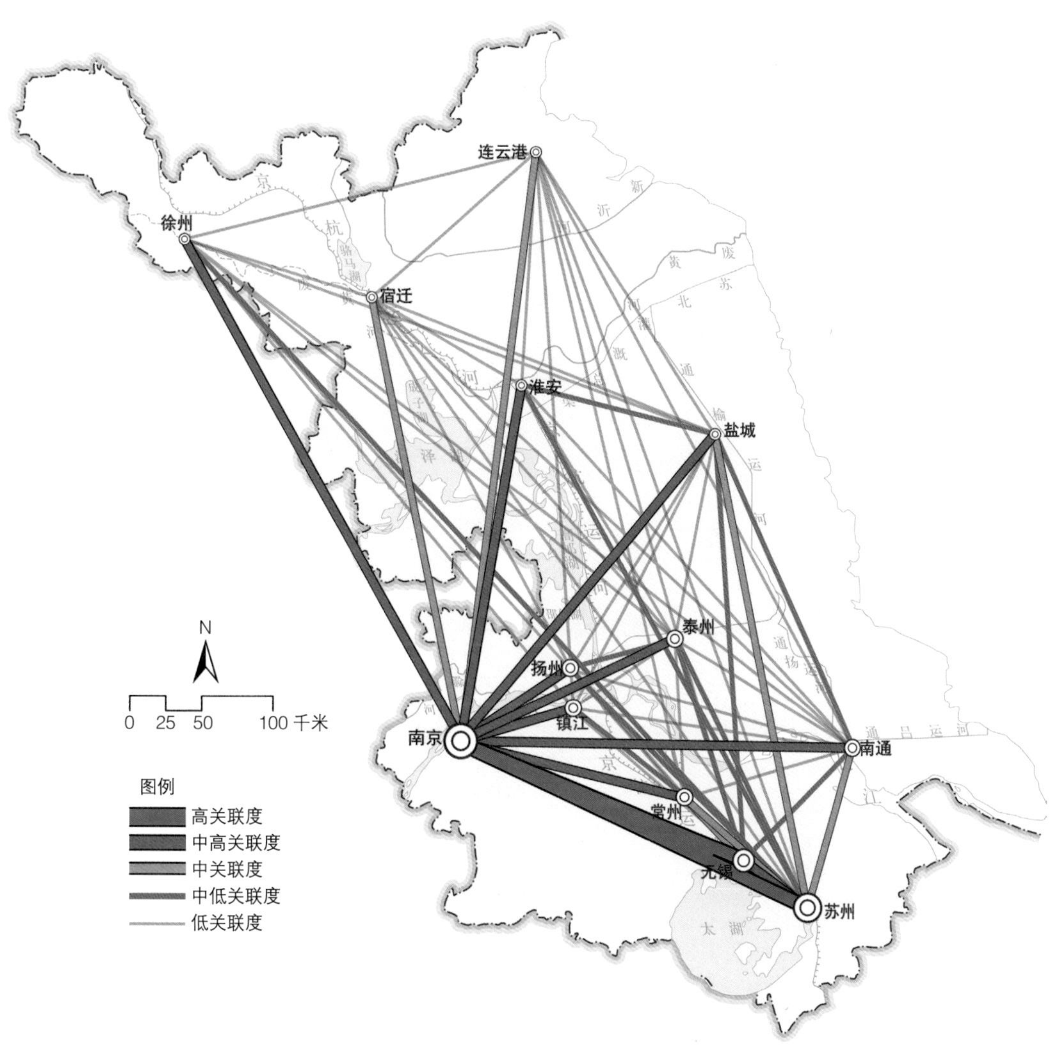

图 8-4a　2017 年江苏城市关联网络的总体格局

资料来源：使用自然资源部公布的标准地图作为底图绘制 .

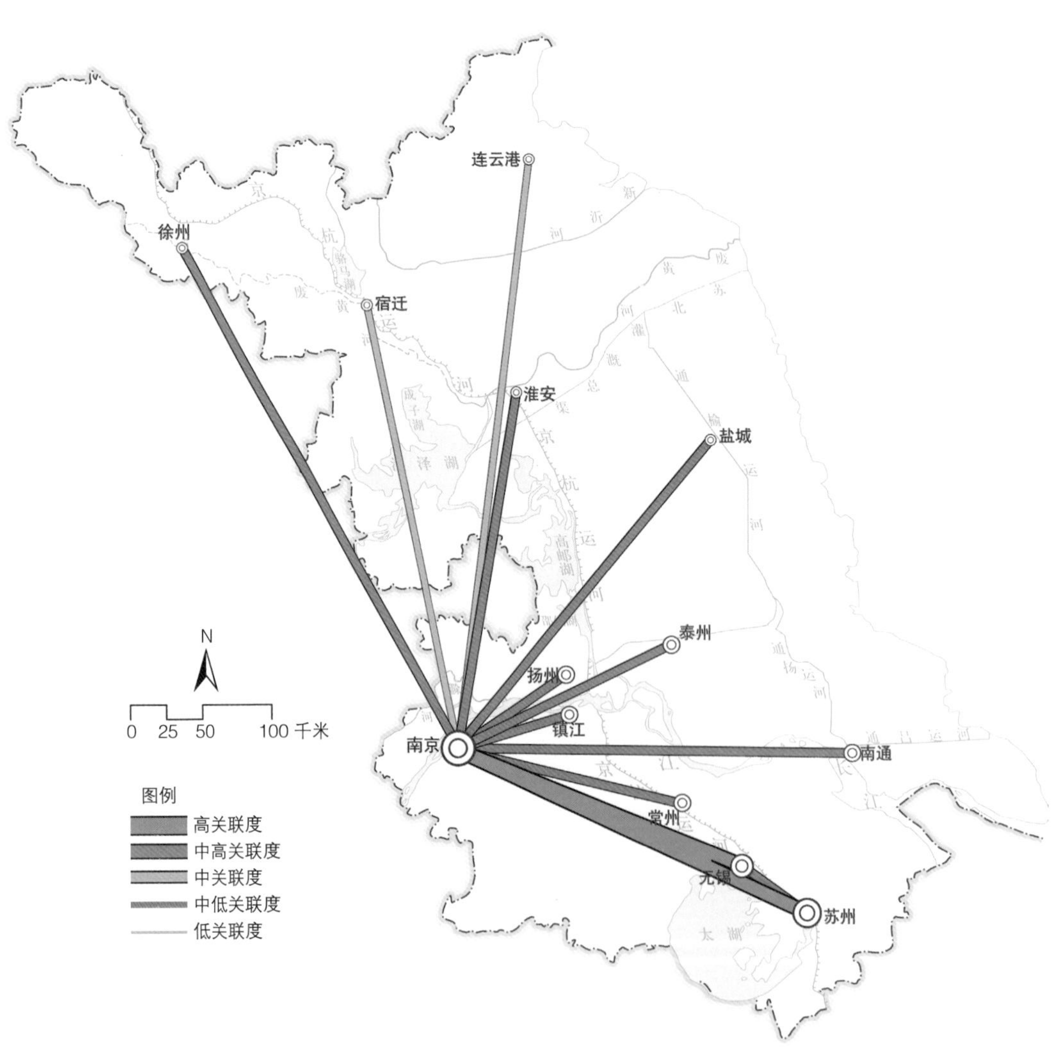

图 8-4b　2017 年南京与其他城市的放射关联格局

资料来源：使用自然资源部公布的标准地图作为底图绘制 .

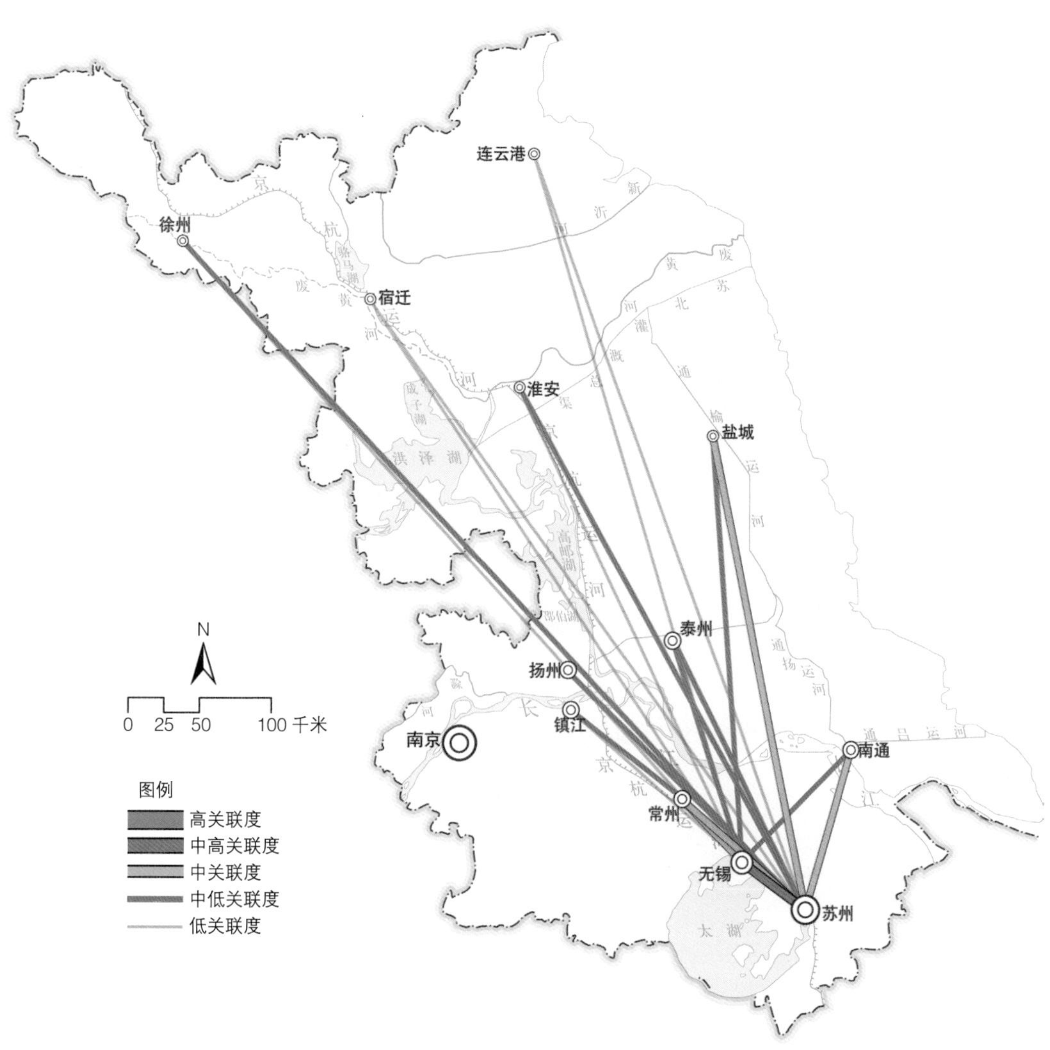

图 8-4c　2017 年苏州和无锡与其他城市的放射关联格局

资料来源：使用自然资源部公布的标准地图作为底图绘制 .

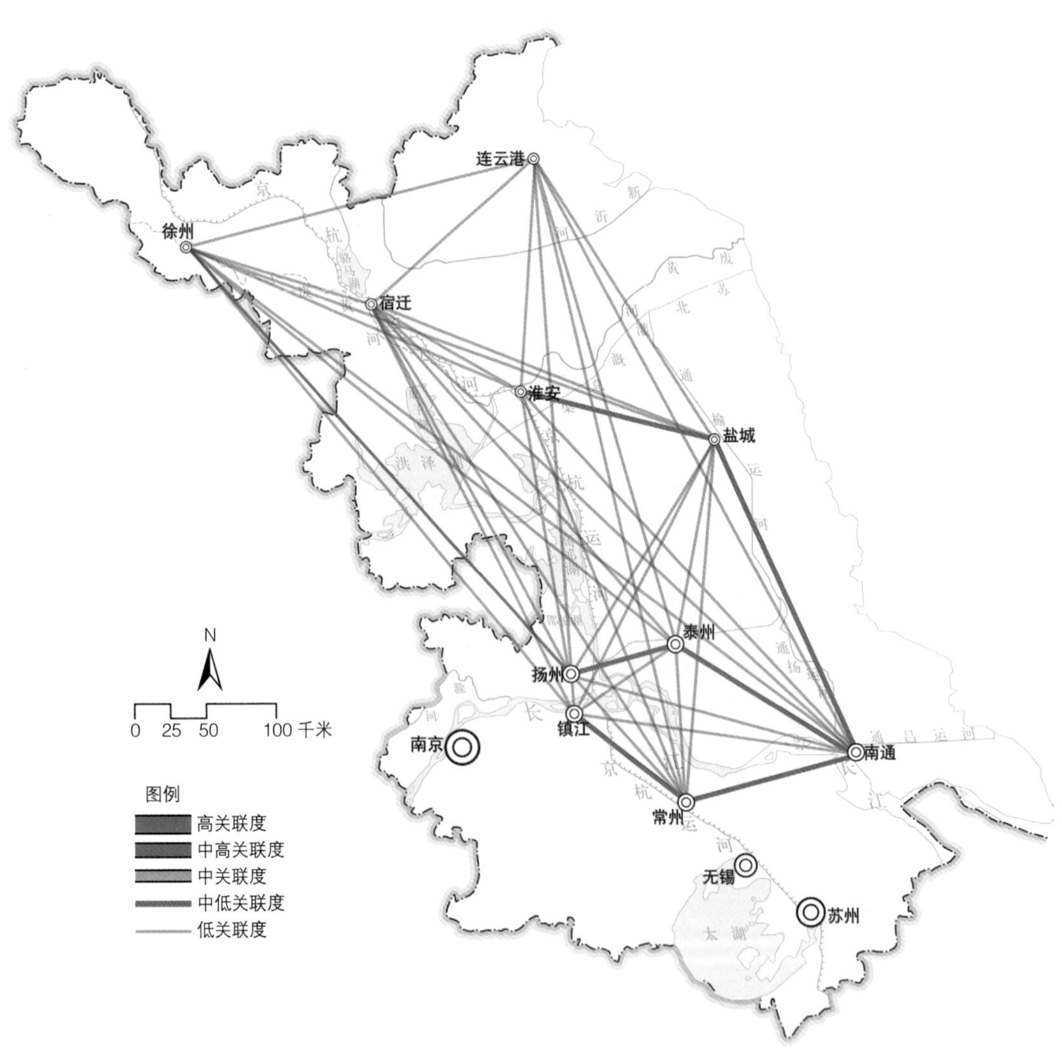

图 8-4d 2017 年其他城市之间散布关联格局

资料来源：使用自然资源部公布的标准地图作为底图绘制 .

8.3 城市关联网络的方向演化特征

8.3.1 城市的总体关联方向

表 8-6 所示是 2010 年江苏城市的总体关联方向。作为省会城市南京的关联方向指数高达 0.43，表明南京的合计外向关联值明显大于合计内向关联值，这意味着企业总部所在地的外向辐射能力明显大于企业分支机构所在地的内向集聚能力，在江苏省域城市关联网络中处于绝对主导地位。值得关注的是，苏州作为次级中心城市，合计内向关联占比略高于南京，而合计外向关联占比则显著低于南京，导致合计总关联值显著小于南京，而且关联方向指数为 -0.28，这意味着企业分支机构所在地的内向集聚能力明显大于企业总部所在地的外向辐射能力。其他江苏城市的合计总关联值明显低于南京，并且大多数城市的关联方向指数接近零或为负值，表明在江苏省域城市关联网络中处于从属地位。

2010 年江苏城市的合计外向关联值和占比、合计内向关联值和占比及关联方向指数

表 8-6

	合计外向关联		合计内向关联		合计总关联值	关联方向指数
	关联值	占比（%）	关联值	占比（%）		
南京	2990	39.4	1186	15.6	4176	0.43
苏州	823	10.9	1460	19.3	2283	-0.28
无锡	798	10.5	892	11.8	1690	-0.06
南通	546	7.2	522	6.9	1068	0.02
常州	526	6.9	505	6.7	1031	0.02
扬州	401	5.3	485	6.4	886	-0.09
泰州	326	4.3	482	6.4	808	-0.19
镇江	251	3.3	512	6.8	763	-0.34
盐城	304	4.0	326	4.3	630	-0.03
淮安	250	3.3	301	4.0	551	-0.09
徐州	174	2.3	303	4.0	477	-0.27
连云港	103	1.4	330	4.4	433	-0.52
宿迁	88	1.2	276	3.6	364	-0.52
合计	7580	100.0	7580	100.0	15160	—

资料来源：基于研究结果整理 .

表 8-7 所示是 2017 年江苏城市的总体关联方向，2010 年和 2017 年存在异同之处。其一，从 2010 年到 2017 年，合计外向关联值的增加和合计内向关联值的减少导致南京的关联方向指数从 2010 年的 0.43 提升到 2017 年的 0.62，表明南京在江苏省域城市关联网络中的绝对主导地位是进一步强化了。其二，合计外向关联值的增加和合计内向关联值的减少导致苏州的关联方向指数从 2010 年的 -0.28 提升到 2017 年的 0.05，表明苏州在江苏省域城市关联网络中的地位也是明显提升了。

图 8-5 和图 8-6 分别是 2010 年和 2017 年江苏城市的合计外向关联值占比和合计内向关联值占比的矩阵，可以分为四种城市类型。其一是南京作为江苏省会城市，合计外向关联值占比显著高于其他江苏城市；其二是苏州作为次级中心城市，尽管合计外向关联值占比位居第二，但显著低于南京，而合计内向关联值占比还略高于南京；其三是无锡作为第三中心城市，两个年份的合计外向关联值占比均位居第三，而 2017 年合计内向关

2017 年江苏城市的合计外向关联值和占比、合计内向关联值和占比及关联方向指数

表 8-7

	合计外向关联		合计内向关联		合计总关联值	关联方向指数
	关联值	占比（%）	关联值	占比（%）		
南京	13770	44.1	3249	10.4	17019	0.62
苏州	4352	13.9	3974	12.7	8326	0.05
无锡	2553	8.2	3568	11.4	6121	-0.17
常州	1999	6.4	1982	6.3	3981	0.00
南通	1268	4.1	2506	8.0	3774	-0.33
盐城	1083	3.5	2565	8.2	3648	-0.41
淮安	1322	4.2	1991	6.4	3313	-0.20
扬州	1100	3.5	2068	6.6	3168	-0.31
镇江	864	2.8	2256	7.2	3120	-0.45
泰州	936	3.0	2089	6.7	3025	-0.38
徐州	801	2.6	2170	6.9	2971	-0.46
连云港	720	2.3	1333	4.3	2053	-0.30
宿迁	479	1.5	1496	4.8	1975	-0.51
合计	31247	100.0	31247	100.0	62494	—

资料来源：基于研究结果整理.

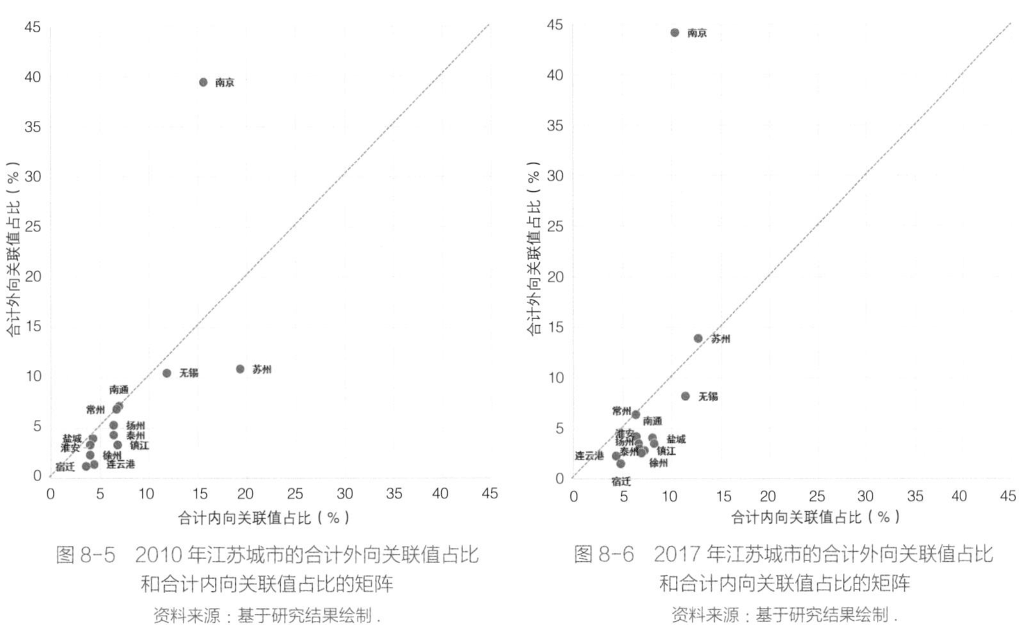

图 8-5　2010 年江苏城市的合计外向关联值占比和合计内向关联值占比的矩阵

资料来源：基于研究结果绘制 .

图 8-6　2017 年江苏城市的合计外向关联值占比和合计内向关联值占比的矩阵

资料来源：基于研究结果绘制 .

联值占比还略高于南京；其四是其他江苏城市，无论是合计外向关联值占比还是合计内向关联值占比都显著低于上述三级中心城市，并且大部分城市的合计外向关联值占比明显低于合计内向关联值占比。

8.3.2　各个城市之间的关联方向

表 8-8 所示是 2010 年江苏城市之间的外向关联度占比和内向关联度占比。作为省会城市，南京与其他江苏城市的外向关联值占比均大于内向关联值占比，表明企业总部所在地的外向辐射作用大于企业分支机构所在地的内向集聚作用。作为次级中心城市，苏州与镇江、连云港、宿迁的外向关联值占比大于内向关联值占比，而苏州与其他江苏城市的内向关联值占比都大于外向关联值占比，表明企业分支机构所在地的内向集聚作用大于企业总部所在地的外向辐射作用。

表 8-9 所示是 2017 年江苏城市之间的外向关联值占比和内向关联值占比。比较 2010 年和 2017 年，可以发现异同之处。首先，无论是 2010 年还是 2017 年，南京与其他江苏

2010 年江苏城市之间的外向关联值占比和内向关联值占比（%） 表 8-8

		内向关联值占比												
		南京	苏州	无锡	常州	南通	扬州	镇江	泰州	徐州	盐城	连云港	淮安	宿迁
外向关联值占比	南京	—	8.35	5.13	3.03	3.68	3.67	3.59	2.40	2.08	1.97	2.10	1.99	1.45
	苏州	2.51	—	2.48	0.73	1.19	0.53	0.57	0.54	0.37	0.58	0.28	0.46	0.63
	无锡	2.52	2.89	—	1.39	0.55	0.30	0.47	0.78	0.37	0.37	0.34	0.29	0.25
	常州	1.54	1.20	1.44	—	0.28	0.32	0.96	0.32	0.16	0.08	0.30	0.18	0.16
	南通	1.87	1.79	0.46	0.25	—	0.38	0.21	0.46	0.33	0.53	0.36	0.30	0.25
	扬州	1.45	0.61	0.34	0.20	0.26	—	0.33	1.33	0.18	0.18	0.08	0.20	0.12
	镇江	1.08	0.42	0.21	0.29	0.15	0.29	—	0.20	0.07	0.13	0.22	0.16	0.09
	泰州	1.00	0.84	0.67	0.21	0.21	0.40	0.17	—	0.20	0.18	0.21	0.13	0.07
	徐州	0.75	0.45	0.24	0.16	0.07	0.07	0.04	0.04	—	0.07	0.18	0.09	0.15
	盐城	0.98	1.56	0.40	0.15	0.24	0.17	0.16	0.09	0.04	—	0.07	0.08	0.09
	连云港	0.42	0.21	0.13	0.04	0.09	0.05	0.04	0.03	0.11	0.12	—	0.04	0.08
	淮安	1.13	0.71	0.24	0.13	0.11	0.16	0.17	0.09	0.07	0.05	0.13	—	0.30
	宿迁	0.38	0.22	0.03	0.09	0.07	0.07	0.04	0.08	0.03	0.04	0.08	0.04	—

资料来源：基于研究结果整理.

2017 年江苏城市之间的外向关联值占比和内向关联值占比（%） 表 8-9

		内向关联值占比												
		南京	苏州	无锡	常州	南通	扬州	镇江	泰州	徐州	盐城	淮安	宿迁	连云港
外向关联值占比	南京	—	6.76	5.25	3.26	3.55	3.79	4.07	2.94	3.33	3.79	3.21	2.16	1.96
	苏州	2.02	—	2.71	1.00	1.64	0.71	0.84	0.82	1.00	1.13	0.90	0.64	0.54
	无锡	1.45	1.75	—	0.85	0.62	0.42	0.49	0.63	0.38	0.59	0.40	0.31	0.27
	常州	1.14	0.89	1.10	—	0.50	0.35	0.67	0.35	0.38	0.40	0.32	0.13	0.17
	南通	0.75	0.76	0.40	0.18	—	0.20	0.14	0.38	0.28	0.46	0.19	0.12	0.20
	扬州	0.66	0.31	0.23	0.15	0.20	—	0.26	0.74	0.21	0.27	0.28	0.10	0.11
	镇江	0.67	0.33	0.27	0.23	0.15	0.25	—	0.16	0.15	0.16	0.17	0.10	0.12
	泰州	0.68	0.31	0.34	0.15	0.28	0.27	0.15	—	0.18	0.30	0.15	0.08	0.10
	徐州	0.60	0.31	0.24	0.10	0.16	0.11	0.10	0.10	—	0.18	0.17	0.28	0.22
	盐城	0.50	0.57	0.30	0.13	0.42	0.15	0.16	0.19	0.30	—	0.23	0.28	0.23
	淮安	0.91	0.39	0.34	0.15	0.29	0.20	0.16	0.24	0.29	0.64	—	0.40	0.24
	宿迁	0.34	0.11	0.11	0.06	0.08	0.06	0.09	0.05	0.23	0.10	0.19	—	0.12
	连云港	0.69	0.21	0.12	0.08	0.12	0.11	0.08	0.10	0.23	0.20	0.17	0.18	—

资料来源：基于研究结果整理.

12 个城市的外向关联值占比均大于内向关联值占比，表明南京在江苏省域城市关联网络中的绝对主导地位，并且呈现提升态势。其次，更为值得关注的是，从 2010 年到 2017 年，苏州在江苏省域城市关联网络中的地位发生了显著变化。2010 年苏州与大部分江苏城市的内向关联值占比大于外向关联值占比，2017 年苏州与南京的外向关联值占比仍然小于外向关联值占比，但与其他江苏城市的外向关联值占比均大于内向关联值占比，表明苏州在江苏省域城市关联网络中的地位正在经历从内向集聚作用主导到外向辐射作用主导的重要转型。

8.4　城市关联网络的腹地演化特征

如前所述，城市关联网络的腹地分布既呈现出基于地理邻近的区位特征，又显示了基于经济实力的层级特征，取决于地理邻近和经济实力之间的均衡关系。一方面，在经济实力相似的情况下，地理区位较为邻近，城市之间关联强度较大；反之，则关联强度较小。另一方面，在地理邻近相似的情况下，经济实力较高，城市之间关联强度较大；反之，则关联强度较小。

表 8-10 所示是 2010 年各个江苏城市的前四位关联城市，体现了南京、苏州、无锡作为三级中心城市的辐射能力。作为江苏省会城市，南京是所有其他江苏城市的第一关联城市；作为次级中心城市，苏州是南京的第一关联城市和 7 个城市（无锡、南通、徐州、盐城、淮安、宿迁和连云港）的第二关联城市、3 个城市（常州、扬州、镇江）的第三关联城市和 1 个城市（泰州）的第四关联城市；作为第三中心城市，无锡是 3 个城市（南京、苏州、常州）的第二关联城市、6 个城市（南通、泰州、徐州、盐城、淮安、连云港）的第三关联城市、2 个城市（扬州、镇江）的第四关联城市。此外，部分江苏城市的关联腹地还呈现出基于地理邻近的区位特征，如扬州和泰州互为第一关联城市、常州是镇江的第二关联城市和镇江是常州的第四关联城市、南通和盐城互为第四关联城市等。

2010 年各个江苏城市的前四位关联城市　　表 8–10

	第一关联城市	第二关联城市	第三关联城市	第四关联城市
南京	苏州	无锡	南通	扬州
苏州	南京	无锡	南通	盐城
无锡	南京	苏州	常州	泰州
常州	南京	无锡	苏州	镇江
南通	南京	苏州	无锡	盐城
扬州	南京	泰州	苏州	无锡
镇江	南京	常州	苏州	无锡
泰州	南京	扬州	无锡	苏州
徐州	南京	苏州	无锡	南通
盐城	南京	苏州	无锡	南通
淮安	南京	苏州	无锡	南通
宿迁	南京	苏州	淮安	南通
连云港	南京	苏州	无锡	南通

资料来源：基于研究结果整理 .

2017 年各个江苏城市的前四位关联城市　　表 8–11

	第一关联城市	第二关联城市	第三关联城市	第四关联城市
南京	苏州	无锡	镇江	扬州
苏州	南京	无锡	南通	常州
无锡	南京	苏州	常州	南通
常州	南京	无锡	苏州	镇江
南通	南京	苏州	无锡	盐城
扬州	南京	苏州	泰州	无锡
镇江	南京	苏州	常州	无锡
泰州	南京	苏州	扬州	无锡
徐州	南京	苏州	无锡	盐城
盐城	南京	苏州	南通	淮安
淮安	南京	苏州	盐城	无锡
宿迁	南京	苏州	淮安	徐州
连云港	南京	苏州	徐州	盐城

资料来源：基于研究结果整理 .

表 8-11 所示是 2017 年各个江苏城市的前四位关联城市。比较 2010 年和 2017 年，可以发现异同之处。其一，无论是 2010 年还是 2017 年，作为江苏省会城市，南京是所有其他江苏城市的第一关联城市。其二，2010 年苏州是 7 个城市的第二关联城市，而 2017 年苏州则是 10 个城市（无锡、南通、扬州、镇江、泰州、徐州、盐城、淮安、宿迁和连云港）的第二关联城市，表明苏州在江苏省域城市关联网络中的地位是明显上升的。其三，无论是 2010 年还是 2017 年，部分江苏城市的关联腹地呈现出基于地理邻近的区位特征。

8.5 本章小结

本章识别和解析了 2010 年和 2017 年江苏省域城市关联网络的演化特征，包括层级、格局、方向和腹地四个维度。研究表明，从 2010 年到 2017 年，江苏城市之间的企业关联密度显著增强，城市关联网络演化既有连续性，又有一些变化。在层级维度，南京、苏州、无锡分别位于第一、第二、第三层级，其他城市分别位于第四和第五层级，且与前三位城市之间存在明显差距。从 2010 年到 2017 年，作为省会城市南京的首位度更为突出，其他城市的排序仅是略有变化。在格局维度，江苏城市关联网络可以归纳为 2 种格局类型，首先是以南京、苏州和无锡为三级中心城市的放射关联格局，其次是其他城市之间散布关联格局。在方向维度，南京与其他城市的外向关联值占比始终大于内向关联值占比，表明南京在江苏省域城市关联网络中的绝对主导地位，并且呈现提升态势；值得关注的是，苏州在城市关联网络中的地位正在发生显著变化，经历从内向集聚作用主导到外向辐射作用主导的重要转型。在腹地维度，南京是所有其他江苏城市的第一关联城市，以苏州作为第二关联城市数量是显著增加的，部分江苏城市的关联腹地呈现出基于地理邻近的区位特征。

第 9 章

资本流动视角下的中国城市网络

New Sights
New Methods

正如美国经济学家罗伯特·吉尔平（2011）所指出的，政府和市场这两种相对对立的社会组织形式交织在一起，贯穿了近现代数百年来的发展史，且它们的相互作用未来会日益增强。政府力和市场力也被认为是城镇化进程背后的主要动力，两者的结盟也被认为是过去一段时间以来全球化迅猛发展的最大推手（张庭伟，2012）。政府力和市场力仍是我国城市和区域发展的作用主体（张庭伟，2001；陶松龄，甄富春，2002；黄亚平，卢有朋，等，2017），对两者空间作用的关注是深入探究我国区域空间格局演变机制的重要途径。笔者认为，在中国特色社会主义市场经济体制下（黄亚生，2011），中国城市关联网络表象背后存在着与西方世界迥异的作用机制，这应是未来研究的关注重点。

本章选用上市企业对外资本投资这一关系数据（relational data），构建中国境内的资本加权城市网络，在验证数据可靠性的前提下，比较传统方法下的研究结论，实现了对中国城市网络的新认知，并从企业所有制差异的视角，探讨中国特定制度语境下政府力和市场力在促成城市网络中的独特机制，这也是本研究最主要的学术创新。

9.1 基于企业资本投资的城市网络方法

9.1.1 数据来源

企业主导城市之间经济联系是多种方式的，既包括同一企业设立在不同城市的组织部门之间的内部业务合作，也包括不同企业之间大量的跨城交易、投资、合作等外部市场行为（Yeung，2005）。这些行为都代表了企业对于区域空间结构的认知，是企业“用脚投票”的外在表现，在城市网络研究中具有交互补充的价值。企业关联是人员、资本、信息等多种生产要素在企业组织之间流动的综合体现，但难以进行直接的量化比较。

随着中国市场经济发展趋于成熟，许多非资金要素通过市场交易或联合投资的方式被等价转换为货币单位衡量的广义资本要素（如股份、债券等），为以货币单位综合衡量这些因素提供了可能。这些要素所等价的资本份额多寡取决于这些要素本身在市场经济中的议价能力。例如，小米科技公司在 2010 年 A 轮融资中接受了 4100 万美元的融资（占股 16.4%），表明小米科技公司前期投入的人力、信息、技术等多种资源要素在市场谈判中取得了主导地位（占股 83.6%），由此核算全要素集合可以等价为 2.09 亿美元的广义资本要素[1]。

由于受到政策管控和公众监督，上市企业定期公开的企业经营数据已被大量研究所采用。由《财富》杂志、福布斯等机构定期发布的企业排名榜单正是基于上市企业公开数据的代表性研究成果。同时，随着中国境内证券交易市场的发展壮大，境内上市企业在国民经济中的影响也日益提升，基于境内上市企业经营行为所构建的城市网络格局也具备一定的可信度，并在一些研究中得到验证（李仙德，2014；蒋小荣，杨永春，等，2017；张泽，唐子来，2018；张泽，刘梦彬，唐子来，2019）。本研究利用中国 A 股企业 2015 年年报中的投资数据，梳理出"股东所在城市→上市公司所在城市→子公司、参控股公司所在城市"的关系数据，作为城市网络研究的基础数据。如表 9-1 所示，权属关系和连锁模型的网络方法仅关注企业内部联系，企业之间联系并未得到体现，而上市公司的资本投资数据集既包括同一企业集团内部的资本运作联系（如上市公司对集团内部子公司的投资联系），也涵盖了不同企业之间的投资关联（如上市公司对其他参股公司的投资联系），突破了传统研究"只关注企业内部联系"的局限（钮心毅，王垚，等，2018）。但需要说明的是，本研究采用的上市企业只是海量企业中的小部分，企业之间联系也并不限于资本投资，这也是利用上市企业投资数据展开城市网络研究的不足之处。

基于企业数据的三种网络方法对比　　表 9-1

	企业内部联系（intra-firm linkages）	企业之间联系（inter-firm linkages）
基于权属关系的网络方法	√	
基于连锁模型的网络方法	√	
基于资本投资的网络方法	√	√

资料来源：根据研究成果整理.

[1] 数据来源于中国证监会发布的《小米集团公开发行存托凭证招股说明书（申报稿）》，公告网址为 http：//www.csrc.gov.cn/pub/zjhpublic/G00306202/201806/t20180610_339618.html。

9.1.2 分析方法

由于上市企业年报中披露的原始数据可以直接转换为货币单位衡量的一组向量数据，只需要简单地对这组向量进行加和，即可得到各个城市之间关联值的大小。对城市 a 和城市 b 而言，城市 a 对城市 b 的网络关联度 C_{ab}（或者城市 b 对城市 a 的网络关联度 C_{ab}）可以表示为：

$$C_{ab}=C_{ba}=\sum_{i=1}^{m}|\overrightarrow{ab_l}|+\sum_{i=1}^{m}|\overrightarrow{ba_l}| \tag{9-1}$$

其中，m 为样本企业的数量，$|\overrightarrow{ab_l}|$ 为第 i 个企业所表征的城市 a 对城市 b 的资本投资总额，$|\overrightarrow{ba_l}|$ 为第 i 个企业所表征的城市 b 对城市 a 的资本投资总额。

相应地，由 n 个城市组成的网络中，城市 a 的网络总关联度 C_a 可以表示为：

$$C_a=\sum_{j=1}^{n-1}C_{aj} \tag{9-2}$$

9.2 基于企业资本投资的中国城市网络

梳理和汇总 2494 家境内上市企业 2015 年年报披露的投资数据，共得到 1.8 万余条跨城投资联系，从而构建境内地区 363×363 的城市关联网络。对于基于权属关系的“总部—分支”方法和资本投资方法的中国城市网络进行比较，按照自然裂点[1]的分类方法，将城市总关联度和城市联系分为 5 个等级，如图 9–1 所示，在资本未加权的城市网络中，京津冀、长三角和珠三角地区作为境内三大城市群，在全国层面形成了发散状的网络辐射，而成渝地区作为西部经济核心，与沿海三大城镇群也有较为突出的网络联系，共同形成了菱形空间格局，与基于权属关系方法（吴康，方创琳，赵渺希，2015；唐子来，李涛，李粲，2017）和连锁模型方法（赵渺希，刘铮，2012）的研究结果存在较高的一致性。

[1] 自然裂点分类法根据数值统计分布规律分级和分类的统计方法，将类与类之间的不同最大化，把研究的对象分成性质相似的群组，是统计分析中常用的方法之一。

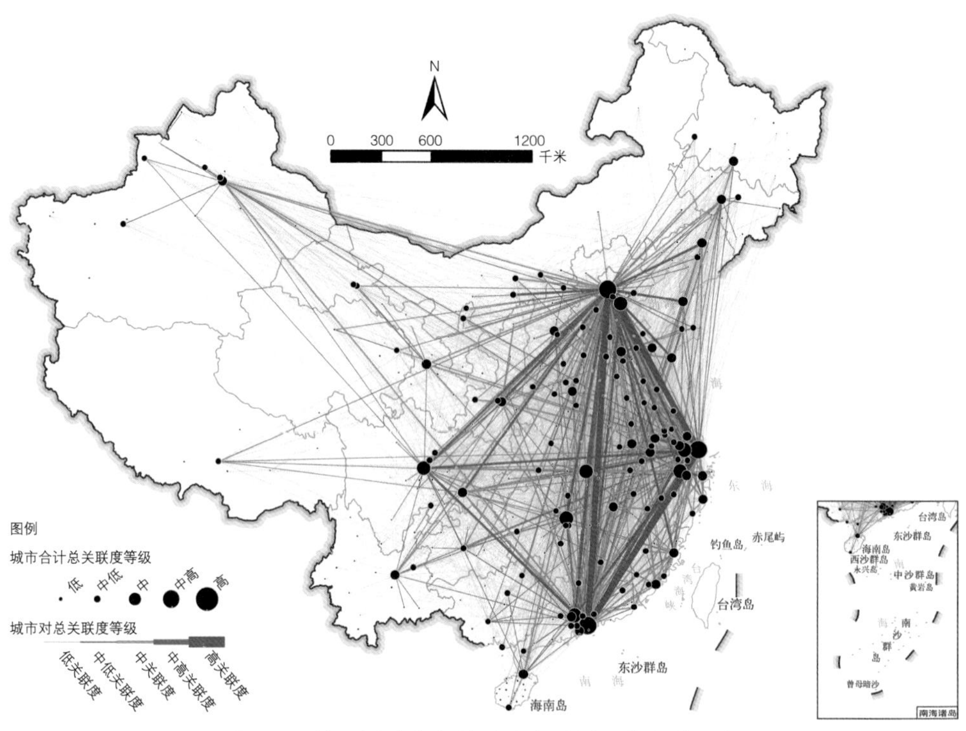

图 9-1　基于上市企业资本投资的中国城市网络（未加权）

资料来源：使用自然资源部公布的标准中国地图作为底图绘制 .

以资本投资金额对每条企业联系进行加权，比较图 9-1 和图 9-2，可以发现加权后的城市网络格局发生了显著的变化。整体而言，以北京为核心的单中心辐射是中国城市网络中最突出的空间格局特征，北京作为国家首都，对于境内各个主要城市都产生了明显影响，尽管上海、深圳和广州等城市也体现了一定的中心辐射特征，但其辐射强度和空间范畴远不能与北京相提并论。

在单个城市的总关联度方面，比较资本投资加权前后的 363 个城市的网络总关联度，两者的相关系数达到了 0.910（显著水平 0.01），体现了极强的相关性。然而如表 9-2 所示，尽管两个榜单中的城市名单基本一致，但城市排名和总关联度仍体现了明显的差异。北京、上海、深圳和广州等一线城市的总关联度在两个网络中均位于前列，显示了这些城市在中国城市网络中的强势地位。尤其值得注意的是，尽管北京在加权前后的总关联度都位居首位，但其在资本投资加权网络中展现了更为明显的首位度（由未加权网络的 1.49 提

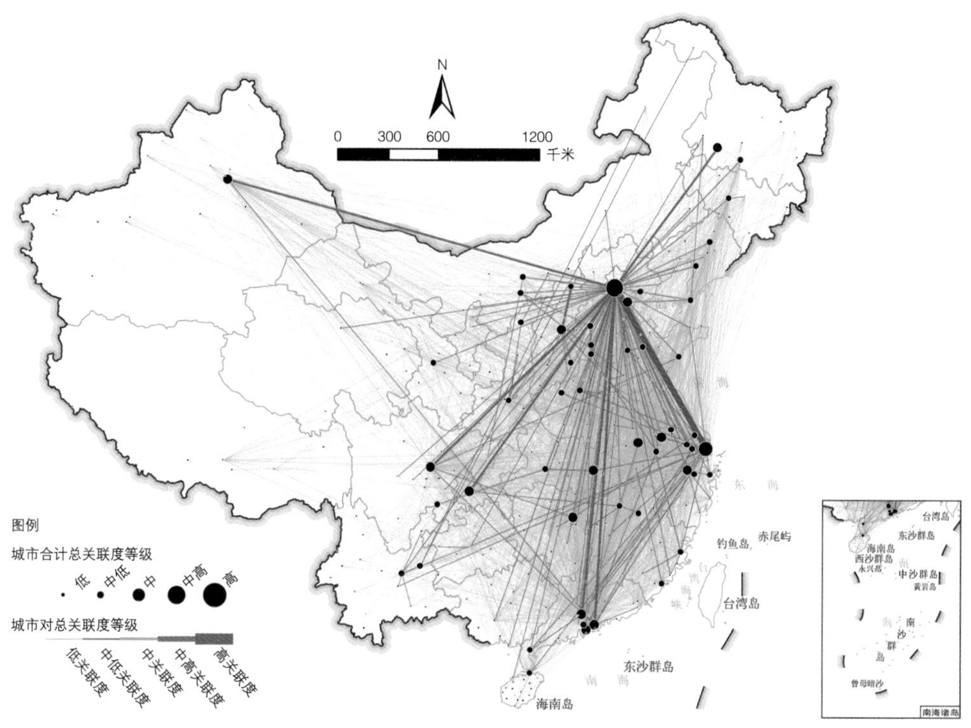

图 9-2 基于上市企业资本投资的中国城市网络（加权后）

资料来源：使用自然资源部公布的标准中国地图作为底图绘制 .

升为加权网络的 2.38），表明北京在资本投资加权的城市网络中呈现了更为突出的核心地位。在未加权的城市网络中，苏州、珠海、无锡、绍兴、芜湖等东部经济发达城市展现了更高的总关联度排名，中国城市网络的“东部富人圈”现象十分突出（吴康，方创琳，赵渺希，2015）。而在资本投资加权的城市网络中，国有经济占比突出城市（如天津、太原、大连等）和资源禀赋城市（如大庆、大同、鄂尔多斯、宜昌、榆林等）[1]的网络地位凸显，甚至出现了部分非省会城市的总关联度超越了所在省份的省会城市（如大庆高于哈尔滨、鄂尔多斯和包头高于呼和浩特）。

进一步对比主要城市在加权前后网络中国有控股企业关联度的占比（图 9-3），即可发现，在资本加权的城市网络中，城市总关联度中的国有控股企业的资本投资占比均有所增加，

[1] 国家力量往往主导了战略资源的开发利用，大部分资源禀赋突出城市往往也是国有经济占比突出城市。

资本加权前后的网络总关联度前 50 城市及其总关联度　　表 9-2

排名	未加权网络的城市（总关联度）	加权网络的城市（总关联度）	排名	未加权网络的城市（总关联度）	加权网络的城市（总关联度）
1	北京（100.0）	北京（100.0）	26	海口（7.2）	鄂尔多斯（2.8）
2	上海（67.0）	上海（42.1）	27	绍兴（7.2）	石家庄（2.7）
3	深圳（50.5）	深圳（12.5）	28	长春（6.8）	宜昌（2.7）
4	杭州（27.8）	天津（10.3）	29	青岛（6.6）	无锡（2.7）
5	广州（26.6）	广州（9.7）	30	昆明（6.5）	邯郸（2.4）
6	成都（22.3）	太原（8.0）	31	芜湖（6.1）	郑州（2.4）
7	武汉（16.7）	成都（6.9）	32	台州（5.7）	中山（2.4）
8	天津（16.1）	杭州（6.1）	33	佛山（5.5）	珠海（2.3）
9	苏州（15.2）	武汉（5.9）	34	兰州（5.4）	沈阳（2.2）
10	长沙（15.2）	长沙（5.5）	35	南通（5.4）	榆林（2.1）
11	重庆（12.5）	合肥（5.4）	36	哈尔滨（5.3）	宁波（2.0）
12	南京（12.2）	重庆（5.2）	37	大连（5.2）	南通（2.0）
13	福州（11.7）	南京（4.9）	38	汕头（4.9）	邢台（1.9）
14	合肥（11.7）	大庆（4.8）	39	潍坊（4.9）	湛江（1.9）
15	西安（9.5）	大连（4.3）	40	贵阳（4.7）	厦门（1.9）
16	乌鲁木齐（9.4）	西安（4.3）	41	烟台（4.6）	营口（1.8）
17	厦门（9.2）	乌鲁木齐（4.2）	42	嘉兴（4.4）	唐山（1.6）
18	济南（8.8）	福州（3.9）	43	东莞（4.3）	海口（1.5）
19	南昌（8.1）	大同（3.8）	44	石家庄（4.2）	绍兴（1.5）
20	沈阳（8.0）	南昌（3.4）	45	南宁（4.1）	哈尔滨（1.4）
21	太原（8.0）	苏州（3.4）	46	泉州（3.7）	长治（1.3）
22	宁波（7.5）	长春（3.2）	47	常州（3.7）	鹰潭（1.3）
23	郑州（7.5）	青岛（3.1）	48	中山（3.5）	兰州（1.3）
24	珠海（7.5）	济南（2.9）	49	宜昌（3.4）	包头（1.3）
25	无锡（7.4）	昆明（2.9）	50	株洲（3.4）	宜宾（1.3）

资料来源：根据研究成果整理.

且大庆、大同以及北京、天津、大连等城市总关联度的国有控股企业占比高且增长明显，苏州、杭州城市总关联度的国有控股企业占比少且增长并不明显，结合资本加权前后网络中城市总关联度的排名变化，可以判断，国有经济的巨大作用在资本投资加权的城市网络中得到了更为明显的体现。

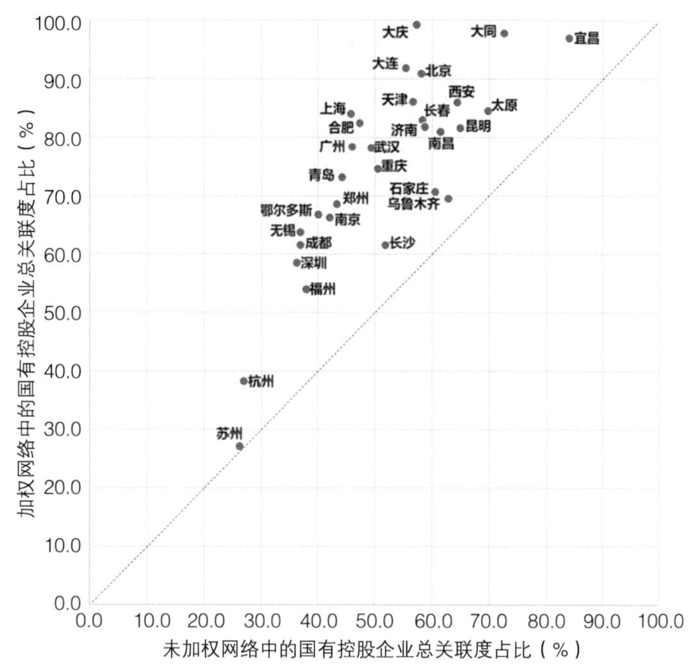

图 9-3　资本未加权和资本加权后的城市总关联度中国有控股企业部分占比矩阵图

资料来源：根据研究成果绘制 .

9.3　中国制度语境下城市网络的机制解析

尽管现有的城市网络研究主要侧重于经济维度，但任何城市区域都根植于独特的历史背景，政治制度语境也是对城市经济网络的作用机制展开深入剖析和解读的切入点（Li，Wu，2018）。相比于世界上的其他主要经济体，中国经济发展带有明显的政府推动印记（刘可文，等，2017）。这种印记不仅包括计划经济烙印之下的经济干预政策属性，更包括政府直接出资设立和参股控股的大量国有企业参与市场运作的具体行为。由于政府在国有企业中具有的出资人和决策者身份，国有企业不仅要追求自身的经济利益，更要在一定程度上响应中央和地方政府的战略部署（刘可文，等，2012）。可以认为，非国有企业在区域经济活动中主要体现了市场力驱动下的“经济人”属性，而国有企业往往受到政府力和市场力的共同作用，不仅要有经济理性，也要兼顾政治理性，表现出了“政治人”和“经济人”的双重属性，对于上述两者比较可以在一定程度上识别中国城市关联网络表象背后的制度语境。

根据实际控制人信息，将 2494 家境内上市企业分为 948 家国有控股企业和 1546 家非国有控股企业[1]，分别占上市企业总数的 38% 和 62%，但股票市场净值（截至 2015 年 12 月 31 日）分别占 56% 和 44%。基于国有资本和非国有资本的资本投资网络，可以发现不同所有制的上市企业塑造了完全迥异的城市网络格局（图 9-4a、图 9-4b）。在国有上市企业作用下，中国大陆形成了“北京中心放射”的城市网络格局；在非国有上市企业塑造的城市网络中，京津冀、长三角和珠三角三大经济中心均体现了相似的核心地位，成渝地区作为西部经济核心，也体现了一定的网络地位。实际上，尽管国有上市企业数量明显

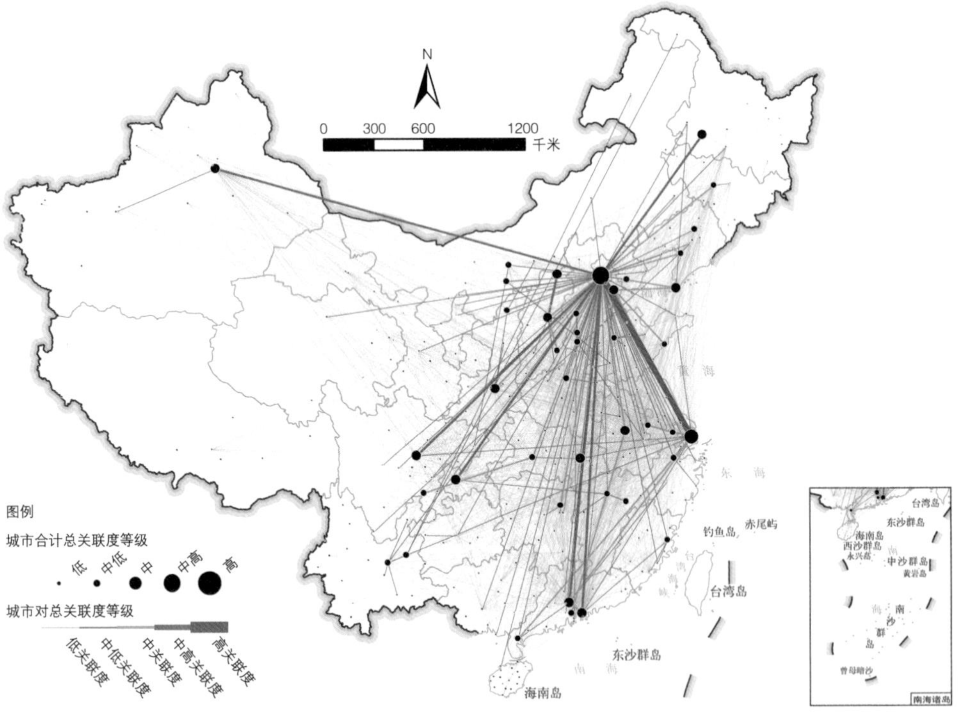

图 9-4a　国有上市企业塑造的资本加权城市网络

资料来源：使用自然资源部公布的标准中国地图作为底图绘制 .

[1] 上市公司实际控制人分类数据来自于万得（Wind）数据库和国泰安（CSMAR）数据库，并结合上市企业年报披露信息进行了校核。需要说明的是，本研究中的非国有控股企业包括了民营企业，也包含了少量的外资企业（实际控制人为境外法人）、集体企业等。

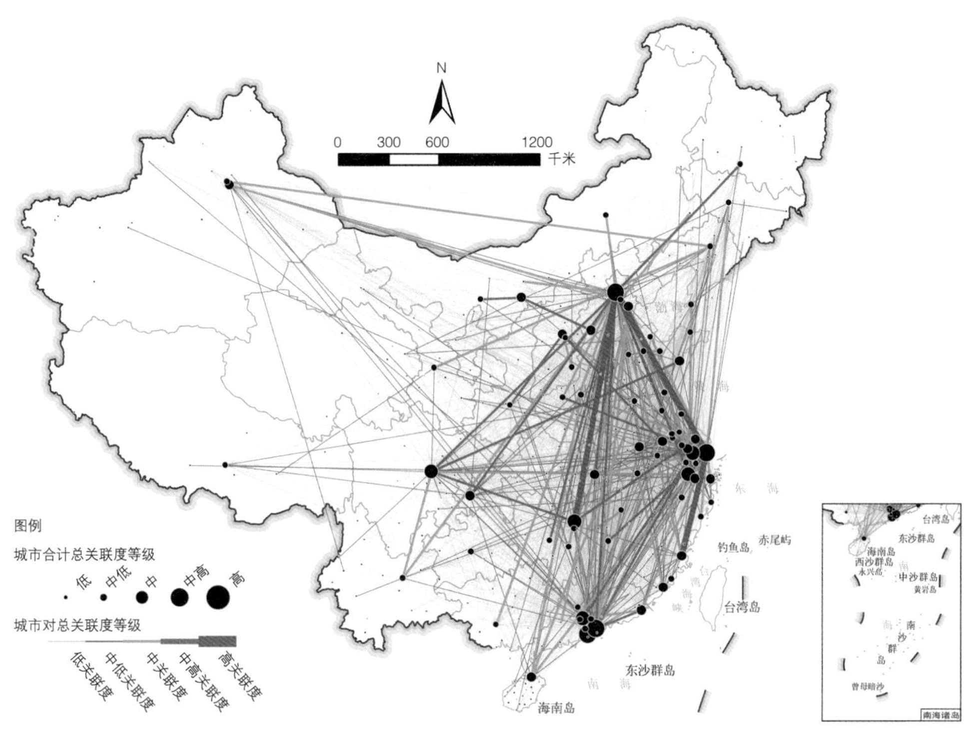

图 9-4b　非国有上市企业塑造的资本加权城市网络

资料来源：使用自然资源部公布的标准中国地图作为底图绘制 .

少于非国有上市企业，但国有企业往往具有更大的资本投资规模，国有上市企业的跨城资本投资(约为 2.30 万亿元)明显超过非国有控股上市企业(跨城资本投资约为 0.66 万亿元)，这也是资本投资加权前后中国城市网络格局产生明显变化的根本原因。

国有经济可以细分为中央国有企业（简称央企）和地方国有企业（简称地方国企），探究两种国有企业在区域城市网络中的作用差异。如图 9-5a 及图 9-5b 所示，央企和地方国企塑造了完全不同的城市网络格局。相较于央企网络下明显的首都指向格局，地方国企网络呈现了一个相对均布的城市网络。以省会城市为中心构筑省域范围内中心辐射的城市网络是地方国企网络的基本特征，东部（如广东、福建、山东）、中部（如湖南、湖北、山西）、西部（如陕西、云南、甘肃）省份均明显形成了省会中心辐射的省域城市网络，而北京和上海等中心城市在地方国企网络中的影响则超越了行政边界的制约，分别整合了整个京津冀和沪江浙地区，成为临近省市的共同网络中心。

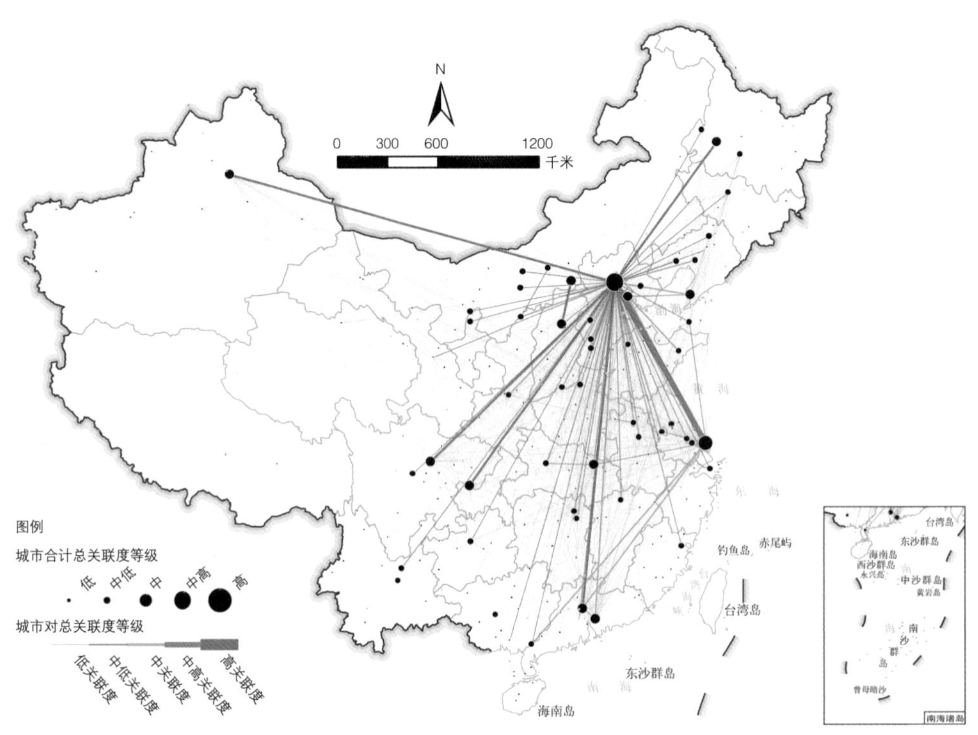

图 9-5a　央企塑造的资本加权城市网络

资料来源：使用自然资源部公布的标准中国地图作为底图绘制 .

9.4　总结和讨论

本研究提出一种基于上市企业资本投资数据的城市网络分析方法，聚焦中国境内上市企业年报的对外投资数据作为城市关系数据，直接映射出 363 × 363 的城市网络，并对比不同所有制企业塑造的城市网络差异，探讨中国制度语境下城市网络的作用机制。

第一，以投资行为涉及的资本规模作为衡量因子对每条关系数据进行加权，对比加权前后城市网络的特征差异。加权之后的城市网络展现了北京的单中心放射状的空间结构，资源禀赋突出城市和国有经济占比较高城市的网络地位在加权之后也得到了明显提升，苏州、珠海、无锡、绍兴、芜湖的高关联度现象有所弱化。第二，通过对比国有控股和非国有控股上市企业，可以识别政府力和市场力在城市网络塑造中的作用差别，国有资

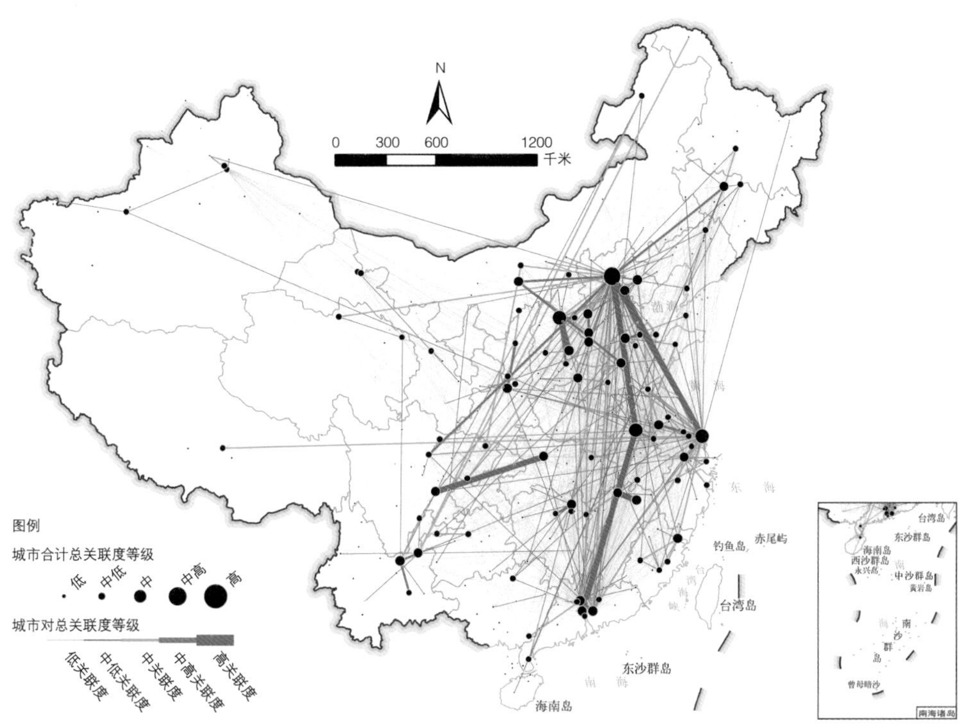

图 9-5b 地方国企塑造的资本加权城市网络

资料来源：使用自然资源部公布的标准中国地图作为底图绘制 .

本形成首都指向的单中心放射空间格局，而非国有资本塑造了北京、上海、深圳、广州的多中心格局，但国有企业在城市网络中呈现明显的主导作用。在国有资本内部，央企强化了北京的首都地位，地方国企则凸显了省会城市在省域范围内的主导作用，但地方国企的资本规模远不能和央企相提并论，体现了中国城市网络背后的独特制度语境。

需要关注的是，本研究仍存在一定的不足和局限。一是研究数据的代表性不足。尽管境内上市企业在我国国民经济中具有重要影响，并提供了极佳的企业关系数据，但只是我国海量企业中的小部分，较少的企业数量可能导致了分析结果存在一些偏差。还应当强调，基于上市企业资本投资的城市网络方法并不能替代基于权属关系和基于连锁模型等传统网络方法，企业视角的城市网络研究应当结合多种视角进行交互检验和综合解读。通过区分企业实际控制人的所有制差别，本章探讨了中国的独特制度语境对于城市网络的影响，这也是未来城市网络研究需要关注的重点。

第 10 章

交通网络视角下的中国城市体系

New Sights
New Methods

众所周知，交通和通信网络是城市体系研究的一个重要视角，已经形成相当数量的研究成果。Taylor 等（2013b）认为，交通和通信基础设施网络支撑了城市之间的各种流动，包括人员（people）、思想（ideas）、知识（knowledge）、资本（capital）和货物（goods）等。在我国，航空网络和高铁网络在不同里程范围的交通服务中各具优势（丁金学，等，2013），都是城市体系研究的重要视角。高铁网络以中短程的交通服务为主，基于高铁网络视角的研究更多地聚焦城市群内部的城市关联网络（罗震东，等，2011；2015；丁金学，等，2013）；航空网络以中远程的交通服务为主，基于航空网络视角的研究更多地关注城市群之间的城市关联网络（周一星，胡智勇，2002；宋伟，等，2008；薛俊菲，2008）。本章首先识别和解析高铁网络视角下的中国城市体系（不含港澳台地区，下同），然后是航空网络视角下的中国城市体系，最后是交通关联网络和企业关联网络的相关关系讨论。

10.1 高铁网络视角下的中国城市体系

近年来，我国高铁网络建设取得举世瞩目的突出成就[1]。2003 年第一条高铁线建成运营，2012 年中国高铁里程达到 1.3 万千米，成为全球高铁里程最长的国家（王姣娥，焦敬娟，2014）；截至 2019 年底，中国高铁运营里程达到 3.5 万千米，超过其他国家的总和，占全球高铁运营里程的 2/3 以上[2]。依据《铁路“十三五”发展规划》[3]，2020 年我国高铁网络将会覆盖 80% 以上大城市。《“十三五”现代综合交通运输体系发展规划》[4] 提出，

---

[1] 根据位于巴黎的国际铁路联盟（法语全称 Union Internationale des Chemins de fer，简称 UIC）公布数据（数据更新日期为 2020 年 1 月 27 日，https：//uic.org/IMG/pdf/20200127_high_speed_passenger_km.pdf），2018 年中国高铁系统（不含台湾地区）共运送 6805 亿公里人次，占全球总运载量的 71.17%。

[2] 人民日报：3.5 万公里中国高铁强劲奔跑，http：//paper.people.com.cn/rmrb/html/2020-01/01/nw.D110000renmrb_20200101_1-05.htm。

[3] 中华人民共和国交通运输部：《铁路“十三五”发展规划》，http：//www.mot.gov.cn/zhuanti/shisanwujtysfzgh/guihuawenjian/ 201712/t20171201_2944287.htm。

[4] 中华人民共和国交通运输部：《“十三五”现代综合交通运输体系发展规划》，http：//www.mot.gov.cn/zhuanti/shisanwujtysfzgh/guihuawenjian/201703/t20170301 _2170528.html。

着力打造国际性综合交通枢纽和加快建设全国性综合交通枢纽。随着我国高铁网络的快速拓展，高铁网络对于城市体系的影响也日益显著，不仅限于区域层面，而且越来越涉及全国层面。

在高铁网络视角下中国城市体系的研究领域，早期研究以高铁基本形成网络的经济相对发达区域（如长三角区域）为主要对象，随着高铁网络的快速扩展，全国层面的高铁网络研究越来越受到重视。在区域层面，罗震东等（2011）采用高速铁路和长途客车的每日发车班次作为表征，测度长三角核心区域内 16 个城市的联系水平与多中心格局；随着长三角区域的空间拓展，罗震东等（2015）也将高铁网络视角下长三角区域的空间结构研究扩大到“三省一市”范围；陈建军等（2014）比较 2010 年和 2013 年长三角核心区域内 16 个城市的高铁班列数据，研究高铁网络对于区域空间联系格局演化的影响；初楠臣等（2019）采用社会网络方法，分析东北地区城际高铁网络的格局特征与演变趋势；韦胜等（2019）采用网络图方法，探讨长三角区域的高铁网络节点优势和网络组团结构。在全国层面，焦静娟等（2016）利用 2003—2013 年期间的 8 个截面高铁班列数据，研究高铁建设对于全国城市网络的影响及其演变；王姣娥和景悦（2017）比较高铁流和航空流视角下的城市网络结构与组织模式，初楠臣等（2018）解析全国 180 个城市的高铁网络结构特征，刘承良等（2019）对全国高铁网络的多中心格局进行评价。

综上所述，高铁网络视角下的城市体系研究关注层级和网络及其演化过程。层级研究关注各个城市在高铁关联网络中的层级体系及其空间格局，网络研究关注城市和城市之间的关联强度及其空间格局，演化研究基于两个或以上时间截面数据，比较高铁网络的演化特征。本项研究的独特贡献在于：既考虑城市体系的总体结构，又关注城市之间的关联格局；既考虑高铁班次总量，又关注高铁班次构成（始末班次和经停班次）；既考虑城市地位的影响、又关注所在区位的制约。

10.1.1　高铁网络视角下城市体系的总体结构

高铁网络的数据来源是携程网的列车运营时刻表（https：//trains.ctrip.com/），数据获取时间是 2019 年 5 月 6 日（数据统计周期为一天），高铁运营班次包括 G 字头班次和

D 字头班次，并以地级或以上城市作为空间单元，将各个车站归属到所在地级或以上城市，共计涉及 5089 个班次和 245 个高铁城市，占地级及以上城市总数（343 个）的 71.4%，由此产生 38845 条“班次—城市”信息。

高铁网络视角下城市体系的总体结构既要考虑各个城市的班次总量，还要关注始末班次占比和经停班次占比。绝大部分城市的高铁班次数据都会涉及始末班次数量和经停班次数量，两者之和就是各个城市的高铁班次总量。为了便于比较分析，将班次总量的最大值定义为 100，各个城市的总关联度以最大值的百分比进行标准化处理。

表 10-1 和图 10-1 分别是高铁总关联度排名前三层级的 70 个城市及其地域分布。各个城市的总关联度既受到城市地位的影响，又受到所在区位的制约。首先是城市地位，总关联度较高的城市都位于“胡焕庸线”的东南侧区域，也就是经济相对发达区域，包括 4 个直辖市（北京、上海、重庆、天津）、19 个省会城市（南京、广州、杭州、武汉、长沙、济南、郑州、合肥、福州、西安、沈阳、石家庄、南昌、成都、贵阳、南宁、昆明、长春、哈尔滨）、5 个计划单列城市（深圳、厦门、青岛、宁波、大连）和一些经济强市（如长三角区域的无锡、常州、苏州、温州、金华、绍兴、嘉兴、湖州等）。

如图 10-2 所示，《全国中长期铁路网规划（2016—2025）》[1] 提出“八纵八横”的高铁主干网络，几乎覆盖了“胡焕庸线”东南侧的全部区域，也拓展到“胡焕庸线”西北侧的部分区域。在“八纵八横”的高铁主干网络中，不仅始末城市都是重要城市，沿途还串连了许多主要城市。还值得关注，北京是 5 条高铁通道的端部城市，而上海则是 3 条高铁通道的端部城市。

如表 10-2 和图 10-3 所示，基于始末班次占比或经停班次占比，可以进行类型分析。上海、北京、广州、深圳作为一线城市，不仅班次总量层级高，而且始末班次占比高。上海的班次总量位于第一层级和始末班次占比第三，北京的班次总量位于第二层级和始末班次占比第一，

---

[1] 中华人民共和国国家发展和改革委员会 . 全国中长期铁路网规划 – 发改基础〔2016〕1536 号，http://www.ndrc.gov.cn/zcfb/zcfbghwb/201607/W020160802639956019575.pdf。

高铁总关联度排名前三层级城市　　表 10-1

排名	城市	班次总量	总关联度	层级	排名	城市	班次总量	总关联度	层级
1	南京	1036	100.0	1	36	昆明	265	25.6	3
2	上海	1035	99.9		37	大连	259	25.0	
3	广州	827	79.8		38	潍坊	258	24.9	
4	杭州	731	70.6		39	桂林	253	24.4	
5	无锡	713	68.8		40	淄博	250	24.1	
6	武汉	694	67.0		41	泉州	243	23.5	
7	重庆	636	61.4	2	42	宜昌	239	23.1	
8	深圳	619	59.7		43	保定	239	23.1	
9	常州	596	57.5		44	长春	236	22.8	
10	苏州	596	57.5		45	哈尔滨	235	22.7	
11	长沙	593	57.2		46	湖州	233	22.5	
12	济南	559	54.0		47	宿州	231	22.3	
13	北京	550	53.1		48	莆田	229	22.1	
14	郑州	538	51.9		49	渭南	224	21.6	
15	合肥	492	47.5		50	滁州	222	21.4	
16	福州	481	46.4		51	德州	214	20.7	
17	西安	477	46.0		52	宁德	208	20.1	
18	沈阳	438	42.3		53	郴州	205	19.8	
19	镇江	435	42.0		54	佛山	205	19.8	
20	石家庄	386	37.3	3	55	蚌埠	203	19.6	
21	徐州	383	37.0		56	衢州	200	19.3	
22	厦门	379	36.6		57	漳州	194	18.7	
23	南昌	376	36.3		58	岳阳	194	18.7	
24	温州	375	36.2		59	怀化	193	18.6	
25	成都	359	34.7		60	洛阳	192	18.5	
26	上饶	344	33.2		61	芜湖	191	18.4	
27	贵阳	328	31.7		62	潮州	190	18.3	
28	金华	326	31.5		63	秦皇岛	186	18.0	
29	青岛	312	30.1		64	东莞	185	17.9	
30	绍兴	310	29.9		65	韶关	183	17.7	
31	宁波	300	29.0		66	商丘	182	17.6	
32	南宁	298	28.8		67	六安	182	17.6	
33	天津	292	28.2		68	肇庆	181	17.5	
34	嘉兴	280	27.0		69	娄底	178	17.2	
35	衡阳	275	26.5		70	台州	176	17.0	

资料来源：根据研究成果整理 .

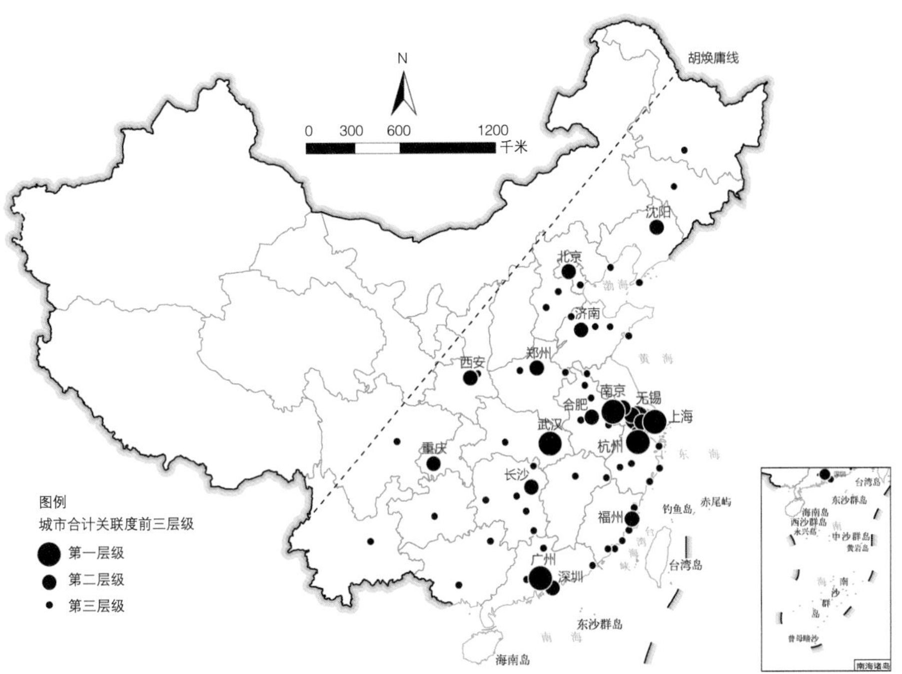

图 10-1 高铁总关联度排名前三层级城市的分布格局

资料来源：使用自然资源部公布的标准中国地图作为底图绘制．

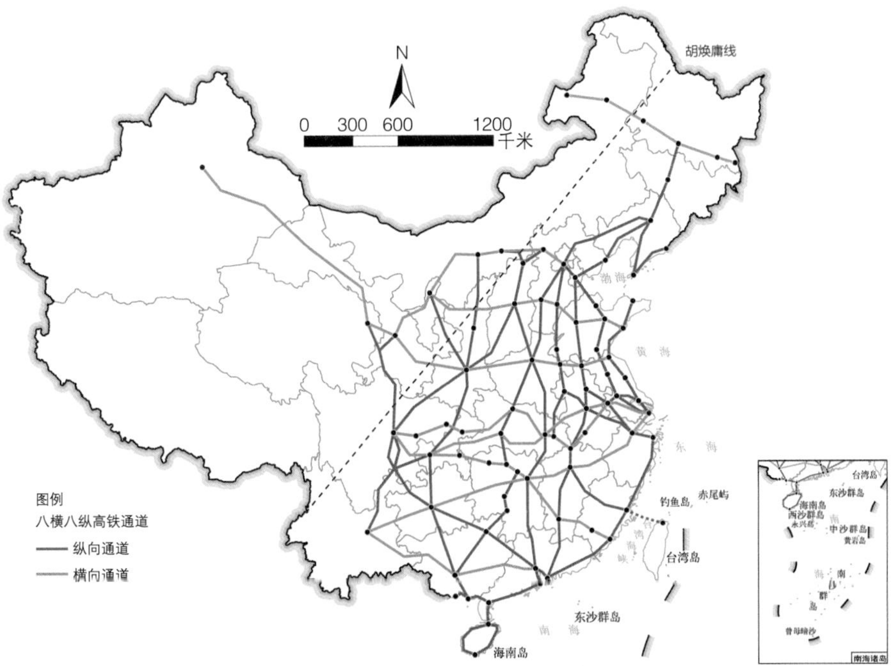

图 10-2 国家高铁主干网络的“八纵八横”格局

资料来源：使用自然资源部公布的标准中国地图作为底图绘制．

高铁班次总量位于前三层级城市的始末班次占比　　表 10-2

		高铁合计班次的层级		
		第一层级	第二层级	第三层级
始末班次占比 >70%	始末班次为主城市	上海（81.5%） 广州（72.2%）	北京（100.00）	成都（83.6%）
30% ≤始末班次占比≤ 70%	始末经停兼有城市	武汉（47.6%）	深圳（66.6%） 西安（64.6%） 重庆（53.3%） 福州（45.1%） 长沙（41.5%） 沈阳（40.9%） 合肥（38.4%）	大连（69.1%）、昆明（64.9%） 厦门（55.4%）、哈尔滨（51.9%） 青岛（51.6%）、温州（50.7%） 南宁（49.7%）、南昌（46.5%） 贵阳（43.0%）、长春（34.3%） 宜昌（33.9%）、怀化（32.1%） 潮州（31.6%）、宁波（30.0%）
始末班次占比 <30%	经停班次为主城市	南京（29.6%） 杭州（27.2%） 无锡（2.0%）	郑州（29.0%） 济南（23.3%） 常州（2.9%） 苏州（2.0%） 镇江（0.0%）	芜湖（23.0%）、桂林（20.6%） 衢州（20.0%）、石家庄（18.9%） 天津（18.8%）、六安（17.6%） 秦皇岛（16.7%）、商丘（15.4%） 宁德（11.5%）、徐州（10.7%） 洛阳（10.4%）、台州（7.4%） 佛山（7.3%）、岳阳（5.7%） 漳州（5.2%）、金华（4.6%） 上饶（4.1%）、蚌埠（3.9%） 德州（3.3%）、渭南（3.1%） 潍坊（3.1%）、绍兴（2.6%） 衡阳（2.5%）、泉州（2.5%） 莆田（1.7%）、保定（1.7%） 肇庆（1.1%）、韶关（1.1%） 湖州（0.9%）、嘉兴（0.0%） 淄博（0.0%）、宿州（0.0%） 滁州（0.0%）、郴州（0.0%） 东莞（0.0%）、娄底（0.0%）

注：括号中数字为始末班次占比．
资料来源：根据研究成果整理．

广州的班次总量位于第一层级和始末班次占比第四，深圳的班次总量位于第二层级和始末班次占比第五。值得关注的是，在我国的特定制度语境下，北京作为国家首都，始末班次占比高达 100%。成都作为西南区域的中心城市和高铁主干网络的端部城市之一，尽管班次总量位于第三层级，但始末班次占比第二。

除了上海、北京、广州、深圳作为一线城市，位于第一和第二层级的其他城市可以分为几种类型。其一是区域中心城市，西安是西北区域的中心城市，沈阳是东北区域的中心

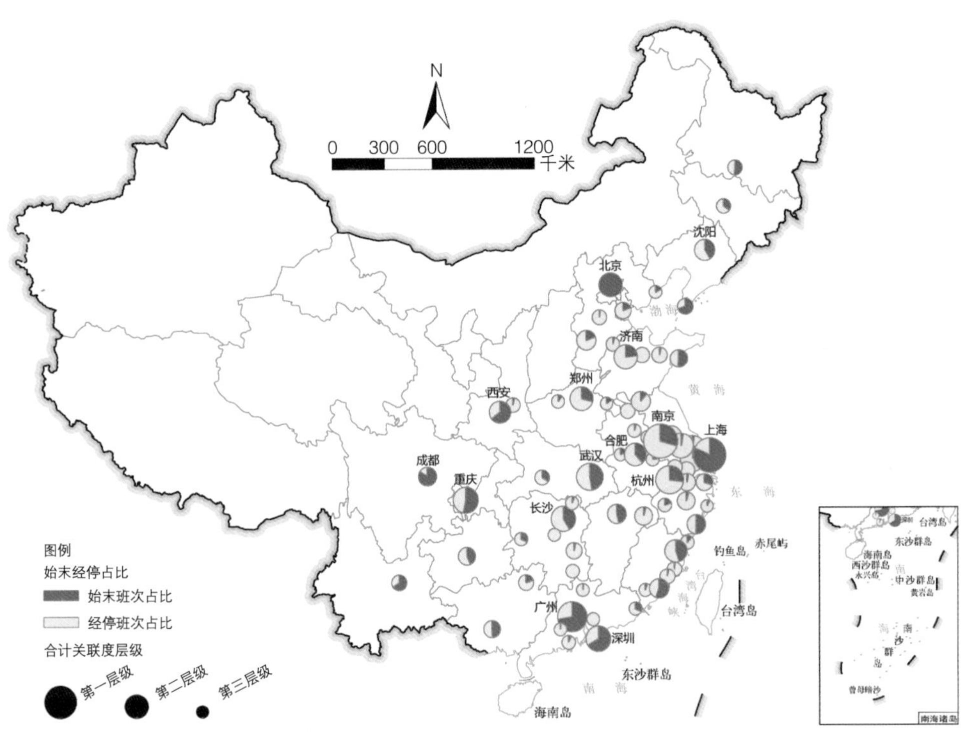

图 10-3 高铁班次总量排名前三层级城市的始末班次和经停班次占比图示

资料来源：使用自然资源部公布的标准中国地图作为底图绘制 .

城市，重庆是西南区域的中心城市之一。其二是位于国家地理中部的省会城市（武汉、长沙、南昌、合肥、济南、郑州），有些城市还位于高铁干线的交汇部位，既有国家高铁主干网络的经停班次，又有所在区域层面的始末班次。总体而言，位于国家中部的省会城市的经停班次占比都超过了 50%，可见所在区位的显著影响。其三，南京和杭州作为长三角区域的省会城市，既有国家高铁主干网络的经停班次，又有所在区域层面（沪宁线和沪杭线）的始末班次，但经停班次占比大于 70%。其四，无论在国家层面还是区域层面，许多地级城市仅是经停城市，如无锡、常州、苏州和镇江既是京沪高铁（国家层面）、又是沪宁城际（区域层面）的经停城市，经停班次占据绝对主导地位。

需要指出的是，天津、苏州、无锡和佛山的 2017 年地区生产总值（GDP）分别位列全国的第 6 位、第 7 位、第 14 位和第 16 位，但这些经济强市不仅位于高铁主干线路上，又与能级更高的始末城市相邻（天津与北京相邻、苏州和无锡与上海相邻、佛山与广州相邻），

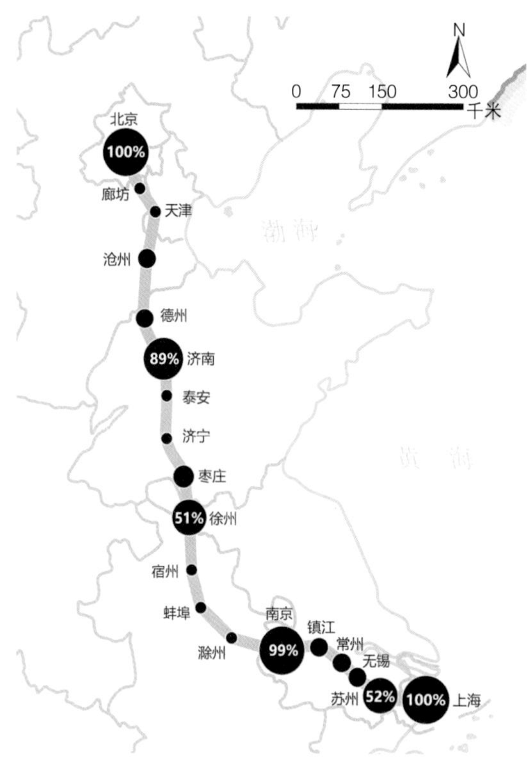

图 10-4　京沪高铁沿线各个城市的经停班次占比
资料来源：使用自然资源部公布的标准中国地图作为底图绘制 .

导致这些城市的经停班次占比都很高（天津、苏州、无锡和佛山的经停班次占比分别高达 87%、98%、98% 和 93%），尽管班次总量的差异是显著的（无锡和苏州分别为 713 次和 596 次，天津和佛山分别为 292 次和 205 次）。

如图 10-4 所示，在京沪高铁的班次总量中，经停占比最高的城市是南京（99%）和济南（89%），不仅作为省会城市，还位于京沪高铁的技术停车部位；苏州和徐州的经停占比分别为 52% 和 51%，徐州位于京沪线和徐兰线的交汇部位，而苏州则是经济强市；但天津作为经济强大的直辖市，京沪高铁的经停占比仅为 30%，与长三角区域的无锡、常州、镇江位于同一层级。当然，天津不仅位于京沪线途中，还分享京深（港）线和京福线的经停班次，合计班次位于全国第三层级。同样，无锡、常州、苏州、镇江不仅位于京沪高铁沿线，还分享沪宁城际的经停班次（图 10-5），无锡的班次总量位于全国第一层级，常州、苏州、镇江的班次总量位于全国第二层级。

综上所述，一个城市在高铁网络中的作用和地位既要考虑班次总量，又要关注始末班次占比和经停班次占比，受到城市地位和所在区位的双重影响。一方面，城市地位较高（如北京、上海、广州、深圳等），不仅高铁班次总量位于较高层级，而且始末班次占比较高。比如，在我国的特定制度语境下，北京作为国家首都，始末班次占比高达 100%；又如，尽管兰州作为徐兰线的端部城市，但西安的城市地位显著高于兰州，因而西安的高铁班次总量也显著大于兰州。另一方面，所在区位也是重要的影响因素。比如，位于国家地理中部区位和高铁网络交汇部位的省会城市（如武汉、长沙、合肥、郑州、济南等），

图 10-5　沪宁城际沿线各个城市的经停班次占比

资料来源：使用自然资源部公布的标准地图作为底图绘制 .

不仅高铁班次总量较多，而且经停班次占比是较高的；再如，位于主要高铁通道沿线的城市可以分为两种类型：省会城市（如南京和杭州）既是国家层面的高铁线路（分别是京沪高铁和沪昆高铁）的经停城市、又是所在区域层面的高铁线路（分别是沪宁城际和沪杭城际）的始末城市；其他城市在国家层面和区域层面都是经停城市，如无锡、常州、苏州、镇江享受京沪高铁和沪宁城际的叠加效应。据报道，京沪高铁是我国最为繁忙的高铁线路，已经成为“中国高铁第一股”❶。

10.1.2　高铁网络视角下城市之间的关联格局

高铁网络视角下城市体系的总体结构只是考虑各个城市的高铁班次总量和构成，而本章节则关注主要城市之间的关联格局，参照唐子来等（2017）的中国主要城市关联网络研究，40 个主要城市包含 36 个固定的高阶城市和 4 个可变的经济强市。所谓“高阶城市”就是行政层级较高的 36 个城市（包括 4 个直辖市、27 个省会城市、5 个计划单列城市），4 个经济强市就是研究年份的地区生产总值在“非高阶城市”中排名前四城市（2018 年的经济强市包括苏州、无锡、佛山、南通）。需要说明的是，在数据获取之时，银川和拉萨尚未形成高铁连通、海口和呼和浩特与其他 37 个城市之间没有直通高铁班次。因此，本研究仅涉及 23 个省会城市，共计 36 个主要城市（表 10-3）。

---

❶　央视新闻 .“中国高铁第一股”京沪高铁挂牌上市，http：//tv.cctv.com/2020/01/16/ARTIw9Y3oxS1dY7EBPhZiPZ0200116.shtml。

本研究涵盖的中国 36 个主要城市　　表 10-3

4 个直辖市	北京、上海、天津、重庆
23 个省会城市	石家庄、杭州、南京、合肥、广州、成都、武汉、长沙、南昌、哈尔滨、长春、沈阳、济南、福州、南宁、郑州、昆明、贵阳、太原、西安、兰州、西宁、乌鲁木齐
5 个计划单列城市	深圳、宁波、厦门、大连、青岛
4 个经济强市	苏州、无锡、佛山、南通

资料来源：根据研究成果整理 .

36 个主要城市之间高铁关联网络的数据来源如上所述，共计涉及 3695 个班次，通过高铁关联的两个城市形成一个“城市对”。需要说明，一个高铁班次往往连接多个主要城市，形成多个城市关联。例如，一个高铁班次连接 A、B、C 三个城市，则形成 A—B，B—C，A—C 三个城市对。高铁网络视角下城市之间的关联格局既要考虑高铁班次总量，也要关注高铁关联的各种类型。城市对的总关联值就是两个城市之间高铁班次总量，包含三种类型。始末（始末—始末）关联值是两个城市同时作为始末站点的高铁班次数，经停（经停—经停）关联值是两个城市同时作为经停站点的高铁班次数，始末—经停关联值是一个城市作为始末站点和一个城市作为经停站点的高铁班次数。总关联值则是始末关联值、经停关联值、始末—经停关联值之和，关联度就是以最大关联值为 100 的标准化结果。

理论上 36 个主要城市之间形成 630 个城市对，但实际上 215 个城市对不存在高铁关联，有 415 个城市对存在高铁关联。如表 10-4 和图 10-6 所示，前三层级包含 66 个城市对，可以发现几个基本特点。其一，在前三层级的城市关联中，高阶城市之间形成 51 个城市对的总关联值在前三层级中的合计占比高达 66.8%，而三个经济强市（无锡、苏州、佛山）与高阶城市之间和经济强市之间（苏州—无锡）形成 15 个城市对的总关联值的合计占比达到 33.2%，苏州—无锡也是进入第一层级的唯一经济强市之间关联。其二，位于前三层级的许多城市对是同一城市群内部的主要城市之间关联，其次是相邻城市群的主要城市之间关联，与航空关联网络不同，高铁关联网络显示出距离衰减效应。其三，还值得关注的是，位于第一层级的六对城市关联均是沪宁线上的城市对（南京—无锡、上海—南京、上海—苏州、南京—苏州、上海—无锡、苏州—无锡），显然得益于京沪高铁和沪宁城际的叠加效应，同时也是同一城市群内部的主要城市之间关联。既有研究也表明（初楠臣，等，2018），长三角区域是我国高铁网络密度最高的区域。

36 个主要城市之间高铁总关联度位于前三层级的城市对 表 10-4

序号	城市对	总关联值	总关联度	层级	序号	城市对	总关联值	总关联度	层级
1	南京—无锡	690	100.0	1	34	北京—天津	141	20.4	3
2	上海—南京	643	93.2		35	广州—武汉	141	20.4	
3	上海—苏州	585	84.8		36	上海—济南	136	19.7	
4	南京—苏州	548	79.4		37	北京—郑州	130	18.8	
5	上海—无锡	507	73.5		38	北京—南京	129	18.7	
6	苏州—无锡	454	65.8		39	沈阳—大连	127	18.4	
7	上海—杭州	329	47.7	2	40	广州—南宁	125	18.1	
8	深圳—广州	318	46.1		41	杭州—南昌	118	17.1	
9	南京—杭州	315	45.7		42	长沙—郑州	115	16.7	
10	南京—合肥	302	43.8		43	哈尔滨—长春	115	16.7	
11	杭州—无锡	279	40.4		44	上海—宁波	115	16.7	
12	广州—长沙	258	37.4		45	深圳—长沙	111	16.1	
13	福州—厦门	230	33.3		46	深圳—厦门	106	15.4	
14	无锡—合肥	229	33.2		47	长沙—贵阳	105	15.2	
15	杭州—宁波	225	32.6		48	南京—宁波	105	15.2	
16	武汉—长沙	223	32.3		49	上海—武汉	104	15.1	
17	青岛—济南	220	31.9		50	昆明—贵阳	104	15.1	
18	武汉—郑州	210	30.4		51	武汉—无锡	100	14.5	
19	广州—佛山	205	29.7		52	杭州—福州	100	14.5	
20	郑州—石家庄	201	29.1		53	苏州—武汉	99	14.3	
21	上海—合肥	201	29.1		54	杭州—合肥	99	14.3	
22	北京—济南	199	28.8		55	西安—兰州	97	14.1	
23	北京—石家庄	198	28.7		56	武汉—石家庄	97	14.1	
24	郑州—西安	197	28.6		57	沈阳—哈尔滨	97	14.1	
25	成都—重庆	194	28.1		58	佛山—南宁	97	14.1	
26	苏州—合肥	188	27.2		59	北京—上海	96	13.9	
27	南京—济南	182	26.4		60	南京—郑州	94	13.6	
28	武汉—合肥	174	25.2		61	济南—无锡	94	13.6	
29	长沙—南昌	166	24.1		62	成都—西安	92	13.3	
30	沈阳—长春	166	24.1		63	无锡—宁波	92	13.3	
31	南京—武汉	155	22.5	3	64	天津—沈阳	92	13.3	
32	重庆—贵阳	147	21.3		65	苏州—济南	90	13.0	
33	天津—济南	146	21.2		66	广州—贵阳	90	13.0	

资料来源：根据研究成果整理 .

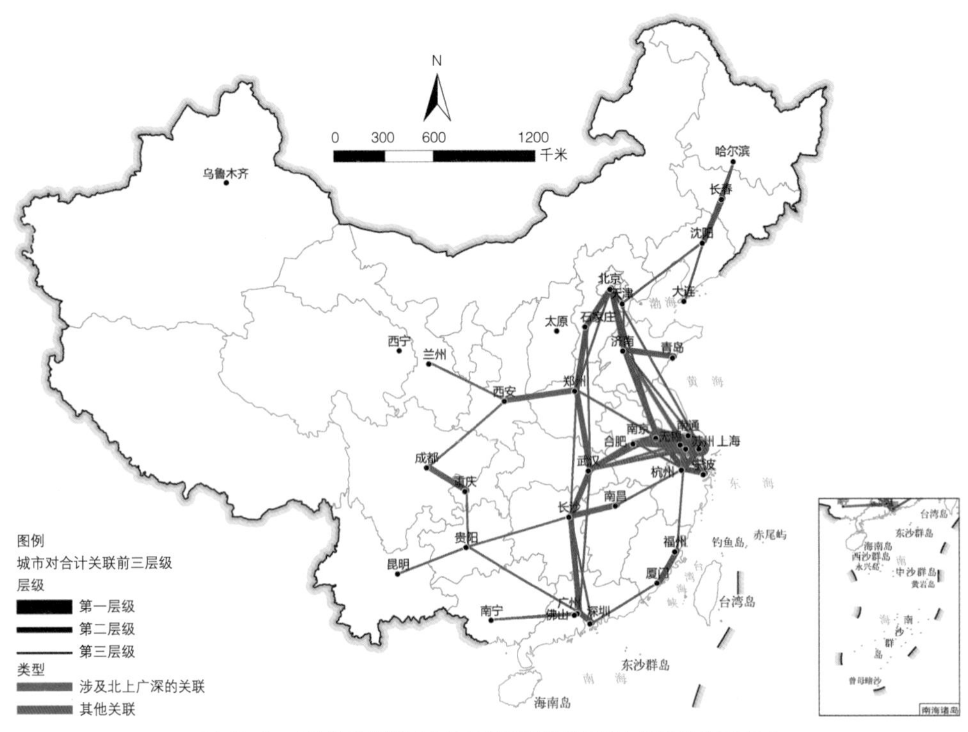

图 10-6　在高铁总关联度中位于前三层级的城市对形成的关联格局

资料来源：使用自然资源部公布的标准中国地图作为底图绘制 .

在 415 个存在高铁关联的城市对中，269 个城市对存在始末关联。如表 10-5 和图 10-7 所示，前三层级包含 35 个城市对，可以发现几个特点。其一，始末关联度位于前三层级的绝大部分城市对（除了南京—南通）都是高阶城市之间关联，高阶城市之间形成 34 个城市对的始末关联值在前三层级的合计占比高达 97.7%；其二是北京、上海、广州、深圳之间和这些一线城市与其他高阶城市之间始末关联形成 25 个城市对，其始末关联值合计占比高达 71.3%；其三是经济大省内部的两个主要城市（绝大部分也是高阶城市）之间始末关联（原四川省的成都—重庆、辽宁省的沈阳—大连、山东省的济南—青岛、江苏省的南京—南通、福建省的福州—厦门），其始末关联值合计占比达到 16.2%；其四是区域中心城市（都是高阶城市）之间始末关联（包括西部区域的成都—西安、西北区域的西安—兰州和西安—太原、东北区域的大连—哈尔滨和大连—长春），其始末关联值合计占比达到 12.5%。

在 415 个存在高铁关联的城市对中，217 个城市对存在经停关联。如表 10-6 和图 10-8 所示，经停关联度前三层级包含 30 个城市对，大部分城市对都位于主要高铁线路上，显

36 个主要城市之间高铁始末关联度位于前三层级的城市对　　表 10–5

<table>
<tr><th>序号</th><th>城市对</th><th>始末关联值</th><th>始末关联度</th><th>层级</th><th>序号</th><th>城市对</th><th>始末关联值</th><th>始末关联度</th><th>层级</th></tr>
<tr><td>1</td><td>上海—南京</td><td>110</td><td>100.0</td><td rowspan="2">1</td><td>19</td><td>广州—昆明</td><td>27</td><td>24.5</td><td rowspan="17">3</td></tr>
<tr><td>2</td><td>北京—上海</td><td>92</td><td>83.6</td><td>20</td><td>大连—哈尔滨</td><td>26</td><td>23.6</td></tr>
<tr><td>3</td><td>成都—重庆</td><td>67</td><td>60.9</td><td rowspan="7">2</td><td>21</td><td>福州—厦门</td><td>26</td><td>23.6</td></tr>
<tr><td>4</td><td>上海—武汉</td><td>56</td><td>50.9</td><td>22</td><td>深圳—福州</td><td>26</td><td>23.6</td></tr>
<tr><td>5</td><td>广州—南宁</td><td>53</td><td>48.2</td><td>23</td><td>北京—太原</td><td>24</td><td>21.8</td></tr>
<tr><td>6</td><td>深圳—广州</td><td>45</td><td>40.9</td><td>24</td><td>深圳—长沙</td><td>24</td><td>21.8</td></tr>
<tr><td>7</td><td>上海—合肥</td><td>45</td><td>40.9</td><td>25</td><td>北京—武汉</td><td>24</td><td>21.8</td></tr>
<tr><td>8</td><td>沈阳—大连</td><td>43</td><td>39.1</td><td>26</td><td>广州—成都</td><td>24</td><td>21.8</td></tr>
<tr><td>9</td><td>成都—西安</td><td>40</td><td>36.4</td><td>27</td><td>北京—石家庄</td><td>23</td><td>20.9</td></tr>
<tr><td>10</td><td>西安—兰州</td><td>35</td><td>31.8</td><td rowspan="9">3</td><td>28</td><td>北京—沈阳</td><td>22</td><td>20.0</td></tr>
<tr><td>11</td><td>青岛—济南</td><td>34</td><td>30.9</td><td>29</td><td>北京—西安</td><td>22</td><td>20.0</td></tr>
<tr><td>12</td><td>北京—青岛</td><td>32</td><td>29.1</td><td>30</td><td>大连—长春</td><td>22</td><td>20.0</td></tr>
<tr><td>13</td><td>西安—太原</td><td>30</td><td>27.3</td><td>31</td><td>上海—西安</td><td>22</td><td>20.0</td></tr>
<tr><td>14</td><td>深圳—厦门</td><td>30</td><td>27.3</td><td>32</td><td>广州—长沙</td><td>21</td><td>19.1</td></tr>
<tr><td>15</td><td>广州—贵阳</td><td>30</td><td>27.3</td><td>33</td><td>深圳—武汉</td><td>21</td><td>19.1</td></tr>
<tr><td>16</td><td>上海—长沙</td><td>29</td><td>26.4</td><td>34</td><td>北京—大连</td><td>21</td><td>19.1</td></tr>
<tr><td>17</td><td>广州—武汉</td><td>28</td><td>25.5</td><td>35</td><td>上海—厦门</td><td>20</td><td>18.2</td></tr>
<tr><td>18</td><td>南京—南通</td><td>28</td><td>25.5</td><td></td><td></td><td></td><td></td><td></td></tr>
</table>

资料来源：根据研究成果整理.

示出所在区位的显著影响。比如，京沪高铁沿线的南京—苏州、南京—无锡、南京—济南、天津—济南、苏州—济南、苏州—无锡、济南—无锡、苏州—上海、南京—天津、无锡—上海，沪昆高铁沿线的上海—杭州、长沙—南昌、杭州—南昌，京深（港）高铁沿线的郑州—石家庄、长沙—武汉、郑州—武汉、长沙—广州，沿江高铁沿线（上海—武汉段）的合肥—南京、无锡—合肥、苏州—合肥、武汉—合肥、武汉—南京。

在 415 个存在高铁关联的城市对中，346 个城市对存在始末—经停关联；其中，150 个城市对存在双向的始末—经停关联和 196 个城市对存在单向的始末—经停关联。如表 10–7 和图 10–9 所示，始末—经停关联度前三层级包含 25 个城市对，可以发现几个特点。其一，始末城市都是高阶城市，而经济强市（如无锡、苏州、佛山）都是经停城市，始末—经停关联度位于前三层级的大部分城市对都是高阶城市之间关联，在始末—经停关

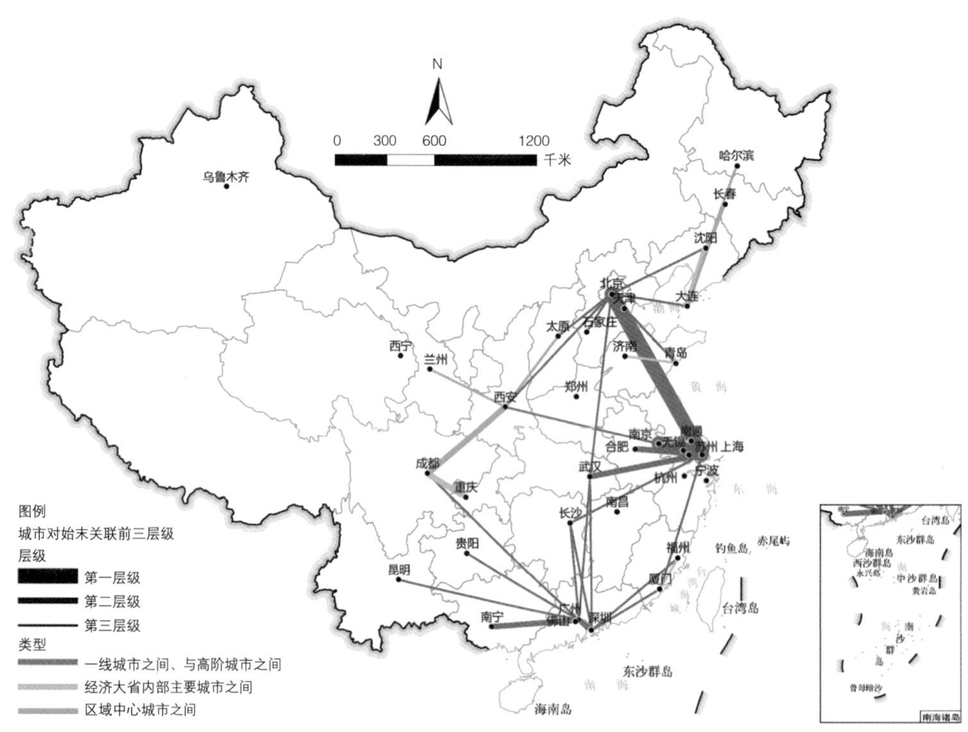

图 10-7　高铁始末关联度位于前三层级的城市对形成的关联格局

资料来源：使用自然资源部公布的标准中国地图作为底图绘制 .

联值的前三层级中合计占比高达 64.5%；其二，前五位的城市对（上海—苏州、上海—南京、上海—无锡、上海—杭州、南京—无锡）都是长三角核心区域的主要城市之间关联，其始末—经停关联值合计占比达到 42.7%，显然得益于国家层面和所在区域层面的高铁叠加效应。

高铁网络视角下城市之间的关联格局应当关注城市地位和所在区位的双重影响。就城市地位而言，北上广深之间和这些一线城市与其他主要城市之间关联在始末关联中占据主导地位；就所在区位而言，高铁干线沿线的城市之间关联在经停关联中位居前列。长三角核心区域的主要城市之间关联在始末—经停关联中位居前列，既显示了高铁干线沿线的所在区位优势，又体现了经济实力的城市地位。还需要指出，如果其他影响因素保持相似，城市之间高铁关联显示距离递减效应。城市之间距离较近，在高铁网络中的相互关联也较高；反之，在高铁网络中的相互关联也较低。

36 个主要城市之间高铁经停关联度位于前三层级的城市对　　表 10-6

序号	城市对	经停关联值	经停关联度	层级	序号	城市对	经停关联值	经停关联度	层级
1	无锡—南京	491	100.0		16	武汉—合肥	94	19.1	
2	苏州—无锡	445	90.6	1	17	长沙—南昌	92	18.7	
3	苏州—南京	418	85.1		18	长沙—广州	91	18.5	
4	杭州—无锡	208	42.4		19	苏州—济南	87	17.7	
5	合肥—南京	181	36.9		20	济南—无锡	84	17.1	
6	郑州—石家庄	172	35.0		21	杭州—南昌	79	16.1	
7	济南—南京	169	34.4		22	苏州—上海	76	15.5	
8	无锡—合肥	139	28.3		23	郑州—西安	72	14.7	3
9	杭州—南京	139	28.3	2	24	长沙—郑州	71	14.5	
10	苏州—合肥	138	28.1		25	杭州—上海	70	14.3	
11	杭州—宁波	133	27.1		26	苏州—杭州	68	13.8	
12	长沙—武汉	124	25.3		27	天津—南京	66	13.4	
13	郑州—武汉	123	25.1		28	无锡—上海	66	13.4	
14	济南—天津	118	24.0		29	武汉—南京	65	13.2	
15	长春—沈阳	99	20.2	3	30	重庆—贵阳	64	13.0	

资料来源：根据研究成果整理 .

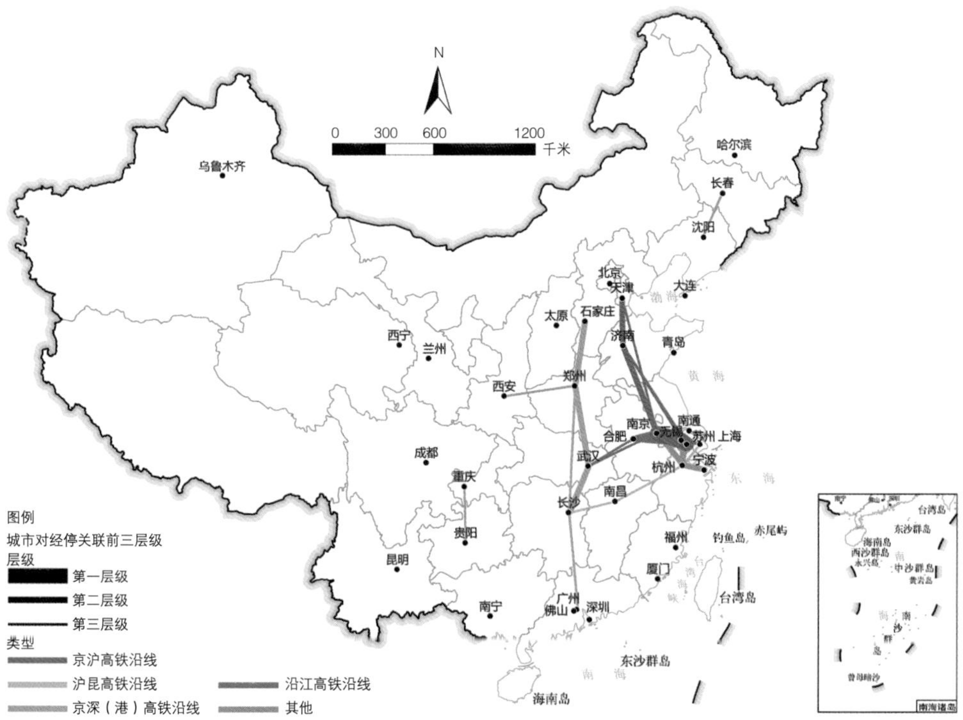

图 10-8　经停关联度中位于前三层级的城市对形成的关联格局

资料来源：使用自然资源部公布的标准中国地图作为底图绘制 .

36 个主要城市之间高铁始末—经停关联度位于前三层级的城市对　　表 10-7

序号	城市对	始末—经停关联值	始末—经停关联度	层级	序号	城市对	始末—经停关联值	始末—经停关联度	层级
1	上海—苏州	497	100.0	1	14	北京—南京	125	25.2	3
2	上海—南京	465	93.6		15	广州—长沙	118	23.7	
3	上海—无锡	429	86.3		16	北京—郑州	116	23.3	
4	上海—杭州	234	47.1	2	17	青岛—济南	113	22.7	
5	南京—无锡	197	39.6		18	西安—郑州	103	20.7	
6	北京—济南	191	38.4		19	成都—重庆	103	20.7	
7	广州—佛山	176	35.4		20	广州—深圳	100	20.1	
8	北京—石家庄	175	35.2		21	合肥—南京	99	19.9	
9	深圳—广州	155	31.2		22	厦门—福州	91	18.3	
10	上海—合肥	134	27.0	3	23	合肥—无锡	89	17.9	
11	南京—苏州	130	26.2		24	昆明—贵阳	88	17.7	
12	北京—天津	130	26.2		25	南京—杭州	87	17.5	
13	上海—济南	125	25.2						

注：在城市对中，前者为始末城市，后者为经停城市．

资料来源：根据研究成果整理．

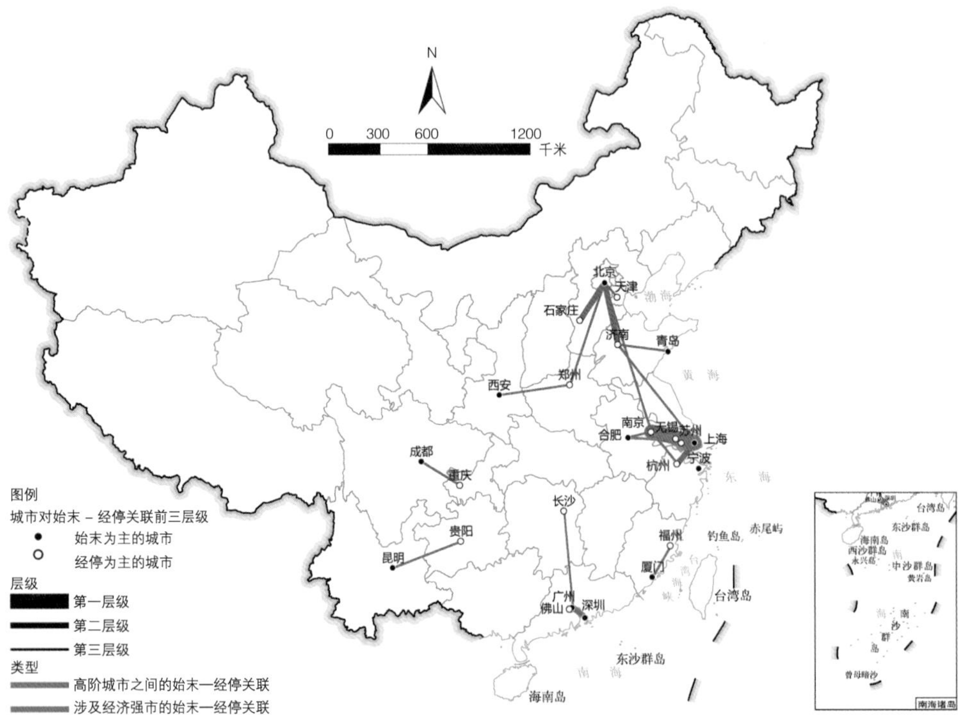

图 10-9　始末—经停关联度位于前三层级的城市对形成的关联格局

资料来源：使用自然资源部公布的标准中国地图作为底图绘制．

10.1.3 小结

综上所述，高铁网络视角下的城市体系研究既要考虑城市体系的总体结构、又要关注城市之间的关联格局，既要考虑高铁班次总量、又要关注高铁班次构成，既要考虑城市地位的影响、又要关注所在区位的制约。在城市体系的总体结构上，城市地位是影响高铁班次总量的主导因素，所在区位是影响高铁班次构成的显著因素。一个城市的高铁班次总量较多，该城市地位较高（如北上广深作为一线城市）；反之，该城市地位较低。一个城市的始末班次占比较高，该城市的中心区位或端部区位较为显著；一个城市的经停班次占比较高，该城市的中间区位较为显著。主要城市之间的关联格局同样应当关注城市地位和所在区位的双重影响。就城市地位而言，北上广深之间和这些一线城市与其他主要城市之间关联在始末关联中占据主导地位；就所在区位而言，高铁主干线路沿线的城市之间关联在经停关联中显示优势。长三角核心区域的主要城市之间关联在始末一经停关联中位居前列，既显示了高铁干线沿线的所在区位优势，又体现了经济实力的城市地位。还需要强调，高铁网络视角下城市之间的关联格局呈现距离递减效应。

需要特别说明本研究的可能缺陷。由于无法获得高铁实际客流的详细数据，本研究的基本假设在于，高铁运营班次作为高铁客运供给是对于高铁客运需求的合理反应。但既有研究显示，高铁运营的班次数量和高铁运载的实际客流之间存在一定差异（丁金学，等，2013）。

10.2 航空网络视角下的中国城市体系

航空网络作为城市之间的中远程交通联系方式，更多地用于国际尺度和国家尺度的城市体系研究，已经形成相当丰富的成果。航空视角的城市体系研究始于北美，Taaffe（1958）、Murayama（1982）、Goetz（1992）等人基于航空客运数据，对于美国和加拿大的城市体系进行分析和归纳。在国际尺度上，国外学者 Keeling（1995）、Smith 与 Timberlake

（2001）、Rimmer（1999）等从航空视角研究全球和东北亚地区城市体系，国内学者张凡和宁越敏（2015）也基于全球航班流数据对世界城市网络连接性进行分析。

2000 年以来，航空网络成为中国城市体系研究的重要视角，尽管各个研究的数据来源和分析方法有所不同，但可以分为动态的演化研究和静态的断面研究。在动态的演化研究方面，周一星和胡智勇（2002）回顾 1990 年代航空运输视角下中国城市体系的空间网络结构演化特征，于涛方等（2008）解析 20 世纪末和 21 世纪初航空流视角下中国城市体系格局与演化，宋伟等（2008）探讨 20 世纪末和 21 世纪初航空客流视角下中国城市层级结构。在静态的断面研究方面，薛俊菲（2008）、朱惠斌（2014）、马学广和鹿宇（2018）分别探讨航空网络视角下中国城市体系的等级结构与分布格局、功能网络、空间格局与空间联系。此外，王海江和苗长虹（2015）分析了中国航空联系的网络结构与区域差异，也是与中国城市体系相关的；王姣娥和景悦（2017）则比较了铁路流和航空流视角下中国城市网络的等级结构特征及组织模式。既有研究表明，中国航空网络与人口和经济的空间分布格局是高度重合的，航空网络在很大程度上体现了城市体系的空间结构特征。

在既有研究的基础上，试图再次识别和解析航空网络视角下的中国城市体系（不包含香港、澳门、台湾地区）。值得指出的是，既考虑城市体系的总体结构、又关注城市之间的关联格局，既考虑航空班次总量、又关注航空班次构成（始末班次和经停班次），既考虑城市地位的影响、又关注所在区位的制约，这些都是文书对于航空网络视角下城市体系研究的独特贡献。众所周知，与高铁网络不同，航空网络以中远程的点对点联系为主，大部分航班为直飞航班，距离过长或始末客源不足的航班则需要中途经停。文书的研究数据显示，尽管始末航班占比高达 69%，但经停航班占比也达到了 31%，而既有研究尚未关注航空关联网络中始末城市和经停城市的差异性。

依据《中国民用航空发展第十三个五年规划》[1]，至 2020 年，完善华北、东北、华东、中南、西南、西北六大机场群，着力提升北京、上海、广州机场作为京津冀、长三角、珠三角三大世界级机场群的国际枢纽机场，逐步提升成都、昆明、深圳、重庆、西安、乌鲁木齐、

---

[1] 中国民航局：中国民用航空发展第十三个五年规划，http：//www.caac.gov.cn/XXGK/XXGK/FZGH/201704/t20170405_ 43502.html。

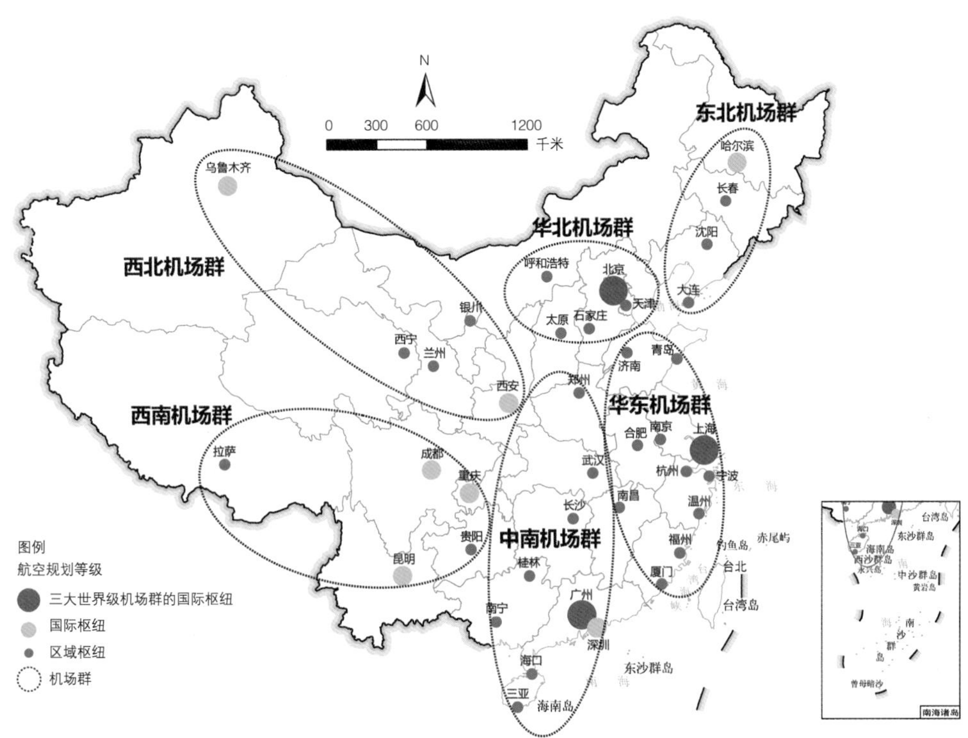

图 10-10　中国民用航空发展规划的各级枢纽

资料来源：使用自然资源部公布的标准中国地图作为底图绘制 .

哈尔滨等机场的国际枢纽功能，积极推动天津、石家庄、太原、呼和浩特、大连、沈阳、长春、杭州、厦门、南京、青岛、福州、济南、南昌、温州、宁波、合肥、南宁、桂林、海口、三亚、郑州、武汉、长沙、贵阳、拉萨、兰州、西宁、银川等机场形成各具特色的区域枢纽。可见，《中国民用航空发展第十三个五年规划》中的各级航空枢纽涵盖了所有 36 个高阶城市（4 个直辖市、27 个省会城市、5 个计划单列城市），还涉及一些经济强市（温州）和旅游名城（桂林、三亚）（图 10-10）。

10.2.1　航空网络视角下城市体系的总体结构

航空网络数据来自携程网的航空运营时刻表（https：//flights.ctrip.com/），数据获取时间是 2019 年 4 月 6 日，包括各个航班的起飞、到达和经停机场，数据统计周期为一周（2019 年 4 月 1—7 日）。本研究以地级或以上城市作为空间单元，将各个机场归属到所在地级或以上城市。有效数据共计 8206 个航班，包括 5660 个直飞航班和 2546 个经停航班，涉及 201 个地级及以上城市，占地级及以上城市总数（343 个）的 58.6%。航空网络视角下城市体系的总体结构既要考虑各个城市的航班总量，又要关注始末航班占比和经停航班占比。大部分城市都会涉及始末航班和经停航班，两者之和就是各个城市的航班总量。为了便于比较分析，将航班总量的最大值定义为 100，各个城市的关联度以最大值的百分比进行标准化处理。

表 10-8 和图 10-11 分别是合计总关联度排名前四层级的 44 个城市及其分布格局，可以发现一些特点。其一，位于第一和第二层级的前八城市（上海、北京、广州、成都、深圳、

航空总关联度合计排名的前四层级城市　　表 10-8

序号	城市	合计总关联值	合计总关联度	层级	序号	城市	合计总关联值	合计总关联度	层级
1	上海	6596	100.0	1	23	海口	1461	22.1	3
2	北京	5772	87.5		24	呼和浩特	1404	21.3	
3	广州	4094	62.1	2	25	济南	1376	20.9	
4	成都	3960	60.0		26	三亚	1316	20.0	
5	深圳	3951	59.9		27	珠海	1291	19.6	
6	昆明	3905	59.2		28	兰州	1290	19.6	
7	西安	3790	57.5		29	福州	1167	17.7	
8	重庆	3786	57.4		30	长春	1162	17.6	
9	杭州	3051	46.3	3	31	太原	1004	15.2	4
10	厦门	2495	37.8		32	温州	949	14.4	
11	南京	2399	36.4		33	南昌	918	13.9	
12	长沙	1903	28.9		34	银川	918	13.9	
13	乌鲁木齐	1903	28.9		35	烟台	912	13.8	
14	郑州	1888	28.6		36	桂林	870	13.2	
15	哈尔滨	1883	28.5		37	合肥	865	13.1	
16	武汉	1868	28.3		38	泉州	860	13.0	
17	贵阳	1853	28.1		39	西宁	848	12.9	
18	青岛	1796	27.2		40	丽江	772	11.7	
19	大连	1717	26.0		41	石家庄	755	11.4	
20	沈阳	1714	26.0		42	无锡	729	11.1	
21	天津	1661	25.2		43	宁波	710	10.8	
22	南宁	1497	22.7		44	拉萨	682	10.3	

资料来源：根据研究成果整理 .

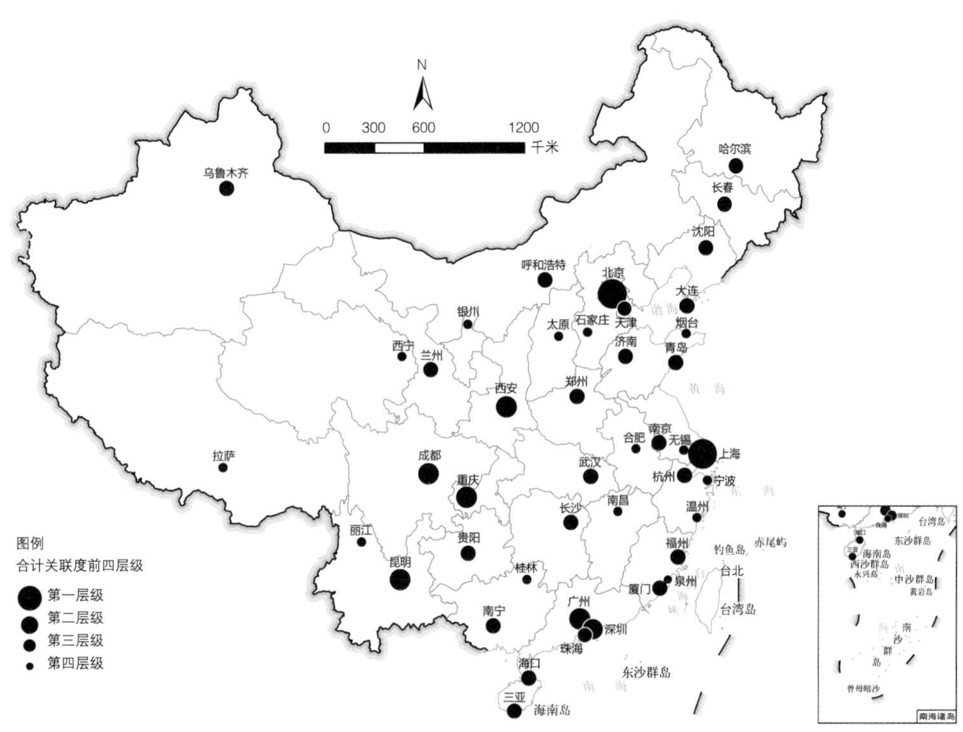

图 10-11　航空合计总关联度排名前四层级的城市分布

资料来源：使用自然资源部公布的标准中国地图作为底图绘制 .

昆明、西安、重庆）都是《中国民用航空发展第十三个五年规划》确定的国际航空枢纽（还包含位于第三层级的乌鲁木齐和哈尔滨），位居前三的上海、北京、广州分别是长三角、京津冀、珠三角三大世界级机场群的核心枢纽；其二，位于前四层级的 44 个城市涵盖了所有 36 个高阶城市，还涉及 8 个经济强市和旅游名城，除了《中国民用航空发展第十三个五年规划》提及的三亚、温州、桂林，还有珠海、烟台、泉州、丽江、无锡。可见，各个城市在航空网络中的合计总关联度与《中国民用航空发展第十三个五年规划》是基本一致的，受到城市地位的显著影响，包括行政地位（高阶城市）和经济地位，而两者又是相互关联的。

如表 10-9 和图 10-12 所示，一个城市在航空网络中的地位和作用，既要考虑航班总量，又要关注始末航班占比或经停航班占比，据此可以进行类型分析。其一，始末航班占比很高（高于 95%）的城市可以分为两种类型：一类是国家中心城市，如合计总关联

航空航班总量位于前四层级城市的始末航班占比 表 10-9

		航空合计班次的层级			
		第一层级	第二层级	第三层级	第四层级
始末班次占比 >95%	始末班次为主城市	上海（98.8%） 北京（99.5%）	广州（100.0%） 成都（98.1%） 深圳（99.8%）	厦门（98.3%） 哈尔滨（96.1%） 沈阳（96.7%） 海口（100.0%） 三亚（100.0%） 珠海（95.5%） 长春（97.6%）	丽江（96.1%） 拉萨（96.9%）
85% ≤始末班次占比≤ 95%	始末经停兼有城市		昆明（91.5%） 重庆（89.6%）	杭州（93.1%） 乌鲁木齐（89.9%） 贵阳（91.3%） 大连（92.5%） 天津（91.0%） 南宁（94.9%） 福州（92.5%）	温州（88.1%） 泉州（92.7%） 无锡（93.1%） 宁波（87.0%）
始末班次占比 <85%	经停班次显著城市		西安（84.7%）	南京（84.4%） 长沙（72.7%） 郑州（64.6%） 武汉（70.3%） 青岛（84.4%） 呼和浩特（82.1%） 济南（70.2%） 兰州（79.1%）	太原（73.0%） 南昌（62.3%） 银川（80.7%） 烟台（68.8%） 桂林（81.0%） 合肥（68.7%） 西宁（81.1%） 石家庄（78.5%）

注：括号中数字为始末班次占比 .
资料来源：根据研究成果整理 .

度依次位居前五的上海、北京、广州、成都、深圳；另一类是位于国家地理边缘（沿海或沿边）的端部城市，包括厦门、海口、三亚、珠海、丽江、拉萨、（东北地区的）沈阳、长春、哈尔滨等。其二，经停航班占比显著（高于 15%）的城市可以分为三种类型：一类是位于国家地理中部或位于沿海岸线中部的城市，往往成为东西之间和南北之间主要航路的经停城市，郑州、武汉、长沙、济南、太原、南昌、合肥是位于国家地理中部的城市，青岛则是位于沿海岸线中部的城市；一类是位于西部主要航路（以乌鲁木齐和拉萨为始末城市）上的城市，如西安、兰州、银川、西宁；还有一类是与能级更高的航空枢纽相邻的省会城市（如南京、石家庄）、旅游名城（如桂林）或省域经济强市（如烟台）。

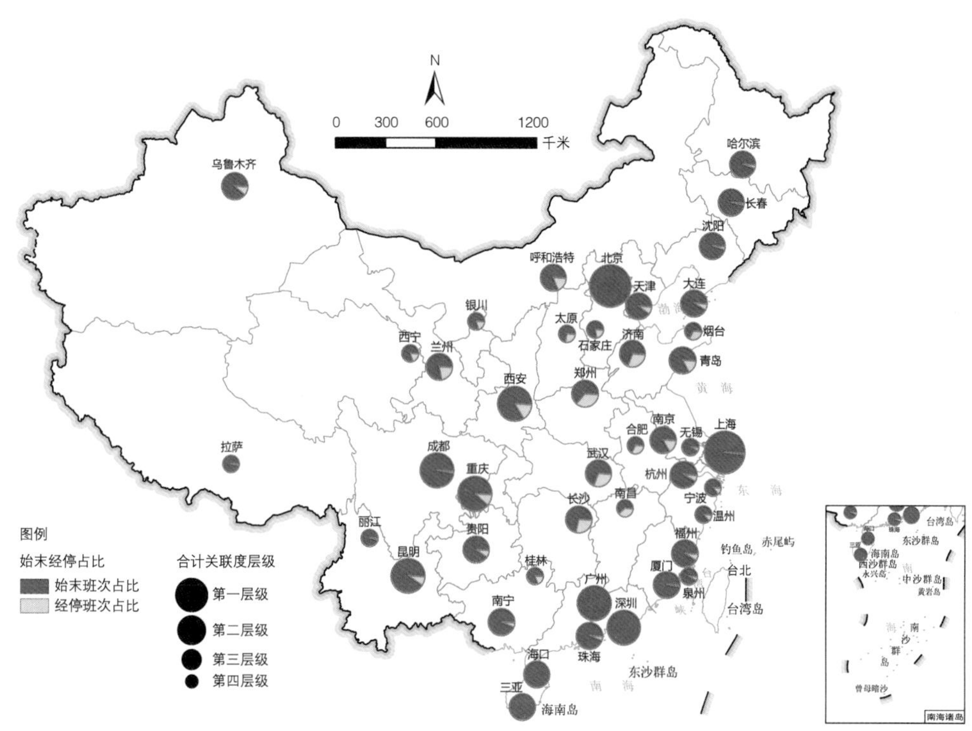

图 10-12 航空合计班次排名前四层级城市的始末航班和经停航班占比

资料来源：使用自然资源部公布的标准中国地图作为底图绘制 .

如表 10-10 所示，内蒙古、新疆、云南的地域辽阔，省会城市也是省内其他城市与省外航空联系的经停（门户）城市。呼和浩特的经停航班占比高达 17.9%，在以呼和浩特为经停城市的 251 个经停航班中，有 170 个航班（占比为 67.7%）的始末城市之一为内蒙古的其他城市。乌鲁木齐和昆明既是省域门户城市，又是旅游城市，经停航班占比分别达到 10.1% 和 8.5%。以乌鲁木齐为经停城市共计 192 个经停航班，全部航班的始末城市之一均为新疆的其他城市；在以昆明为经停城市的 326 个经停航班中，有 284 个航班（占比为 87.1%）的始末城市之一为云南的其他城市。

综上所述，合计航班总量的主导影响因素是城市地位，包括行政地位和经济地位；始末航班占比或经停航班占比既受到城市地位的影响，更受到所在区位的制约。国家中心城市和位于尽端区位的城市，始末航班占比很高；位于国家地理中部或位于沿海岸线中部的城市，或位于西部主要航路上的城市等，经停航班占比较为显著。

呼和浩特、乌鲁木齐、昆明经停航班与省内其他城市联系班次数量　　表 10-10

内蒙古自治区			新疆维吾尔自治区			云南省		
经停城市	始末城市（省内）	班次数量	经停城市	始末城市（省内）	班次数量	经停城市	始末城市（省内）	班次数量
呼和浩特	呼伦贝尔	68	乌鲁木齐	喀什	63	昆明	西双版纳	80
	锡林浩特	28		和田	56		芒市	74
	通辽	24		伊宁	31		保山	31
	赤峰	22		库尔勒	23		腾冲	24
	乌海	14		阿克苏	15		普洱	21
	兴安盟	8		博乐	4		大理	14
	巴彦淖尔	6		小计	192		丽江	14
	小计	170					临沧	13
							文山	7
							迪庆	6
							小计	284

资料来源：根据研究成果整理 .

10.2.2　航空网络视角下城市之间的关联格局

航空网络视角下城市体系的总体结构只是考虑各个城市的航班总量和构成，而本章节关注主要城市之间的关联格局，参照唐子来等（2017）的中国主要城市关联网络研究，40 个主要城市包含 36 个固定的高阶城市和 4 个可变的经济强市。所谓“高阶城市”就是行政层级较高的 36 个城市（包括 4 个直辖市、27 个省会城市、5 个计划单列城市），4 个经济强市就是特定年份的地区生产总值在“非高阶城市”中排名前四城市（2018 年的经济强市包括苏州、无锡、佛山、南通）。需要说明的是，在数据获取之时，苏州尚未建设机场，因此本研究仅涉及 39 个主要城市（表 10-11），而上海虹桥机场和无锡硕放机场的服务范围可以涵盖苏州的相当部分地区。

39 个主要城市的航空关联数据来源如上所述，包括直飞航班（涉及始发城市—到达城市）和经停航班（涉及始发城市—经停城市—到达城市）中至少 2 个城市在 39 个主要城市范

本研究涵盖的 39 个主要城市　　表 10-11

4 个直辖市	北京、上海、天津、重庆
27 个省会城市	石家庄、杭州、南京、合肥、广州、成都、武汉、长沙、南昌、哈尔滨、长春、沈阳、济南、福州、南宁、郑州、昆明、贵阳、太原、西安、兰州、西宁、乌鲁木齐、海口、呼和浩特、银川、拉萨
5 个计划单列城市	深圳、宁波、厦门、大连、青岛
3 个经济强市	无锡、佛山、南通

资料来源：根据研究成果整理 .

围内。众所周知，一个直飞航班形成一个城市对，而一个经停航班形成一个以上城市对。因此，39 个主要城市之间的航空关联网络包括始末关联和非始末关联，始末关联的一个城市对中两个城市均为始末城市，非始末关联的一个城市对中至少一个城市为经停城市，城市之间的总关联则为始末关联和非始末关联之和，关联度就是以最大关联值为 100 的标准化结果。与高铁网络不同，航空网络中绝大部分的经停航班只经停一个城市，仅有极少量航班（10 个航班）经停两个城市。在 39 个主要城市之间形成的城市对中，不存在两个城市同时作为经停城市的情况。

理论上 39 个主要城市之间形成 741 个城市对，但实际上有 596 个存在航空关联的城市对。如表 10-12 和图 10-13 所示，前二层级包含 40 个城市对，可以发现几个特点。其一，上海、北京、广州、深圳之间和四个一线城市与其他城市之间的航空关联占据绝对主导地位，总关联度的合计占比高达 86.7%；其二，总关联度排名前七的城市对皆为上海和其他城市之间关联，上海、北京、深圳、广州和其他城市之间总关联度的合计占比分别达到 42.3%、26.0%、19.7%、14.5%；其三，航空网络以中远程的交通服务为主，在前二层级的 40 个城市对中，都是不同城市群的主要城市之间关联，而同一城市群的主要城市之间关联则以高铁网络为主。

在 596 个存在航空关联的城市对中，507 个城市对存在始末关联。如表 10-13 和图 10-14 所示，前三层级包含 70 个城市对，与总关联较为相似，可以发现几个特点。其一，上海、北京、广州、深圳之间和四个一线城市与其他城市之间的航空始末关联占据绝对主导地位，合计占比高达 78.2%；其二，始末航班较少涉及位于国家地理中部的城市（如

39 个主要城市之间航空合计关联度位于前二层级的城市对　　表 10–12

序号	城市对	总关联值	总关联度	层级	序号	城市对	总关联值	总关联度	层级
1	上海—深圳	454	100.0	1	21	北京—厦门	216	47.6	2
2	上海—昆明	363	80.0		22	北京—哈尔滨	202	44.5	
3	上海—北京	361	79.5		23	重庆—杭州	196	43.2	
4	上海—广州	346	76.2		24	上海—武汉	195	43.0	
5	上海—青岛	294	64.8	2	25	上海—哈尔滨	191	42.1	
6	上海—大连	293	64.5		26	西安—深圳	190	41.9	
7	上海—成都	286	63.0		27	北京—西安	185	40.7	
8	北京—深圳	277	61.0		28	广州—杭州	181	39.9	
9	深圳—杭州	274	60.4		29	昆明—成都	180	39.6	
10	北京—杭州	267	58.8		30	上海—长沙	174	38.3	
11	上海—重庆	259	57.0		31	西安—杭州	172	37.9	
12	北京—昆明	244	53.7		32	上海—长春	172	37.9	
13	上海—厦门	242	53.3		33	成都—杭州	172	37.9	
14	重庆—广州	240	52.9		34	昆明—南京	168	37.0	
15	北京—重庆	235	51.8		35	西安—广州	167	36.8	
16	上海—西安	225	49.6		36	重庆—南京	166	36.6	
17	成都—深圳	223	49.1		37	昆明—广州	164	36.1	
18	北京—成都	221	48.7		38	北京—武汉	164	36.1	
19	重庆—深圳	221	48.7		39	成都—拉萨	162	35.7	
20	成都—广州	220	48.5		40	深圳—南京	158	34.8	

资料来源：根据研究成果整理.

武汉、长沙、南昌、郑州、太原、合肥、济南等）或位于沿海岸线中部的城市（如青岛），涉及这类城市的始末关联度的合计占比仅为 8.4%。

在 596 个存在航空关联的城市对中，402 个城市对存在非始末关联。如表 10–14 和图 10–15 所示，前二层级包含 96 个城市对，可以发现一些特点。其一，许多经停城市都位于国家地理中部（如武汉、长沙、南昌、郑州、太原、合肥、济南等）或位于沿海岸线中部（如青岛），成为东西之间和南北之间航空联系的经停城市。其二，如前所述，一些省区（如新疆、内蒙古、云南等）的地域广大，省会城市（如乌鲁木齐、呼和浩特、昆明等）

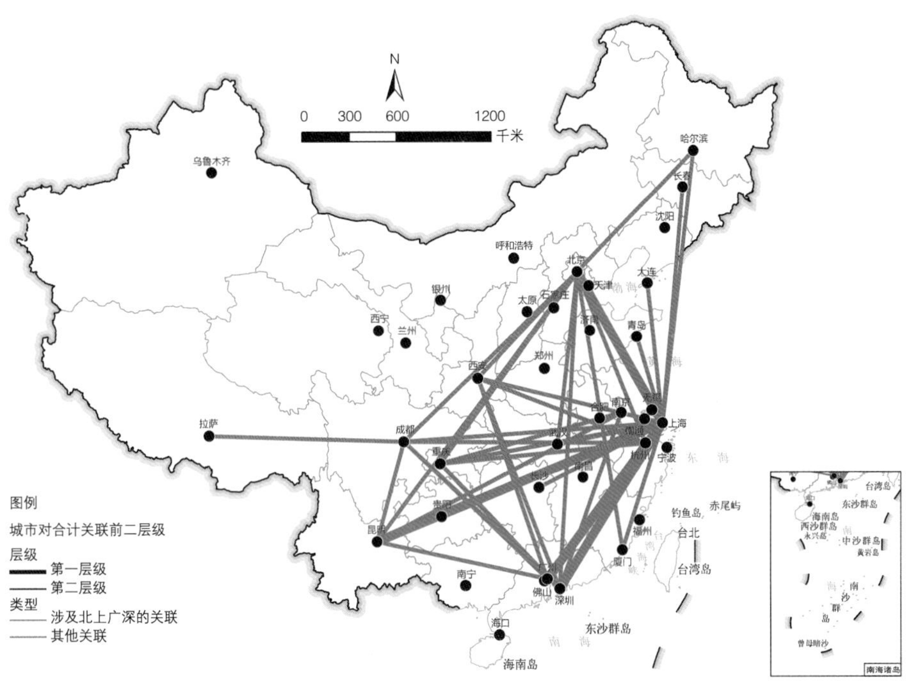

图 10-13　在航空总关联度中位于前二层级的城市对形成的关联格局

资料来源：使用自然资源部公布的标准中国地图作为底图绘制．

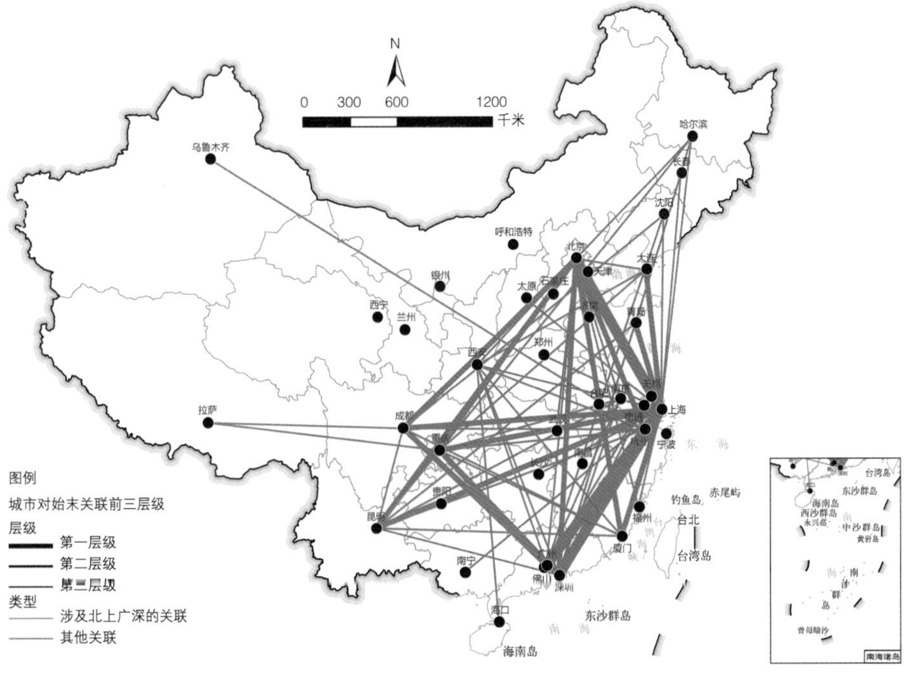

图 10-14　在航空始末关联度中位于前三层级的城市对形成的关联格局

资料来源：使用自然资源部公布的标准中国地图作为底图绘制．

39 个主要城市之间航空始末关联度位于前三层级的城市对　　表 10–13

序号	城市对	始末关联值	始末关联度	层级	序号	城市对	始末关联值	始末关联度	层级
1	上海—深圳	440	100.0	1	36	北京—武汉	143	32.5	3
2	上海—北京	361	82.0		37	上海—长沙	140	31.8	
3	上海—广州	346	78.6		38	西安—广州	139	31.6	
4	上海—昆明	295	67.0	2	39	西安—杭州	136	30.9	
5	北京—深圳	277	63.0		40	成都—拉萨	134	30.5	
6	北京—杭州	262	59.5		41	深圳—无锡	132	30.0	
7	上海—成都	260	59.1		42	重庆—南京	131	29.8	
8	上海—重庆	253	57.5		43	上海—沈阳	127	28.9	
9	深圳—杭州	250	56.8		44	西安—厦门	126	28.6	
10	上海—大连	228	51.8		45	深圳—哈尔滨	126	28.6	
11	上海—厦门	228	51.8		46	昆明—杭州	126	28.6	
12	重庆—广州	226	51.4		47	成都—沈阳	124	28.2	
13	成都—深圳	223	50.7		48	上海—贵阳	123	28.0	
14	重庆—深圳	214	48.6		49	北京—大连	122	27.7	
15	上海—青岛	210	47.7		50	重庆—厦门	121	27.5	
16	成都—广州	206	46.8		51	北京—福州	121	27.5	
17	北京—昆明	202	45.9		52	西安—海口	115	26.1	
18	北京—厦门	202	45.9		53	重庆—拉萨	114	25.9	
19	北京—成都	195	44.3		54	上海—南宁	114	25.9	
20	北京—重庆	186	42.3	3	55	昆明—深圳	113	25.7	
21	上海—哈尔滨	183	41.6		56	广州—无锡	112	25.5	
22	广州—杭州	176	40.0		57	西安—大连	111	25.2	
23	成都—杭州	172	39.1		58	深圳—长春	111	25.2	
24	北京—西安	171	38.9		59	上海—福州	110	25.0	
25	昆明—成都	170	38.6		60	昆明—厦门	110	25.0	
26	上海—武汉	167	38.0		61	成都—厦门	110	25.0	
27	重庆—杭州	164	37.3		62	上海—郑州	109	24.8	
28	西安—深圳	162	36.8		63	广州—沈阳	107	24.3	
29	北京—哈尔滨	154	35.0		64	上海—太原	106	24.1	
30	昆明—南京	154	35.0		65	杭州—乌鲁木齐	105	23.9	
31	上海—长春	152	34.5		66	上海—天津	103	23.4	
32	北京—广州	151	34.3		67	昆明—青岛	102	23.2	
33	广州—南京	150	34.1		68	昆明—哈尔滨	102	23.2	
34	上海—西安	144	32.7		69	重庆—大连	100	22.7	
35	深圳—南京	144	32.7		70	北京—南京	100	22.7	

资料来源：根据研究成果整理 .

39 个主要城市之间航空非始末关联度位于前二层级的城市对　表 10-14

序号	城市对	非始末关联值	非始末关联度	层级	序号	城市对	非始末关联值	非始末关联度	层级
1	南京—大连	118（104+14）	100.0		31	厦门—长沙	60（0+60）	50.8	
2	西安—西宁	106（70+36）	89.8		32	深圳—郑州	59（0+59）	50.0	
3	昆明—重庆	104（0+104）	88.1		33	昆明—长沙	58（28+30）	49.2	
4	哈尔滨—济南	103（0+103）	87.3		34	郑州—呼和浩特	58（52+6）	49.2	
5	西安—银川	99（99+0）	83.9		35	厦门—济南	56（0+56）	47.5	
6	长沙—济南	98（41+57）	83.1		36	杭州—厦门	56（56+0）	47.5	
7	乌鲁木齐—兰州	96（0+96）	81.4		37	西安—呼和浩特	56（2+54）	47.5	
8	西安—乌鲁木齐	87（73+14）	73.7		38	重庆—乌鲁木齐	56（56+0）	47.5	
9	上海—青岛	84（6+78）	71.2		39	青岛—长春	56（56+0）	47.5	
10	昆明—广州	84（84+0）	71.2		40	哈尔滨—郑州	55（0+55）	46.6	
11	重庆—长沙	83（27+56）	70.3		41	西安—贵阳	54（36+18）	45.8	
12	长沙—海口	82（82+0）	69.5		42	大连—青岛	54（11+43）	45.8	
13	上海—西安	81（0+81）	68.6		43	西安—合肥	54（42+12）	45.8	
14	乌鲁木齐—郑州	80（0+80）	67.8	1	44	上海—乌鲁木齐	53（2+51）	44.9	
15	哈尔滨—南京	78（0+78）	66.1		45	青岛—南昌	52（0+52）	44.1	
16	郑州—兰州	76（62+14）	64.4		46	青岛—郑州	52（0+52）	44.1	2
17	重庆—济南	74（19+56）	62.7		47	青岛—沈阳	51（51+0）	43.2	
18	大连—济南	74（0+74）	62.7		48	深圳—南昌	50（0+50）	42.4	
19	乌鲁木齐—银川	72（0+72）	61.0		49	哈尔滨—合肥	50（0+50）	42.4	
20	南京—福州	70（70+0）	59.3		50	北京—重庆	49（0+49）	41.5	
21	武汉—南宁	69（69+0）	58.5		51	昆明—郑州	49（28+21）	41.5	
22	上海—昆明	68（0+68）	57.6		52	大连— 郑州	49（0+49）	41.5	
23	郑州—南宁	66（52+14）	55.9		53	西安— 青岛	49（49+0）	41.5	
24	上海—大连	65（13+52）	55.1		54	郑州— 福州	49（49+0）	41.5	
25	厦门—武汉	65（0+65）	55.1		55	北京— 哈尔滨	48（0+48）	40.7	
26	厦门—郑州	64（0+64）	54.2		56	西安—济南	48（22+26）	40.7	
27	济南—长春	64（64+0）	54.2		57	西安—天津	48（22+26）	40.7	
28	杭州—郑州	61（0+61）	51.7		58	长沙—福州	48（49+0）	40.7	
29	哈尔滨—青岛	60（14+46）	50.8	2	59	哈尔滨—呼和浩特	46（0+46）	39.0	
30	南京—沈阳	60（60+0）	50.8		60	重庆—武汉	45（28+17）	38.1	

续表

序号	城市对	非始末关联值	非始末关联度	层级	序号	城市对	非始末关联值	非始末关联度	层级
61	重庆—太原	45（14+31）	38.1	2	79	乌鲁木齐—太原	42（0+42）	35.6	2
62	西宁—拉萨	45（45+0）	38.1		80	沈阳—太原	42（0+42）	35.6	
63	乌鲁木齐—济南	44（2+42）	37.3		81	武汉—呼和浩特	42（28+14）	35.6	
64	杭州—青岛	43（20+23）	36.4		82	上海—郑州	41（0+41）	34.7	
65	西安—重庆	43（8+35）	36.4		83	昆明—武汉	41（0+41）	34.7	
66	郑州—长春	43（43+0）	36.4		84	沈阳—济南	41（6+35）	34.7	
67	北京—昆明	42（0+42）	35.6		85	昆明—西安	40（18+22）	33.9	
68	厦门—南京	42（0+42）	35.6		86	深圳—武汉	40（0+40）	33.9	
69	上海—呼和浩特	42（0+42）	35.6		87	厦门—合肥	40（0+40）	33.9	
70	杭州—长春	42（42+0）	35.6		88	武汉—兰州	40（32+8）	33.9	
71	南京—南宁	42（42+0）	35.6		89	哈尔滨—太原	40（0+40）	33.9	
72	哈尔滨—武汉	42（0+42）	35.6		90	南宁—南昌	40（14+26）	33.9	
73	上海—南昌	42（14+28）	35.6		91	重庆—郑州	39（14+25）	33.1	
74	长沙—兰州	42（18+24）	35.6		92	西安— 长沙	39（33+6）	33.1	
75	天津—福州	42（14+28）	35.6		93	杭州—沈阳	39（39+0）	33.1	
76	大连—武汉	42（0+42）	35.6		94	昆明—太原	38（10+28）	32.2	
77	哈尔滨—天津	42（0+42）	35.6		95	长沙—无锡	38（38+0）	32.2	
78	海口—南昌	42（0+42）	35.6		96	南昌—宁波	38（38+0）	32.2	

注：在非始末关联值一栏中，括号前数字是 2 个城市之间经停航班数之和，括号中的前后数字分别是前面城市的经停航班数和后面城市的经停航班数．

资料来源：根据研究成果整理．

成为该省区的其他城市和外部航空联系之间的经停（门户）城市。其三是与主要航空枢纽相邻的城市，如南京和杭州作为经济发达地区的省会城市，既受到上海作为主要航空枢纽的影响，又需要与其他城市建立航空关联（如南京—大连、南京—福州、南京—沈阳、南京—南宁、杭州—青岛、杭州—长春等）。其四，尽管有些西部城市并不位于国家地理中部，但处于更为边缘城市作为目的地的航线途中，比如，西安是以银川和西宁等为目的地的航班经停城市，西安、兰州、银川是以乌鲁木齐为目的地的航班经停城市，西宁是以拉萨为目的地的航班经停城市。

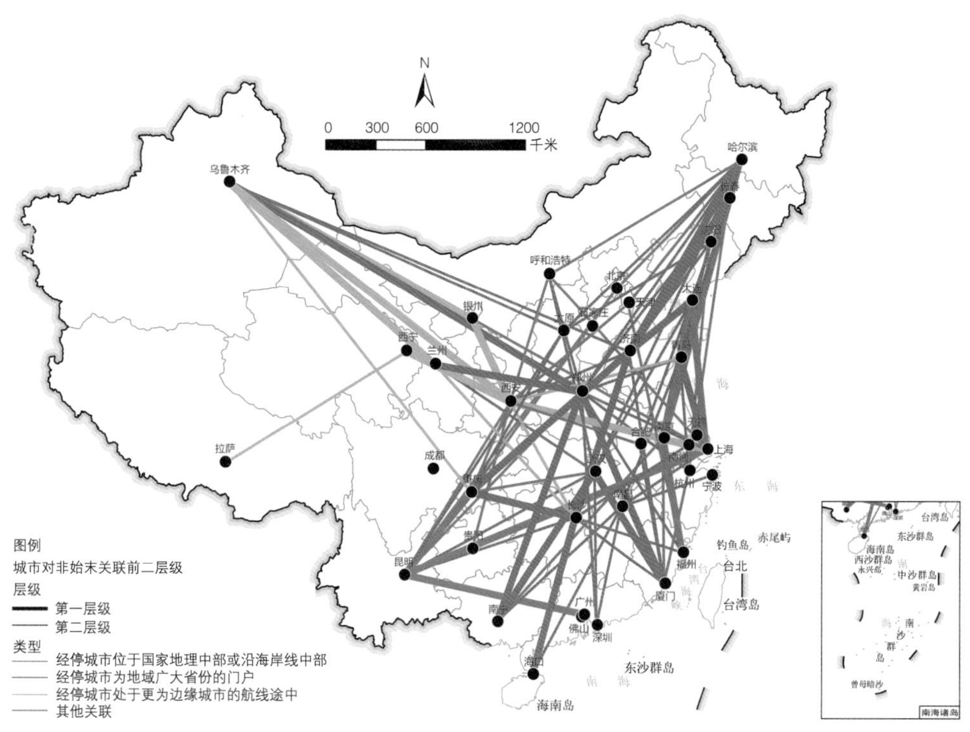

图 10-15　在非始末关联度中位于前二层级的城市对形成的关联格局

资料来源：使用自然资源部公布的标准中国地图作为底图绘制 .

10.2.3　小结

综上所述，航空网络视角下的城市体系研究既要考虑城市体系的总体结构、又要关注城市之间的关联格局，既要考虑航空班次总量、又要关注航空班次构成，既要考虑城市地位的影响，又要关注所在区位的制约。在城市体系的总体结构上，合计航班总量的主导影响因素是城市地位，包括行政地位和经济地位，而两者又是相互关联的；始末航班占比或经停航班占比既受到城市地位的影响，更受到所在区位的制约。作为一线城市的北上广深和位于尽端区位的城市，始末航班占比很高；位于国家地理中部或位于沿海岸线中部的城市，经停航班占比较为显著。主要城市之间的关联格局同样受到城市地位和所在区位的双重影响。总关联和始末关联更为受到城市地位的影响，北上广深之间和四个一线城市与其他城市之间的总关联和始末关联都占据主导地位；非始末关联更为受到所在区位的影响，非始末关联较为显著的城市位于国家地理中部或沿海岸线中部。还需要强调，航空网络和高铁网络的交通服务距离存在明显差异（丁金学，等，2013），航空网络以中远程的交通服务为主，更多的是不同城市群的主要城市之间关联，而高铁网络在同一城市群的各个城市之间关联中呈现主导地位。

需要特别说明本研究的可能缺陷。由于无法获得航空实际客流的详细数据，本研究的基本假设在于，航空运营班次作为航空客运供给是对于航空客运需求的合理反应，但航空运营的班次数量和航空运载的实际客流之间可能存在一定差异。此外，中国航空网络处于快速拓展时期，航空网络视角下的城市体系研究需要不断把握演化趋势[1]。

10.3 交通网络视角和企业网络视角下主要城市体系的相关关系

城市之间交通关联网络是经济关联网路的重要载体之一，交通网络视角和经济网络视角下城市体系的相关关系是值得探讨的研究议题。Taylor 等（2007）讨论了世界范围内 214 个城市在航空客运网络和高端生产性服务业网络中的关联性；受此启发，赵渺希和陈晨（2011）解析了中国 55 个城市在航空客运网络和高端生产性服务业网络中的关联性。基于改良的分析方法和数据来源，Derudder 等（2016）分析了大都会区域（metropolitan region）在航空客运网络和高端生产性服务业网络中的关联性，该研究表明大都会区域在全球航空客运网络中的连接度与知识密集型服务业更为关联，而不是其人口规模。

Taylor 等（2007）的分析方法可以归纳为相关分析和残差分析。首先，分析各个城市的航空网络指数和企业网络指数之间的相关性，建立以企业网络指数（高端生产性服务

[1] 新京报，习近平宣布：北京大兴国际机场正式投运，http：//www.bjnews.com.cn/news/2019/09/25/629338.html。

业的全球网络关联度）为自变量和航空网络指数（城市作为航空客运的目的地）为因变量的线性回归方程。然后是残差分析，依据线性回归方程，基于企业网络指数（自变量），可以获得航空网络指数（因变量）的期望值，比较各个城市的航空网络指数的实际值和期望值，可以获得残差（实际值和期望值之间差值）。残差为正值，表示实际值高于期望值；残差为负值，表示实际值低于期望值。残差标准化后得到标准离差，依据一般统计规律，残差绝对值大于 2 倍标准离差即为显著偏离预期，在 1—2 倍之间为偏离预期较显著，1 倍以内为基本符合预期。Taylor 等（2007）还对残差偏离预期的城市进行了解析，包括（航空）访客过度（overvisited）或不足（undervisited）和（生产性）服务过度（overserviced）或不足（underserviced）。Taylor 等（2007）对于研究结论进行了简要阐述，尽管各个城市在全球航空网络和企业（高端生产性服务业）网络中的地位是明显相关的，但全球网络作为流通空间（space of flows）包含许多过程，因此无论是全球航空网络还是全球企业网络都还受到其他过程的影响，因此两者之间并非完全相关。

借鉴 Taylor 等（2007）的分析方法，本章节识别和解析交通网络视角（包括高铁网络和航空网络）和企业网络视角下城市体系的相关关系。尽管高铁网络和航空网络涉及许多城市，由于研究精力和时间限制，为了充分利用企业关联网络的既有研究成果（唐子来，等，2017），本书的讨论聚焦 40 个主要城市，包括 36 个高阶城市（4 个直辖市、27 个省会城市、5 个计划单列城市）和 4 个经济强市（苏州、无锡、佛山、南通）。

10.3.1 高铁网络视角和企业网络视角下城市体系的相关关系

如前所述，高铁关联网络数据来自携程网的列车运营时刻表，数据获取时间是 2019 年 5 月 6 日。当时，银川和拉萨尚未形成高铁连通、海口和呼和浩特与其他 37 个城市之间没有直通高铁班次，本研究仅涉及 23 个省会城市，共计 36 个主要城市。

高铁运营班次包含 G 字头班次和 D 字头班次，36 个主要城市共涉及 3694 个班次。36 个主要城市的企业关联网络数据来自 2017 年企查查企业数据库，涉及 30 余万条有效的总部—分支企业（全行业）数据。借鉴唐子来等（2017）的分析方法，可以核算各个城市在企业关联网络中的合计关联度，体现了各个城市的经济地位。统计表明，各个城市在企业关联网络中的合计关联度和 2017 年地区生产总值（标准化值）之间的相关系数高达 0.898，在 0.01 水平上显著相关。

相关分析显示，企业网络的合计关联度和高铁网络的始末关联度之间相关系数高达 0.862，在 0.01 水平上显著相关；企业网络的合计关联度和高铁网络的总关联度之间相关系数为 0.584，显著低于企业网络的合计关联度和高铁网络的始末关联度之间相关系数；企业网络的合计关联度和高铁网络的经停关联度之间相关系数仅为 –0.023，表明两者并不相关。对此可以进行如下的因果解析。其一，国家高铁网络规划均以高阶城市（包含直辖市、省会城市、计划单列城市）作为始末城市，仅有个别其他城市（如徐州）作为始末城市，也往往由于其位于高铁主干线路的交汇部位，因而高铁网络的始末关联度和企业网络的合计关联度之间相关系数最高。其二，城市在高铁网络中的经停关联度不仅受到城市地位的影响，更是受到所在区位的制约，因而与城市在企业网络的合计关联度之间并不相关。比如，无锡、常州、苏州、镇江既位于京沪高铁沿线，又位于沪宁城际沿线，因而经停班次占比极高（无锡、常州、苏州、镇江的经停班次占比分别高达 98%、97.1%、98%、100%），由此导致合计班次数量很高（无锡位于全国第一层级，常州、苏州、镇江位于全国第二层级）。其三，一个城市在高铁网络中的总关联度是始末关联度和经停关联度之和，在 36 个主要城市之间合计总关联值中，始末班次关联值合计占比和经停班次关联值合计占比分别为 46.7% 和 53.3%，受到经停关联度的影响，高铁网络的总关联度和企业网络的合计关联度之间相关系数显著低于高铁网络的始末关联度和企业网络的合计关联度之间相关系数。

因此，选择城市在企业网络中的合计关联度作为自变量和在高铁网络中的始末关联度作为因变量，建立线性回归方程，然后进行高铁网络中始末关联度的实际值和预期值之间残差分析。如表 10–15 和图 10–16 所示，大部分城市在高铁网络中始末关联度的实际值和预期值之间残差的绝对值都处于一个标准离差范围内，表明实际值符合预期范围，但广州、上海、西安的残差高于一个标准离差，而北京、深圳、天津、苏州、无锡、佛山的残差低于一个标准离差。

高铁网络的始末关联度偏离标准离差的情况　　表 10-15

残差情况	偏离标准离差倍数	城市
高铁始末关联度高于预期	大于 2 个标准离差	广州（2.39）、上海（2.24）
	大于 1 个标准离差且小于或等于 2 个标准离差	西安（1.70）
高铁始末关联度符合预期	小于等于 ±1 个标准离差	厦门（0.90）、武汉（0.88）、福州（0.78）、大连（0.67）、南京（0.55）、重庆（0.49）、兰州（0.43）、长沙（0.43）、太原（0.40）、成都（0.39）、南昌（0.35）、贵阳（0.30）、昆明（0.28）、合肥（0.27）、南宁（0.27）、青岛（0.13）、郑州（0.08）、济南（0.04）、长春（0.04）
		沈阳（-0.19）、宁波（-0.24）、杭州（-0.27）、哈尔滨（-0.31）、石家庄（-0.39）、南通（-0.48）、西宁（-0.57）、呼和浩特（-0.66）、乌鲁木齐（-0.70）、海口（-0.93）
高铁始末关联度低于预期	大于 1 个标准离差且小于或等于 2 个标准离差	无锡（-1.14）、深圳（-1.24）、佛山（-1.30）、天津（-1.40）、苏州（-1.99）
	大于 2 个标准离差	北京（-2.19）

资料来源：根据研究成果整理.

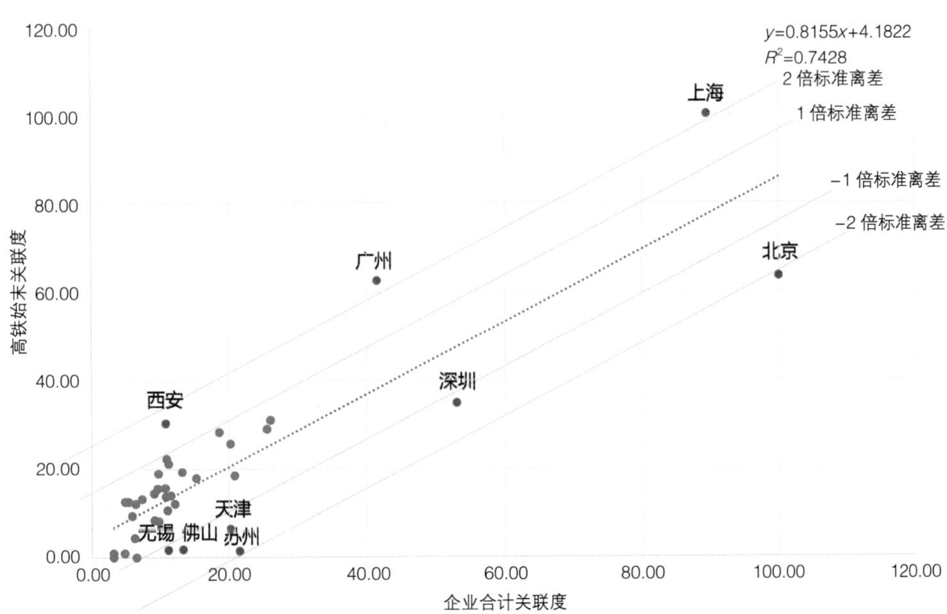

图 10-16　基于企业网络的合计关联度 - 高铁网络的始末关联度线性回归方程的残差散点图

资料来源：根据研究成果绘制.

广州、上海、西安的实际值显著高于预期值，残差分别是 2.39、2.24、1.70。依据《“十三五”现代综合交通运输体系发展规划》，这三个城市都具有国际性综合交通枢纽的发展定位[❶]；依据《全国中长期铁路网规划（2016—2025）》，这三个城市都拥有三条高铁通道交汇[❷]。因此，尽管广州、上海、西安的经济地位（以企业网络中的合计关联度作为表征）很高，但在高铁网络中的始末关联度更高。

北京、深圳、苏州、天津、佛山、无锡的实际值显著低于预期值，残差分别是 −2.19、−1.24、−1.99、−1.40、−1.30、−1.14。其一，在我国的特定制度语境下，北京作为国家首都，是众多央企的总部所在地，在企业网络中的合计关联度遥遥领先于其他城市，尽管高铁网络中的始末关联度很高，但企业网络中的合计关联度更高。其二，同样在我国的制度语境下，深圳作为改革开放的最前沿城市，是许多知名民企的总部所在地，尽管高铁网络中的始末关联度很高，但企业网络中的合计关联度更高。其三，苏州、天津、佛山、无锡都具有相似的区位特征，邻近经济能级更高的高铁始末城市，天津邻近北京、苏州和无锡邻近上海、佛山邻近广州。尽管这四个城市在高铁网络中的合计班次存在显著差异，无锡和苏州分别位于全国第一和第二层级、天津和佛山都位于全国第三层级，但共同特征则是经停班次占比极高，无锡和苏州的经停班次占比都是 98%，佛山和天津的经停班次占比分别高达 93% 和 81%。可见，所在区位导致苏州、天津、佛山、无锡的经停班次占比极高，但始末班次的实际值显著低于预期值。

10.3.2 航空网络视角下和企业网络视角下城市体系的相关关系

如前所述，在 40 个主要城市中，苏州没有机场，本研究仅限于 39 个主要城市。同样，航空关联网络的数据来自携程网的航空客运时刻表，企业关联网络数据来自 2017 年企查查企业数据库，后者体现了各个城市的经济地位。

---

❶ 中华人民共和国中央人民政府．国务院关于印发“十三五”现代综合交通运输体系发展规划的通知，http：//www.gov.cn/zhengce/content/2017-02/28/content_5171345.htm。

❷ 中华人民共和国国家发展和改革委员会．中长期铁路网规划 - 发改基础〔2016〕1536 号，http：//www.ndrc.gov.cn/zcfb/zcfbghwb/201607/W020160802639956019575.pdf。

相关分析显示，企业网络的合计关联度和航空网络的始末关联度之间相关系数高达0.820，企业网络的合计关联度和航空网络的总关联度之间相关系数也达到 0.799，都在 0.01 水平上显著相关，但企业网络的合计关联度和航空网络的经停关联度之间相关系数仅为 -0.201，表明两者并不相关。对此可以进行如下的因果解析。其一，国家航空网络规划均以高阶城市（包含直辖市、省会城市、计划单列城市）作为各级航空枢纽。其二，各个城市的经停班次占比不仅受到城市地位的影响，更是受到所在区位的制约。总体而言，在 39 个主要城市之间总关联值中，始末关联值占比和经停关联值占比分别为 88.5% 和 11.5%。因为经停关联值在总关联值中占比很低，航空网络的总关联度和始末关联度与企业网络的合计关联度之间相关系数都是很高的。

因此，选择城市在企业网络中合计关联度作为自变量和在航空网络中始末关联度作为因变量，建立线性回归方程，然后进行航空网络中始末关联度的实际值和预期值之间残差分析。如表 10-16 和图 10-17 所示，大部分城市在航空网络中始末关联度的实际值和预期值之间残差的绝对值都处于一个标准离差范围内，表明航空始末关联度的实际值符合预期范围，但昆明、成都、厦门、重庆、西安、杭州、上海的残差高于一个标准离差，而佛山、北京、南通、南昌、合肥、石家庄的残差低于一个标准离差。

航空网络的始末关联度偏离标准离差的情况　　表 10-16

残差情况	偏离标准离差倍数	城市
航空始末关联度显著高于预期	大于 2 个标准离差	昆明（2.25）
	大于 1 个标准离差且小于或等于 2 个标准离差	成都（1.73）、厦门（1.63）、重庆（1.61）、西安（1.59）、杭州（1.14）、上海（1.01）
航空始末关联度符合预期	小于等于 ±1 个标准离差	广州（0.92）、哈尔滨（0.68）、深圳（0.55）、海口（0.48）、大连（0.46）、沈阳（0.40）、南宁（0.37）、贵阳（0.30）、乌鲁木齐（0.30）、长春（0.15）、青岛（–0.07）、兰州（–0.16）、拉萨（–0.21）、呼和浩特（–0.25）、南京（–0.32）、福州（–0.32）、银川（–0.37）、长沙（0.45）、西宁（–0.46）、太原（–0.48）、郑州（–0.48）、天津（–0.65）、济南（–0.75）、武汉（–0.76）、无锡（–0.76）、宁波（–0.99）
航空始末关联度显著低于预期	大于 1 个标准离差且小于或等于 2 个标准离差	石家庄（–1.02）、合肥（–1.07）、南昌（–1.11）、南通（–1.15）、北京（–1.87）、佛山（–1.89）
	大于 2 个标准离差	—

资料来源：根据研究成果整理.

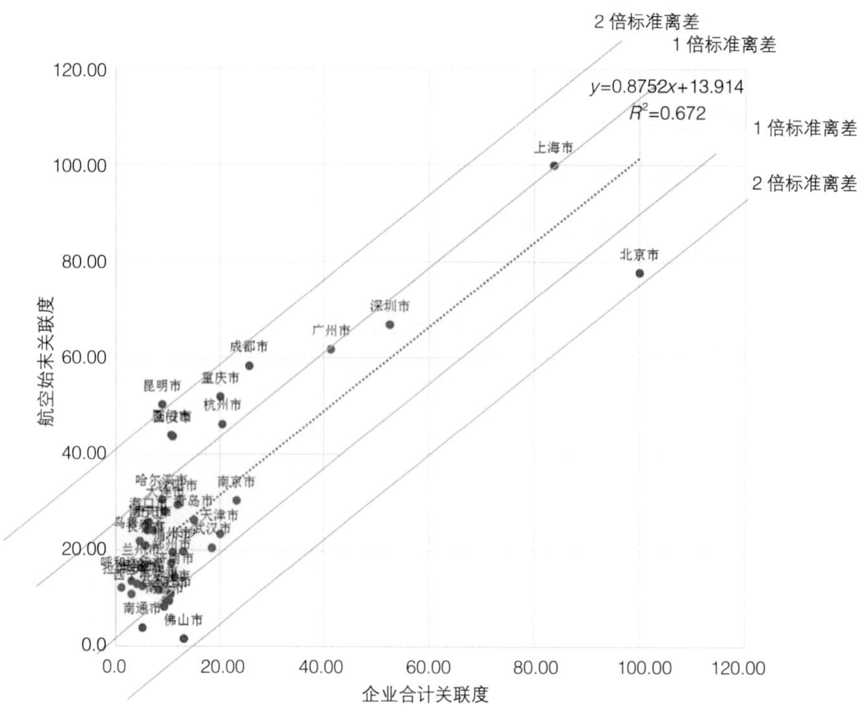

图 10-17　基于企业网络的合计关联度—航空网络的始末关联度线性回归方程的残差散点图

资料来源：根据研究成果绘制 .

上海（1.01）的实际值是接近预期范围的，昆明（2.25）、成都（1.73）、厦门（1.63）、重庆（1.61）、西安（1.59）、杭州（1.14）的实际值显著高于预期值。作为关键的影响因素，这些城市都是主要的旅游目的地，因而航空旅客较多，当然这些城市也都是高阶城市，昆明、西安、重庆、成都还是《中国民用航空发展第十三个五年规划》的国际航空枢纽。佛山（–1.89）、北京（–1.87）、南通（–1.15）、南昌（–1.11）的实际值显著低于预期值，而合肥（–1.07）和石家庄（–1.02）的实际值是接近预期范围的。一方面，在我国的特定制度语境下，北京作为国家首都，是众多央企的总部所在地，在企业网络中的合计关联度遥遥领先于其他城市，尽管航空网络中的始末关联度很高，但企业网络中的合计关联度更高。另一方面，佛山、南通、石家庄都邻近经济能级更高的航空枢纽城市，佛山邻近广州、南通邻近上海、石家庄邻近北京，相当部分的航空需求可以由邻近的航空枢纽城市覆盖，因此这些城市的始末班次显著低于预期，而南昌、合肥、石家庄都位于国家地理中部，这三个城市在航空网络中的共同特征是始末班次占比很低（也就是经停班次占比很高）。

10.3.3 小结

综上所述，可以归纳几个基本特征。其一，无论是高铁网络还是航空网络的始末关联度，都与企业网络视角的城市体系具有显著的相关性，表明交通网络为经济网络提供必要载体。其二，各个城市在高铁网络和航空网络中的作用和地位既要考虑合计班次总量，又要考虑始末班次占比和经停班次占比，既受到城市地位的影响，又受到所在区位的制约。比如，在我国的特定制度语境下，北京作为国家首都，是众多央企的总部所在地，尽管在高铁网络和航空网络中的始末关联度都很高，但在企业网络中的合计关联度更高；又如，一些城市具有相似的区位特征，或者邻近经济能级更高的始末城市，或者位于国家地理中部，经停班次占比很高，但始末班次的实际值却明显低于预期值。其三，城市之间经济网络还受到其他诸多因素的影响，与高铁网络和航空网络只是部分相关，因而城市体系是多视角的研究领域。

第 11 章

结语和讨论

New Sights
New Methods

11.1 主要研究发现

依据第一章的研究框架，主要研究发现也可以分为三个部分。

（1）聚焦全球层面，讨论世界和中国的密切关联

经济全球化导致世界经济格局发生了显著变化，呈现多极化的趋势，亚洲、新兴经济体和中国大陆正在迅速崛起，但从全球价值链的视角，世界经济的非均衡格局并未发生颠覆性变化。尽管中美两国经济规模的差距正在不断缩小，但两国在全球价值链中的地位仍然存在显著差距，美国居于全球价值链的中高端，中国则位于中低端。

伴随着中国的迅速崛起，中国城市在全球资本支配和资本服务体系中的地位也显著上升。全球资本支配视角下的中国城市层级体系呈现特定的国家制度语境，全球资本服务视角下的中国城市层级体系遵循普遍的市场经济规律，但国家中心城市（北京、上海、深圳、广州）均占据主导地位。各个城市群可以划分为四个层级，尽管较低层级之间边界是相对模糊的。京津冀、长三角和珠三角区域是能级最高的世界级城市群，成渝、长江中游、山东半岛、海峡西岸、辽中南区域是能级较高的区域性城市群，山西中部、哈长、关中平原、北部湾、滇中、中原、兰西和黔中区域是能级一般的区域性城市群，呼包鄂榆、天山北坡、宁夏沿黄区域和拉萨是能级较低的区域性城市群或地方性城市圈。能级最高的世界级城市群和能级较高的区域性城市群的核心城市在全球资本体系视角下的中国城市体系中发挥“中心城市”和“门户城市”的双重作用。作为全球资本支配体系的组成部分，这些城市是中国资本支配的“中心城市”；作为全球资本服务体系的组成部分，这些城市是对接全球资本服务网络的“门户城市”。

（2）基于企业网络视角，在各个层面进行中国城市关联网络的识别和解析

在全国层面，识别和解析中国 40 个主要城市关联网络的基本特征，包括层级、格局、方向和腹地维度。城市关联网络呈现出显著的层级特征，一个城市的合计总关联度表明其

在关联网络中的总体地位，北京和上海位于第一层级，深圳和广州位于第二层级，其他城市的合计总关联度依次递减，但难以划分明确的层级。城市关联网络的格局特征可以归纳为四种类型，首先是 4 个国家中心城市之间的 6 对关联形成多心关联格局，其次是 4 个国家中心城市与 36 个其他城市之间的 144 对关联形成放射关联格局，再次是经济大省内部两个主要城市之间的 7 对关联形成局部关联格局，最后是其他城市之间的 623 对关联形成散布关联格局。城市关联网络的方向特征可以分为四种城市类型。其一，北京和上海的合计外向关联值和合计内向关联值都是最高的，而且合计外向关联值占比显著大于合计内向关联值占比；其二，深圳和广州的合计外向关联值和合计内向关联值都是很高的，深圳的合计外向关联值占比显著大于合计内向关联值占比，广州的合计外向关联值占比和合计内向关联值占比基本持平；其三，成都、杭州、苏州、南京的合计内向关联值较高，而且显著大于合计外向关联值；其四，其他城市的合计外向关联值和合计内向关联值都是较低的，绝大部分城市的合计内向关联值占比显著大于合计外向关联值占比。当然，第三类型城市和第四类型城市之间边界是相对模糊的。研究还显示，一个城市的关联方向是尺度敏感的，区域中心城市和省会城市在全国层面的城市关联网络中可能处于从属地位，但在所在区域或省域层面的城市关联网络中处于主导地位。城市关联网络的腹地分布既呈现出基于地理邻近的区位特征，又显示了基于经济实力的层级特征，取决于地理邻近和经济实力之间的均衡关系。北京和上海的关联腹地最大，而且形成明显的地域差异，其次是深圳和广州，其他城市的关联腹地依次递减。有些城市（如沈阳、成都和重庆、西安和兰州）的影响腹地呈现出明显的区域特征。

流域层面的城市关联网络以长江经济带为例。长江经济带集聚了三大城市群，包括长江下游城市群（包含上海市、江苏省、浙江省和安徽省）、长江中游城市群（包含湖北省、湖南省、江西省）、长江上游城市群（包含重庆市、四川省、云南省和贵州省）。长江经济带的三大城市群内部已经形成紧密关联，并且显著高于长江经济带城市和非长江经济带城市之间关联，但三大城市群之间并未形成关联格局。因此，长江经济带并非是“一个流域经济”，而是“三个区域经济”。

区域层面的城市关联网络以长江下游区域为例。在层级维度，长江下游区域呈现出明显的梯度发展格局。作为国家中心城市，上海的首位度十分显著；作为江浙两省的主次中心城市，杭州、苏州、南京、宁波位于第二层级；作为安徽省会城市，合肥位于第三层级；大部分的江苏城市和浙江城市位于第三和第四层级，而绝大部分的安徽城市都位于第五层级。在腹地维度，浙江城市和江苏城市与上海的经济关联是十分显著的，但浙江城市和江苏城市之间缺乏经济关联；安徽省位于长江下游区域的西侧边缘部位，与长三角核心区域的经济关联相对薄弱。研究还发现，浙江、江苏和安徽省域的城市关联网络是各不相同的。江苏省是三级中心结构，依次是南京、苏州和无锡；浙江省是主次中心结构，但杭州的影响力明显大于宁波；安徽省则是单一中心结构，合肥的影响力是一枝独秀的。

省域层面的城市关联网络以江苏省为例。从 2010 年到 2017 年，江苏城市之间的企业关联密度显著增强，城市关联网络演化既有连续性，又有一些变化。在层级维度，南京、苏州、无锡分别位于第一、第二、第三层级，但南京的首位度趋于突出；在格局维度，首先是以南京、苏州和无锡为三级中心城市的放射关联格局，其次是其他城市之间散布关联格局；在方向维度，南京与其他城市的外向关联值占比始终大于内向关联值占比，表明南京在江苏省域城市关联网络中的绝对主导地位，并且呈现提升态势；在腹地维度，南京是所有其他江苏城市的第一关联城市，以苏州作为第二关联城市数量是显著增加的，部分江苏城市的关联腹地呈现出基于地理邻近的区位特征。

（3）其他视角的中国城市关联网络研究

本研究提出一种基于上市企业资本投资数据的城市网络分析方法，讨论了资本流动视角下的中国城市网络，聚焦中国特定制度语境的作用机制。其一，对比国有控股和非国有控股上市企业，可以识别政府力和市场力在城市网络塑造中的作用差别，国有资本形成首都指向的单中心放射格局，而非国有资本塑造了北京、上海、深圳、广州的多中心空间格局，但国有资本在城市网络中呈现明显的主导作用；其二，在国有资本内部，中央国企强化了北京的首都地位，地方国企则凸显了省会城市在省域范围内的主导作用，但地方国企的资本规模明显小于中央国企。

无论是高铁网络还是航空网络视角，城市体系研究既要考虑总体结构、又要关注城市之间的关联格局，既要考虑班次总量、又要关注班次构成，既要考虑城市地位的影响，又要关注所在区位的制约。在城市体系的总体结构上，城市地位是影响班次总量的主导因素，所在区位是影响班次构成的显著因素。一个城市的高铁或航空班次总量较多，该城市地位较高（如北上广深作为一线城市）；反之，该城市地位较低。一个城市的始末班次占比较高，该城市的功能中心区位或地理端部区位较为显著；一个城市的经停班次占比较高，该城市的地理中间区位较为显著。主要城市之间的关联格局同样显示城市地位和所在区位的双重影响。还需要强调，高铁网络视角下城市之间的关联格局呈现距离衰减效应，如果城市地位和所在区位相似，城市之间距离越近，高铁关联频度更高；而航空网络则以中远程的交通服务为主，更多的是不同城市群的主要城市之间关联。

无论是高铁网络还是航空网络的始末关联度，都与企业网络视角的城市体系具有显著的相关关系，表明城市之间交通网络为经济网络提供必要载体。各个城市在高铁网络和航空网络中的作用和地位既受到城市地位的影响、又受到所在区位的制约。但城市之间经济网络还受到其他诸多因素的影响，与高铁网络和航空网络只是部分相关，因而城市体系是多视角的研究领域。

11.2 未来研究方向

（1）多视角的研究

如前所述，城市体系是多视角的研究领域，包括经济、科技、交通、信息、出行等研究视角，本书聚焦企业关联网络和交通关联网络。在企业关联网络中，分别关注企业内部组织网络和企业资本流动网络；在交通关联网络中，分别关注高铁网络和航空网络。在未来研究中，还应当涉及更多的研究视角。

（2）多方法的研究

无论基于何种关联网络视角，分析方法也是多种多样的。在本研究中，企业关联、资本流动和交通关联的网络分析方法也是不同的。即使在企业网络分析中，既有总部—分支方法，也有互联模型方法和社会网络方法。在城市网络研究中，既可以是多视角研究的相互补充，又可以有多方法研究的相互验证。

（3）多时段的研究

在城市网络的既有研究中，既有一个年份的静态研究，也有一个时期的动态研究，后者能够识别和解析城市网络的演化特征和作用机制。本书以城市网络的静态断面研究为主，但也涉及动态演化研究。比如，在江苏省的城市关联网络识别和解析中，既有 2010 年和 2017 年的静态断面研究，也有 2010—2017 年的动态演化研究。

（4）多因素的研究

众多周知，城市网络受到多种因素的影响，尽管多视角的研究能够显示城市网络的各种影响因素，而多因素的研究是指城市网络的各种影响因素之间关联和作用。本书不仅涉及多个视角（包含企业内部组织、企业资本流动、高铁交通网络、航空交通网络），而且关注到交通关联网络和企业关联网络之间的相关关系，因为城市之间交通关联网络是经济关联网络的必要载体。因此，在城市网络的未来研究中，不仅是多视角的综合研究，而且需要多因素的相关研究。

参考文献

[1] Alderson A S, Beckfield J. Power and position in the world city system[J]. American Journal of sociology, 2004, 109 (4) : 811-851.

[2] Alderson A S. Bechfield J. Sprague-Jones J. Inter-city relations and globalization: the evolution of the global urban hierarchy, 1981-2007[J]. Urban Studies, 2010, 47(9): 1899-1923.

[3] A T Kearney. Global Cities Index 2016[R]. 2016.

[4] Beauregard R A. Capital restructuring and the new built environment of global cities: New York and Los Angeles[J]. International Journal of Urban and Regional Research, 1991, 15 (1) : 90-105.

[5] Bourne L S. Urban systems: Strategies for regulation [M]. Oxford: Oxford University Press, 1975.

[6] Beaverstock J V, Smith R G, Taylor P J. A Roster of World Cities [J]. Cities, 1999, 16 (6) : 445-458.

[7] Beaverstock J V, Smith R G, Taylor P J, et al. Globalization and world cities: Some measurement methodologies[J]. Applied geography, 2000, 20 (1) : 43-63.

[8] Castells M. The informational city: Information technology, economic restructuring, and the urban-regional process[M]. Oxford: Blackwell, 1989.

[9] Castells M. European cities, the informational society, and the global economy[J]. New left review, 1994: 18.

[10] Castells M. The rise of network society[M]. Oxford: Blackwell, 1996.

[11] Castells M. Grassrooting the space of flows[J]. Urban Geography, 1999, 20 (4) : 294-302.

[12] Chandler A D, Redlich F. Recent developments in American business administration and their conceptualization[J]. Business History Review, 1961, 35 (1) : 1-27.

[13] Cohen R B. The New International Division of Labor[C]// Dear M and Allen Scott A (Ed.) . Multinational corporations, and urban hierarchy in urbanization and urban planning in capitalist society, London: Routledge, 1981: 287-315.

[14] Csomós G. The command and control centers of the United States (2006/2012) : An analysis of industry sectors influencing the position of cities[J]. Geoforum, 2013 (50) : 241-251.

[15] Csomós G, Derudder B. Ranking Asia-Pacific cities: Economic performance of multinational corporations and the regional urban hierarchy[C]// Szymańska D, Środa-Murawska S (Ed.) . Bulletin of Geography. Socio-economic Series, No. 25. Toruń: Nicolaus Copernicus University Press, 2014: 69-80.

[16] Derudder B, Witlox F. An appraisal of the

use of airline data in assessing the world city network: a research note on data[J]. Urban Studies, 2005, 42 (13): 2371-2388.

[17] Derudder B. On conceptual confusion in empirical analyses of a transnational urban network[J]. Urban Studies, 2006, 43 (11): 2027-2046.

[18] Derudder B. Mapping global urban networks: A decade of empirical world cities research [J]. Geography Compass, 2008, 2 (2): 559-574.

[19] Derudder B, Witlox F. Mapping world city networks through airline flows: context, relevance, and problems[J]. Journal of Transport Geography, 2008, 16 (5): 305-312.

[20] Derudder B, Taylor P, Ni P. Pathways of change: shifting connectivity in the world city network, 2000-08 [J]. Urban Studies, 2010, 47 (9): 1861-1877.

[21] Derudder B, Taylor P J, Hoyler M, et al. Measurement and interpretation of connectivity of Chinese cities in world city network, 2010[J]. Chinese Geographical Science, 2013, 23 (3): 261-273.

[22] Derudder B, Vos A D, Witlox F. Global city/world city[C]//Derudder B et al. International Handbook of Globalization and World Cities, Cheltenham: Edward Elgar, 2012: 73-82.

[23] Derudder B, Vijver E V D, Witlox F. Knowledge flows and physical connectivity in the global economy: An exploration of the related geographies of producer service and air passenger markets[C]//Conventz S, Derudder B, Thierstein A, Witlox F (Ed.). Hub Cities in the Knowledge Economy. New York: Routledge, 2016: 11-29.

[24] Derudder B, Taylor P J. Central flow theory: comparative connectivities in the world-city network[J]. Regional Studies, 2018, 52 (8): 1029-1040.

[25] Derudder B. Bipartite network projections of multi-locational corporations: Realising the potential[J]. Geographical Analysis, 2020.

[26] Dicken P. Global shift: The internationalization of economic activity[M]. London: SAGE Publications Inc, 1992.

[27] Dicken P, Kelly P F, Olds K, et al. Chains and networks, territories and scales: Towards a relational framework for analysing the global economy[J]. Global networks, 2001, 1 (2): 89-112.

[28] Dicken P. Global shift: Mapping the changing contours of the world economy (Sixth edition) [M]. New York: Guilford Press, 2011.

[29] Economist Intelligence Unit. Hot Spots: Benchmarking Global City Competitiveness [R]. 2012.

[30] Feagin R, Smith M P. Cities and the new international division of labor: an overview[C]// Smith M P, Feagan J R

(Ed.) . The new urban paradigm: Critical perspectives on the city. Oxford: Blackwell, 1987: 3-34.

[31] Forsström A, Lorentzon S. Global development of communication: a frame for the pattern of localization in a small industrialized country[M]. Oxford: EOLSS Publishers Co. Ltd., 1989.

[32] Freeman L C. Centrality in social networks conceptual clarification[J]. Social networks, 1978, 1 (3) : 215-239.

[33] Friedmann J, Wolff G. World city formation: An approach for research and action[J]. International Journal of Urban and Regioanl Research, 1982 (6) : 309-344.

[34] Friedmann J. The world city hypothesis[J]. Development and Change, 1986, 17 (1) : 69-83.

[35] Friedmann J, Gerlowski D A, Silberman J. What attracts foreign multinational corporations? Evidence from branch plant location in the United States[J]. Journal of Regional science, 1992, 32 (4) : 403-418.

[36] Frobel F, et al. The new international division of labour[M]. Cambridge: Cambridge University Press, 1980.

[37] Godfrey B J, Zhou Y. Ranking world cities: Multinational corporations and the global urban hierarchy[J]. Urban Geography, 1999, 20 (3) : 268-281.

[38] Goetz A R. Air passenger transportation and growth in the US urban system 1950-1987[J]. Growth and Change, 1992, 23 (2) : 218-242.

[39] Gupta A K, Govindarajan V. Knowledge flows within multinational corporations[J]. Strategic management journal, 2000, 21 (4) : 473-496.

[40] Hall P. The world cities[M]. London: Heinemann, 1966.

[41] Heenan D A. Global cities of tomorrow[J]. Harvard Business Review, 1977, 55 (3) : 79-92.

[42] Helpman E. A simple theory of international trade with multinational corporations[J]. Journal of political economy, 1984, 92 (3) : 451-471.

[43] Hennemann S, Derudder B. An alternative approach to the calculation and analysis of connectivity in the world city network[J]. Environment and Planning B: Planning and Design, 2014, 41 (3) : 392-412.

[44] Hymer S H. The multinational corporation and the international division of labour[C]// Bhagwati J N (ed.) . Economics and World Order. New York: Macmillan, 1972: 113-140.

[45] Hymer S H. The multinational corporation: A radical approach[M]. Cambridge: Cambridge University Press, 1979.

[46] Keeling D J. Transport and the world city paradigm[C]// Knox P L, Taylor P J (ed.) . World cities in a world-system. Cambridge: Cambridge University Press, 1995: 115-31.

[47] Knox P L. Capital, material culture and socio-spatial differentiation[M]. Blacksburg: Center for Urban & Regional Studies, Virginia Polytechnic Institute, 1991.

[48] Knox P L, Taylor P J. World cities in a world-system[M]. Cambridge: Cambridge University Press, 1995.

[49] Knox P, Agnew J A, Mccarthy L. The geography of the world economy[M]. London: Routledge, 2014.

[50] Kwon K. The evolution of the world city network, 2006-2013: The case of the organizational structures in transnational

corporations[EB/OL]. (2016-05-11) [2020-06-19]. https: //www.lboro.ac.uk/gawc/rb/rb449.html.

[51] Lai K. Differentiated markets: Shanghai, Beijing and Hong Kong in China's financial centre network[J]. Urban Studies, 2012, 49 (6): 1275-1296.

[52] Latapy M, Magnien C, Del Vecchio N. Basic notions for the analysis of large two-mode networks[J]. Social networks, 2008, 30 (1): 31-48.

[53] Lee R, Schmidt M U. Interurban competition? Financial centres and the geography of financial production[J]. International Journal of Urban and Regional Research, 1993, 17 (4): 492-515.

[54] Li Y, Wu F. Understanding city-regionalism in China: Regional cooperation in the Yangtze River Delta[J]. Regional Studies, 2018, 52 (3): 313-324.

[55] Lin K J, Lu X, Zhang J, et al. State-owned enterprises in China: A review of 40 years of research and practice[J]. China journal of accounting research, 2020.

[56] Liu X, Derudder B. Analyzing urban networks through the lens of corporate networks: A critical review[J]. Cities, 2013, 31: 430-437.

[57] Logan J. Beyond the city limits: Urban policy and economic restructuring in comparative perspective[M]. Philadelphia: Temple University Press, 2009.

[58] Meyer D R. The world system of cities: relations between international financial metropolises and South American cities[J]. Social Forces, 1986, 64 (3): 553-581.

[59] Meyer D R. The challenges of research on the global network of cities[J]. Urban Geography, 2003, 24 (4): 301-313.

[60] Mckenzie R D. The concept of dominance and world-organization[J]. American Journal of Sociology, 1927, 33 (1): 28-42.

[61] Murayama Y. Canadian urban system and its evolution process in terms of air passenger flows[J]. Geographical Review of Japan, 1982, 55 (6): 380-402.

[62] Neal Z. Refining the air traffic approach to city networks[J]. Urban Studies, 2010, 47 (10): 2195-2215.

[63] Neal Z. Differentiating Centrality and Power in the World City Network[J]. Urban Studies, 2011, 48 (13): 2733-2748.

[64] Neal Z. Well connected compared to what? Rethinking frames of reference in world city network research: [J]. Environment and Planning A, 2017, 49 (12): 2859-2877.

[65] Neal Z P. Fallacies in World City Network Measurement[J]. Geographical Analysis, 2020.

[66] Nordlund C. A critical comment on the Taylor approach for measuring world city interlock linkages[J]. Geographical Analysis, 2004, 36 (3): 290-296.

[67] Pan F, Bi W, Lenzer J, et al. Mapping urban networks through inter-firm service relationships: The case of China[J]. Urban Studies, 2017, 54 (16): 3639-3654.

[68] Pažitka V, Wojcik D, Knight E. Critiquing construct validity in world city network research: Moving from office location networks to inter-organizational projects in the modeling of intercity business flows[J]. Geographical Analysis, 2020.

[69] Perdue L. EroticaBiz: How Sex Shaped the Internet[M]. New York: Writers Club Press, 2002.

[70] Pryke M, Lee R. Place your bets: towards an understanding of globalisation, socio-

financial engineering and competition within a financial centre[J]. Urban Studies, 1995, 32 (2) : 329-344.

[71] PwC. Cities of Opportunity 6 [R]. 2015.

[72] Reed H C. Financial center hegemony, interest rates, and the global political economy[M]. Berlin: Springer, 1989.

[73] Rimmer P J. Flow of goods, people and information among cities of Northeast Asia[J]. The Korean Journal of Regional Science, 1999, 15 (2) : 39–74.

[74] Rozenblat C, Pumain D. The location of multinational firms in the European urban system[J]. Urban studies, 1993, 30 (10) : 1691–1709.

[75] Rozenblat C, Pumain D. Firm linkages, innovation and the evolution of urban systems[C]// Taylor P J et al (ed.) . Cities in globalization: Practices, policies and theories, London: Routledge, 2007: 124–149.

[76] Sassen S. The global city: New York, London, Tokyo[M]. Princeton: Princeton University Press, 1991.

[77] Sassen S. The global city: New York, London, Tokyo (2nd edition) [M]. Los Angeles: Revista De Estudios Sociales, 2001.

[78] Sassen S. Cities in a world economy[M]. Thousand Oaks, CA: Sage Publications, 2018.

[79] Short J R, Kim Y, Kuus M, et al. The dirty little secret of world cities research: data problems in comparative analysis[J]. International Journal of Urban and Regional Research, 1996, 20 (4) : 697–717.

[80] Sigler T, Martinus K, Iacopini I, et al. The role of tax havens and offshore financial centres in shaping corporate geographies: an industry sector perspective[J]. Regional Studies, 2020, 5 (54) : 621–633.

[81] Smith M P, Feagin J R. The capitalist city: Global restructuring and community politics[M]. Oxford: Blackwell, 1987.

[82] Smith D A, Timberlake M. Conceptualising and mapping the structure of the world system' s city system[J]. Urban Studies, 1995, 32 (2) : 287–302.

[83] Smith D A, Timberlake M. World city networks and hierarchies, 1977–1997 An empirical analysis of global air travel links[J]. American Behavioral Scientist, 2001, 44 (10) : 1656–1678.

[84] Smith R G. NY–LON[C]// Derudder B et al. International Handbook of Globalization and World Cities, Cheltenham: Edward Elgar, 2012.

[85] Taaffe E J. Air transportation and United States urban distribution[J]. The Geographical Review, 1958, 46 (2) : 219–238.

[86] Taylor P J. Hierarchical tendencies amongst world cities: a global research proposal[J]. Cities, 1997, 14 (6) : 323–332.

[87] Taylor P J. So–Called 'World Cities' : The evidential structure within a literature[J]. Environment & Planning A, 1999, 31 (11) : 1901–1904.

[88] Taylor P J. Specification of the world city network[J]. Geographical analysis, 2001a, 33 (2) : 181–194.

[89] Taylor P J. Urban hinterworld: Geographies of corporate service provision under conditions of contemporary globalization [J]. Geography, 2001b, 20 (1) : 51–60.

[90] Taylor P J, Catalano G, Walker D R F. Measurement of the World City Network[J]. Urban Studies, 2002, 39 (13) : 2367–2376.

[91] Taylor P J, Derudder B. World city network: A global urban analysis (1st edition) [M]. London: Routledge, 2004.

[92] Taylor P J. Cities within spaces of flows: Theses for a materialist understanding of the external relations of cities[C]// Taylor P J, Derudder B, Saey P, et al. Cities in globalization: Practices, policies and theories. London: Routledge, 2007: 287-297.

[93] Taylor P J, Derudder B, Witlox F. Comparing airline passenger destinations with global service connectivities: A worldwide empirical study of 214 cities [J]. Urban Geography, 2007, 28 (3) : 232-48.

[94] Taylor P J, Aranya R. A global 'Urban Roller Coaster' ? Connectivity changes in the world city network, 2000-2004[J]. Regional Studies, 2008, 42 (1) : 1-16.

[95] Taylor P J, Ni P, Derudder B, et al. The way we were: Command-and-control centers in the global space-economy on the eve of the 2008 geo-economic transition[J]. Environment & Planning A, 2009, 41 (1) : 7-12.

[96] Taylor P J, Hoyler M, Verbruggen R. External urban relational process: Introducing central flow theory to complement central place theory[J]. Urban studies, 2010, 47 (13) : 2803-2818.

[97] Taylor P J, Ni P, Derudder B, et al. Command and control centres in the World Economy[C]// Taylor P J, Ni P, Derudder B, Hoyler M, Huang J, Witlox F. Global urban analysis: A survey of cities in globalization[M]. London: Earthscan, 2011: 22-39.

[98] Taylor P J, Csomós G. Cities as control and command centres: Analysis and interpretation[J]. Cities, 2012, 29 (6) : 408-411.

[99] Taylor P J, Derudder B, Hoyler M, et al. New regional geographies of the world as practised by leading advanced producer service firms in 2010[J]. Transactions of the Institute of British Geographers, 2013a, 38 (3) : 497-511.

[100] Taylor P J, Beaverstock J V, Derudder B, et al. Global cities, critical concepts in urban studies[M]. London: Routledge, 2013b.

[101] Taylor P J, Derudder B, Faulconbridge J, et al. Advanced producer service firms as strategic networks, global cities as strategic places[J]. Economic Geography, 2014a, 90 (3) : 267-291.

[102] Taylor P, Derudder B, Hoyler M, et al. City-dyad analyses of China' s integration into the world city network[J]. Urban Studies, 2014b, 51 (5) : 868-882.

[103] Taylor P J, Derudder B. World city network: A global urban analysis (2nd edition) [M]. London: Routledge, 2016.

[104] The Mori Memorial Foundation. Global Power City Index 2015 [R]. 2015.

[105] Thrift N. Globalisation, regulation, urbanisation: The case of the Netherlands[J]. Urban Studies, 1994, 31 (3) : 365-380.

[106] Thrift N, Leyshon A. A phantom state? The de-traditionalization of money, the international financial system and international financial centres[J]. Political Geography, 1994, 13 (4) : 299-327.

[107] UNCTAD. World Investment Report 2008-Transnational Corporations, and the Infrastructure Challenge[R/OL]. (2008) [2020-06-17] https: //unctad.org/en/pages/PublicationArchive.aspx?publicationid=732.

[108] UNCTAD. World Investment Report 2015 –

Reforming International Investment Governance [R/OL]. (2015) [2020-06-17] https：//unctad.org/en/pages/PublicationWebflyer.aspx?publicationid=1245.

[109] UNCTAD. World Investment Report 2019 - Special Economic Zones [R/OL]. (2019) [2020-06-17] https：//unctad.org/en/pages/PublicationWebflyer.aspx?publicationid=2460.

[110] Wall R. NETSCAPE：Cities and global corporate networks[D]. Rotterdam：Erasmus Research Institute of Management，2009.

[111] Wall R，Knaap B. Centrality，hierarchy and heterarchy of worldwide corporate networks[C]// Derudder B，Hoyler M，Taylor P J et al (ed.) . International Handbook of Globalization and World Cities. Cheltenham：Edward Elgar，2012.

[112] Wallerstein I. The modern world system[M]. New York：Academic Press，1974.

[113] Wallerstein I. The capitalist world-economy[M]. Cambridge：Cambridge University Press，1979.

[114] Yeung H W C. The firm as social networks：An organisational perspective[J]. Growth and Change，2005，36 (3)：307-328.

[115] Zhang K H. What attracts foreign multinational corporations to China?[J]. Contemporary Economic Policy，2001，19 (3)：336-346.

[116] Zhang X，Li Y，Yuan Y. Behind the scenes：the evolving urban networks of film production in China[J]. Urban Geography，2018，39(10)：1510-1527.

[117] 陈晨，修春亮．流空间视角的东北地区城市网络研究 [J]. 地域研究与开发，2014，33 (4)：82-89.

[118] 陈建军，郑广建，刘月．高速铁路对长江三角洲空间联系格局演化的影响 [J]. 经济地理，2014，34 (8)：54-60.

[119] 陈修颖．长江经济带空间结构演化及重组 [R]. 地理学报，2007，62 (12)：1265-1276.

[120] 陈修颖，陆林．长江经济带空间结构形成基础及优化研究 [R]. 经济地理，2004，24 (3)：326-329.

[121] 陈云贤．中国特色社会主义市场经济：有为政府 + 有效市场 [J]. 经济研究，2019，54 (1)：4-19.

[122] 程遥，赵民．GaWC 世界城市排名的内涵解读及其在中国的应用思辨 [J]. 城市规划学刊，2018 (6)：54-60.

[123] 初楠臣，张平宇，姜博．基于日高铁流量视角的中国高速铁路网络空间特征 [J]. 地理研究，2018，37 (11)：2193-2205.

[124] 初楠臣，张平宇，李鹤，等．东北地区城际高铁网络格局特征与演变趋势 [J]. 地理科学，2019，39 (5)：761-769.

[125] 丁金学，金凤君，王姣娥，等．高铁与民航的竞争博弈及其空间效应——以京沪高铁为例 [J]. 经济地理，2013，33 (5)：104-110.

[126] 董超，修春亮，魏冶．基于通信流的吉林省流空间网络格局 [J]. 地理学报，2014，69 (4)：510-519.

[127] 段德忠．中国城市技术转移的空间演化研究 [D]. 上海：华东师范大学，2018.

[128] 段德忠，杜德斌，谌颖，等．中国城市创新网络的时空复杂性及生长机制研究 [J]. 地理科学，2018，38 (11)：1759-1768.

[129] 段德忠，谌颖，杜德斌．技术转移视角下中国三大城市群区域一体化发展研究 [J]. 地理科学，2019，39 (10)：1581-1591.

[130] 高敏雪，许晓娟．将外国商业存在引入国际贸易统计——针对中国对外货物贸易统计的研究与数据重估 [J]. 统计研究，2010，27 (7)：18-24.

[131] 顾朝林．中国城镇体系：历史・现状・展望 [M]. 北京：商务印刷馆，1992.

[132] 贺颖，吕冰洋．行政性分权与地区市场分割——基于地级市的研究 [J]. 经济学报，2020：

1-31.

[133] 侯媛媛．中国跨区域创新合作的模式及影响研究 [D]. 北京：北京理工大学，2015.

[134] 胡国建，陈传明，金星星，等．中国城市体系网络化研究 [J]. 地理学报，2019，（4）：681-693.

[135] 黄亚平，卢有朋，单卓然，等．基于多元驱动力的大城市空间布局情景模拟——以武汉市为例 [J]. 现代城市研究，2017（02）：54-61.

[136] 黄亚生．中国模式到底有多独特 ?[M]. 北京：中信出版社，2011.

[137] 蒋小荣，杨永春，汪胜兰，等．基于上市公司数据的中国城市网络空间结构 [J]. 城市规划，2017，（06）：18-26.

[138] 焦敬娟，王姣娥，金凤君，等．高速铁路对城市网络结构的影响研究——基于铁路客运班列分析 [J]. 地理学报，2016，71（02）：265-280.

[139] 里米・里夫金．第三次工业革命：新经济模式如何改变世界 [M]. 北京：中信出版社，2012.

[140] 李粲，唐子来．基于资本视角研究框架下中国城市体系的新认知 [J]. 上海城市规划，2019（6）：66-71.

[141] 李康．新中国 70 年来经济发展模式的关键：央地关系的演进与变革 [J]. 经济学家，2019(10)：17-25.

[142] 李姝，翟士运，古朴．非控股股东参与决策的积极性与企业技术创新 [J]. 中国工业经济，2018（7）：155-173.

[143] 李涛，周锐．长三角地区网络腹地划分的关联测度方法比较 [J]. 地理学报，2016（2）：236-250.

[144] 李涛，程遥，张伊娜，等．城市网络研究的理论、方法与实践 [J]. 城市规划学刊，2017(6)：43-49.

[145] 李仙德．基于上市公司网络的长三角城市网络空间结构研究 [J]. 地理科学进展，2014，33（12）：1587-1600.

[146] 林森，赵渺希．基于新闻信息流的城市相互作用模型探讨——以重庆市为例 [J]. 规划师，2011，27（S1）：176-179.

[147] 刘承良，许佳琪，郭庆宾．基于铁路网的中国主要城市中心性的空间格局 [J]. 经济地理，2019，39（03）：57-66.

[148] 刘汉超．社会主义市场经济体制下的政府与市场关系 [J]. 经济问题，2016（04）：46-50.

[149] 刘可文，曹有挥，肖琛，等．国家区域政策对央企空间布局的影响 [J]. 地理研究，2012，（12）：2139-2152.

[150] 刘可文，袁丰，潘坤友．长江三角洲不同所有制企业空间组织网络演化分析 [J]. 地理科学，2017（5）：651-660.

[151] 刘儒，王换．中国经济体制改革历史演进的内生性逻辑与基本经验——以政府与市场的关系为主线 [J]. 西安交通大学学报(社会科学版)，2018，38（6）：93-100.

[152] 刘瑞明．中国的国有企业效率：一个文献综述 [J]. 世界经济，2013，36（11）：136-160.

[153] 陆大道．二〇〇〇年我国工业生产力布局总图的科学基础 [J]. 地理科学，1986（2）：110-118.

[154] 陆大道．关于“点 - 轴”空间结构系统的形成肌理分析 [J]. 地理科学，2002（1）：1-6.

[155] 罗伯特・吉尔平．国际关系政治经济学 [M]. 2 版．上海：上海人民出版社，2011.

[156] 罗震东，何鹤鸣，耿磊．基于客运交通流的长江三角洲功能多中心研究 [J]. 城市规划学刊，2011（2）：16-23.

[157] 罗震东，朱查松，薛雯雯．基于高铁客流的长江三角洲空间结构再审视 [J]. 上海城市规划，2015（4）：74-80.

[158] 科斯，王宁．变革中国：市场经济的中国之路 [M]. 北京：中信出版社，2013.

[159] 马学广，鹿宇．基于航空客运流的中国城市空间格局与空间联系 [J]. 经济地理，2018，38(8)：47-57.

[160] 钮心毅，王垚，刘嘉伟，等．基于跨城功能联系的上海都市圈空间结构研究 [J]. 城市规划学

刊，2018（5）：80-87.

[161] 钮心毅，李凯克．紧密一日交流圈视角下上海都市圈的跨城功能联系 [J]. 上海城市规划，2019（3）：16-22.

[162] 潘峰华，方成，李仙德．中国城市网络研究评述与展望 [J]. 地理科学，2019，39（7）：1093-1101.

[163] 潘峰华，方成．从全球生产网络到全球金融网络：理解全球 - 地方经济联系的新框架 [J]. 地理科学进展，2019，38（10）：1473-1481.

[164] 潘清．中国国有企业控制权的权能配置研究 [D]. 杭州：浙江工商大学，2010.

[165] 宋伟，李秀伟，修春亮．基于航空客流的中国城市层级结构分析 [J]. 地理研究，2008（4）：917-926.

[166] 唐子来，赵渺希．长三角区域的经济全球化进程的时空演化格局 [J]. 城市规划学刊，2009（1）：38-45.

[167] 唐子来，赵渺希．经济全球化视角下长三角区域的城市体系演化：关联网络和价值区段的分析方法 [J]. 城市规划学刊，2010（1）：29-34.

[168] 唐子来，李涛．长三角地区和长江中游地区的城市体系比较研究：基于企业关联网络的分析方法 [J]. 城市规划学刊，2014a（2）：24-31.

[169] 唐子来，李涛．京津冀、长三角和珠三角地区的城市体系比较研究——基于企业关联网络的分析方法 [J]. 上海城市规划，2014b（6）：37-45.

[170] 唐子来，李粲，肖扬，等．世界经济格局和世界城市体系的关联分析 [J]. 城市规划学刊，2015（1）：1-9.

[171] 唐子来，李粲．迈向全球城市的战略思考 [J]. 国际城市规划，2015，30（4）：9-17.

[172] 唐子来，李粲，李涛．全球资本体系视角下的中国城市层级体系 [J]. 城市规划学刊，2016（3）：11-20.

[173] 唐子来，李涛，李粲．中国主要城市关联网络研究 [J]. 城市规划，2017（1）：28-29.

[174] 唐子来，李海雄，张泽．长江经济带的城市关联网络识别和解析：基于相对关联度的分析方法 [J]. 城市规划学刊，2019（1）：12-19.

[175] 陶松龄，甄富春．长江三角洲城镇空间演化与上海大都市增长 [J]. 城市规划，2002（2）：43-48.

[176] 王富海，袁奇峰，石楠，等．空间规划—政府与市场 [J]. 城市规划，2016，40（2）：102-106.

[177] 王海江，苗长虹．中国航空联系的网络结构与区域差异 [J]. 地理科学，2015，35（10）：1220-1229.

[178] 王姣娥，焦敬娟．中国高速铁路网络的发展过程、格局及空间效应评价 [J]. 热带地理，2014，34（3）：275-282.

[179] 王姣娥，景悦．中国城市网络等级结构特征及组织模式——基于铁路和航空流的比较 [J]. 地理学报，2017，72（8）：1508-1519.

[180] 王垚，钮心毅，宋小冬，等．人流联系和经济联系视角下区域城市关联比较——基于手机信令数据和企业关联数据的研究 [J]. 人文地理，2018，33（2）：84-91+146.

[181] 韦胜，徐建刚，马海涛．长三角高铁网络结构特征及形成机制 [J]. 长江流域资源与环境，2019，28（4）：739-746.

[182] 武文杰，董正斌，张文忠，等．中国城市空间关联网络结构的时空演变 [J]. 地理学报，2011，66（4）：435-445.

[183] 吴康，方创琳，赵渺希．中国城市网络的空间组织及其复杂性结构特征 [J]. 地理研究，2015（4）：711-728.

[184] 吴志强，陆天赞．引力和网络：长三角创新城市群落的空间组织特征分析 [J]. 城市规划学刊，2015（2）：31-39.

[185] 熊丽芳，甄峰，王波，等．基于百度指数的长三角核心区城市网络特征研究 [J]. 经济地理，2013，33（7）：67-73.

[186] 许学强，周一星，宁越敏，等．城市地理学 [M]. 北京：高等教育出版社，2009.

[187] 徐翔．国有企业内部控制机制及运行研究 [D]. 成都：西南财经大学，2014.

[188] 薛俊菲．基于航空网络的中国城市体系等级结构与分布格局 [J]. 地理研究，2008（1）：23-32+242.

[189] 杨珍增．全球价值链下的国际贸易统计 [M]. 上海：上海人民出版社：2015.

[190] 于涛方，顾朝林，李志刚．1995 年以来中国城市体系格局与演变——基于航空流视角 [J]. 地理研究，2008（6）：1407-1418.

[191] 张凡，宁越敏．基于全球航班流数据的世界城市网络连接性分析 [J]. 南京社会科学，2015（11）：54-62.

[192] 张凡，宁越敏．中国城市网络研究的自主性建构 [J]. 区域经济评论，2020（2）：84-92.

[193] 张庭伟．1990 年代中国城市空间结构的变化及其动力机制 [J]. 城市规划，2001（7）：7-14.

[194] 张庭伟．全球化 2.0 时期的城市发展——2008 年后西方城市的转型及对中国城市的影响 [J]. 城市规划学刊，2012（4）：5-11.

[195] 张维迎．市场与政府：中国改革的核心博弈 [M]. 西安：西北大学出版社，2014.

[196] 张维迎．关于市场的两种不同范式 [J]. 中国中小企业，2018（5）：62-65.

[197] 张泽，唐子来．证券资本流动视角下的城市关联网络特征：以上海为例 [J]. 同济大学学报（社会科学版），2018，29（3）：54-61.

[198] 张泽，刘梦彬，唐子来．证券资本流动视角下上海市与国内其他城市关联网络的行业特征 [J]. 上海城市规划，2019（2）：77-83.

[199] 赵渺希．全球化语境中城市重大事件的区域关联响应——基于北京奥运会新闻信息流的实证研究 [J]. 世界地理研究，2011，20（1）：117-119，121-128.

[200] 赵渺希，陈晨．中国城市体系中航空网络与生产性服务业网络的比较 [J]. 城市规划学刊，2011（2）：24-32.

[201] 赵渺希，刘铮．基于生产性服务业的中国城市网络研究 [J]. 城市规划，2012（9）：23-28.

[202] 赵渺希，吴康，刘行健，等．城市网络的一种算法及其实证比较 [J]. 地理学报，2014（2）：169-183.

[203] 赵新正，李秋平，芮旸，等．基于财富 500 强中国企业网络的城市网络空间联系特征 [J]. 地理学报，2019，（4）：694-709.

[204] 甄峰，王波，陈映雪．基于网络社会空间的中国城市网络特征——以新浪微博为例 [J]. 地理学报，2012，67（8）：1031-1043.

[205] 郑德高，陈勇，季辰晔．长江经济带区域经济空间重塑研究 [J]. 城市规划学刊，2015（3）：78-85.

[206] 郑德高．区域化视角下经济地理空间重塑研究：三种力量的作用影响 [D]. 上海：同济大学 . 2019.

[207] 中华人民共和国国务院．关于依托黄金水道推动长江经济带发展的指导意见 [R].2014.

[208] 中华人民共和国发展和改革委员会．长江三角洲城市群发展规划 [R]. 2016.

[209] 国家发展和改革委员会．长江经济带发展规划纲要 [R]. 2016.

[210] 周雪光．中国国家治理的制度逻辑：一个组织学研究 [M]. 北京：生活・读书・新知三联书店，2017.

[211] 周一星，胡智勇．从航空运输看中国城市体系的空间网络结构 [J]. 地理研究，2002，21（3）：384-394.

[212] 周振华．全球化、全球城市网络与全球城市的逻辑关系 [J]. 社会科学，2006（10）：17-26.

[213] 朱惠斌．基于航空客流的中国城市功能网络研究 [J]. 经济地理，2014，34（4）：59-63.

[214] 朱鹏程，曹卫东，张宇，等．人口流动视角下长三角城市空间网络测度及其腹地划分 [J]. 经济地理，2019，39（11）：41-48.

后　　记

国际研究表明，2000 年以来城市关联网络成为城市体系研究的重要领域。本书是唐子来及其团队在城市关联网络领域的多年研究成果积累，包括已经发表和尚未发表的相关研究成果。从 2017 年开始，唐子来在城市关联网络领域的研究工作还获得了国家社会科学基金重大项目资助（项目批准号：16ZDA017），本书包含了该项目的部分研究成果。

唐子来教授主持了整个研究工作，张泽承担了研究助理工作，许多青年学者和研究生参与了相关的研究工作。李粲、肖扬、李涛和黎智枫参与了第 3 章的研究工作，李涛和李粲参与了第 4 章和第 5 章的研究工作，李海雄和张泽参与了第 6 章的研究工作，皮亚奇和张泽参与了第 7 章和第 8 章的研究工作，张泽参与了第 9 章的研究工作，李紫玥和古嘉城参与了第 10 章的研究工作。此外，毕鹏翔、袁鹏洲、宋清、李吉桓、贾宜如、刘梦彬、蔡通等同学参与了部分研究的数据分析和插图绘制，一并致谢！如今，大部分研究生已经先后完成学业和踏上社会，正在各自工作岗位上做出专业贡献。

如前所述，本书体现了多层面的研究思路，分别涉及全球、国家、流域、区域和省域层面的城市关联网络。近年来，经济全球化正在遭遇前所未有的严峻挑战，未来世界经济格局的演化趋势对于各个层面的城市关联网络都会产生显著影响，这也是我们应当密切关注的。

唐子来

2020 年 5 月于同济大学，上海

审图号：GS（2020）6164 号
图书在版编目（CIP）数据

中国城市网络研究：新视野和新方法 / 唐子来，张泽著 . — 北京：中国建筑工业出版社，2020.12
“十三五”国家重点图书出版规划项目　国家社会科学基金重大项目（项目批准号：16ZDA017）资助
ISBN 978-7-112-25803-1

Ⅰ . ①中…　Ⅱ . ①唐…②张…　Ⅲ . ①城市网络—研究—中国—　Ⅳ . ① F299.21

中国版本图书馆 CIP 数据核字（2020）第 267638 号

责任编辑：杨　虹　尤凯曦
书籍设计：付金红　李永晶
责任校对：张惠雯

“十三五”国家重点图书出版规划项目
国家社会科学基金重大项目（项目批准号：16ZDA017）资助
中国城市网络研究：新视野和新方法
唐子来　张　泽　著
*
中国建筑工业出版社出版、发行（北京海淀三里河路 9 号）
各地新华书店、建筑书店经销
北京雅盈中佳图文设计公司制版
北京富诚彩色印刷有限公司印刷
*
开本：787 毫米 ×1092 毫米　1/16　印张：$16^1/_4$　字数：293 千字
2022 年 1 月第一版　2022 年 1 月第一次印刷
定价：158.00 元
ISBN 978-7-112-25803-1
（37059）